ARQUITECTURAS MEXICANAS
LO MEJOR DEL SIGLO XXI

MEXICAN ARCHITECTURES
THE BEST OF THE 21st CENTURY

2017–2018

ARQUITECTURAS MEXICANAS
LO MEJOR DEL SIGLO XXI

MEXICAN ARCHITECTURES
THE BEST OF THE 21st CENTURY

2017–2018

Arquine

Responsabilidades asumidas

Publicado cada dos años, éste será el último volumen de la serie *Arquitecturas mexicanas. Lo mejor del siglo XXI* en la segunda década del siglo. Han pasado catorce años desde el primer volumen, publicado en el 2005, que reunía obra construida entre el 2001 y el 2004. En la introducción a aquella edición, Miquel Adrià escribió que la arquitectura mexicana había oscilado a lo largo del siglo XX entre "actitudes claramente internacionalistas, acríticas y de notable factura" y "posiciones periféricas y automarginales." Se podría imaginar un esquema en el que en el eje horizontal se marcaran esos extremos, el de lo regional y el de lo internacional al lado opuesto. Y completar esta clasificación entre geográfica e ideológica con otra histórica con un eje perpendicular que fuera de la tradición a la innovación. Así, se dibujaría un campo en el que algunas arquitecturas serían regionales pero buscando innovar, y otras internacionalistas pero sometidas a la tradición moderna, por ejemplo.

En el 2012, Arquine publicó un libro titulado *Lo mejor de lo mejor* en el que Humberto Ricalde seleccionó lo que consideró relevante de los primeros volúmenes de esta serie. Había terminado la primera década del nuevo siglo y Ricalde escribió que podíamos reflexionar sobre lo que había pasado con la arquitectura mexicana en este periodo, anotando en esos años un abandono de la obra pública, lo cual, afirmó, había impactado muchísimo en el desarrollo de nuestra arquitectura. Si en el esquema esbozado más arriba agregamos a las abscisas y las ordenadas un tercer eje, podríamos, además de distinguir entre lo regional y lo global y lo que sigue una tradición o lo que busca romper con ella, diferenciar entre la condición pública o privada de una obra. Entonces podríamos intentar en una gráfica entender cierto panorama de la arquitectura mexicana en los ya casi veinte años del nuevo siglo, que iniciaron cuando el ideal seguía siendo la obra emblemática de un autor reconocido, se quebraron, casi a la mitad, con la crisis económica del 2008, y terminan hoy con una consciencia cada vez mayor de problemas como la desigualdad creciente, el desconcierto político o la cada vez más inminente crisis climática; problemas que no son ajenos a la arquitectura.

En los proyectos que aquí se presentan, además de la notable factura, quizá veamos un repunte en la cantidad de obra pública construida, aunque sea aun marginal. Mientras el Estado reasume su responsabilidad con la arquitectura pública, la vivienda, familiar o colectiva, especialmente para cierto segmento con altos ingresos económicos, parece ser el principal nicho en que han encontrado refugio muchos y muchas profesionales del diseño. Pese a la gran necesidad de vivienda *social*, los buenos ejemplos resultan excepcionales, sí: por su diseño, pero sobre todo porque son excepción a una regla tácita que equivocadamente prescribe minimizar la inversión en diseño en ese tipo de construcciones. No hay que olvidar los terremotos que hace dos años, separados por pocos días, afectaron a miles de habitantes de varios estados del país. Desde los primeros días tras los sismos, arquitectas y arquitectos se organizaron para ofrecer apoyo de diversas maneras. De la arquitectura que respondió a la catástrofe, algo se muestra aquí y seguramente se pudo mostrar más, pero es cierto que ese caso no hace sino confirmar el abandono público y, en general, la distancia entre muchas comunidades y quienes ejercen la arquitectura. Lo mejor de la arquitectura en estos años recientes surge del empeño en encontrar y a veces construir las mejores condiciones posibles para hacer buena arquitectura.

Published every two years, the series *Mexican Architectures. The Best of the 21st Century* now presents the last volume that will appear in the second decade of the century. Fourteen years have passed since the publication, in 2005, of the first volume in the series, which covered the years from 2001 to 2004. In his introduction to that book, Miquel Adrià wrote about how twentieth-century Mexican architecture had wavered between an acritical, "clearly internationalist" stance, with an emphasis on good workmanship, and other more "peripheral and self-marginalized" positions. We can imagine a classification with these categories —the regional and the international— at either end of a horizontal axis. We could complete this scheme (partly geographical, partly ideological) with a perpendicular axis of historical characteristics, with tradition at one end and innovation at the other. A pattern would thus emerge in which some architectures might be defined as regional, but with a desire to innovate, for example, while others appear as internationalist, though tied to the modern tradition.

In 2012, Arquine published the book *Lo mejor de lo mejor* (The Best of the Best), in which Humberto Ricalde selected what he considered most significant from the first four volumes in the series. The first decade of the twenty-first century had ended and Ricalde wrote that it was then possible to reflect on what had happened to Mexican architecture in that period, during which the scarcity of public work projects was notorious, a factor that impacted strongly on the development of our architecture, as he points out. To the pattern outlined above we might even add a third axis, whereby, in addition to distinguishing between regional and global trends, between what follows a tradition and what seeks to be free of it, we could differentiate the public and private conditions of the works in question. Such a picture would help us to understand, in broad terms, the entire panorama of Mexican architecture over the first twenty years or so of the new century. At the beginning of that period, the ideal still seemed to be the emblematic project of a well-known architect; in the middle of it, there was a break caused by the 2008 economic crisis; and we end today with an ever greater awareness of problems that are not exactly alien to architecture, such as income inequality, unexpected political realignments, and looming climate change.

In the projects presented here, in addition to the fine workmanship, we observe perhaps a rebound in the number of public work projects, though still a slight one. While the government reassumes its commitment to public architecture, housing —collective, but also of the single-family variety, especially in the high-income bracket— appears to be the principal niche where many architects have taken refuge. In spite of the pressing need for *social* housing, good examples of it remain uncommon, certainly in terms of design, but above all insofar as these constitute an exception to the unwritten rule that clearly prescribes *minimizing* design investment in projects of this kind. Not to be forgotten here are the earthquakes that occurred just two years ago now, which affected thousands of people in several Mexican states. Architects all over the country organized themselves immediately to provide support in different ways. Some of the architecture created in response to the catastrophe is presented here. More could have been presented, but that would only underline the paucity of governmental action and, in general, the distance between many communities and practitioners of the discipline. The best architecture of recent years has emerged out of a desire to discover —or sometime to create— the best possible conditions for making good architecture.

ÍNDICE **CONTENTS**

LIGA 25 - TRÓPICO CANÓNICO

AGENDA AGENCIA DE ARQUITECTURA

Proyecto arquitectónico **Architectural Design: AGENdA agencia de arquitectura | Factor Eficiencia** Superficie construida **Constructed Surface Area: 16 m²** Fotografía **Photography: Luis Gallardo** Lugar **Location: Ciudad de México** Año **Year: 2017**

Es un lugar de experiencias espaciales mediadas por la idea del espacio tropical para construir libertades proyectuales a partir de la crítica a la fragmentación de las narrativas históricas y su relación con la ilusión de localidad e identidad. Exploramos la posibilidad de la arquitectura de crear coincidencias culturales globales y la factibilidad de hacer poroso un campo de discusión entre la disciplina y su espacio de exposición. La instalación replica la planta del pabellón de Sonsbeek, de Aldo van Eyck, con paredes blandas, penetrables, semitransparentes, que crean una sensación de espacio profundo, inspiradas en las estructuras de seda de Mies van der Rohe y Lilly Reich, y se contrastan con realidades y valores del trópico: espacio indefinido, umbrales largos y elásticos, como la experiencia de caminar por un bosque. El propósito era hacer visibles y experimentar las estructuras espaciales del trópico activadas por la relación entre la planta y la suavidad de la tela impresa con flores, árboles y arbustos tropicales, para construir complejidad y contradicción: sólido/blando, poroso/hermético, estático/dinámico, transparente/opaco.

This is a place of spatial experiences, mediated by the idea of tropical space and aimed at constructing liberties of design out of a critique of the fragmentation of historical narratives and their relationship with the illusion of locality and identity. The project explores the possibility of architecture to create global cultural coincidences and the feasibility of rendering porous a field of discussion between the discipline and its exhibition space. The installation replicates the plan of Aldo van Eyck's Sonsbeek Pavilion, with its white, penetrable, semi-transparent walls, which create a sensation of deep space, inspired by the silk structures of Mies van der Rohe and Lilly Reich, contrasting with the circumstances and values of the tropics: undefined space and long, elastic thresholds, like the experience of walking through a forest. The aim was to render visible and experiment with the spatial structures of the tropics activated by the relationship between the plan and the softness of the fabric printed with tropical flowers, bushes, and trees, in order to build complexity and contradiction: solid/soft, porous/hermetic, static/dynamic, transparent/opaque.

A ROOM

SALOTTOBUONO + ENRICO DUSI ARCHITECTURE

Proyecto arquitectónico **Architectural Design: Salottobuono + Enrico Dusi Architecture | Factor Eficiencia** Superficie construida **Constructed Surface Area: 43 m²** Fotografía **Photography: Moritz Bernoully** Lugar **Location: Ciudad de México** Año **Year: 2017**

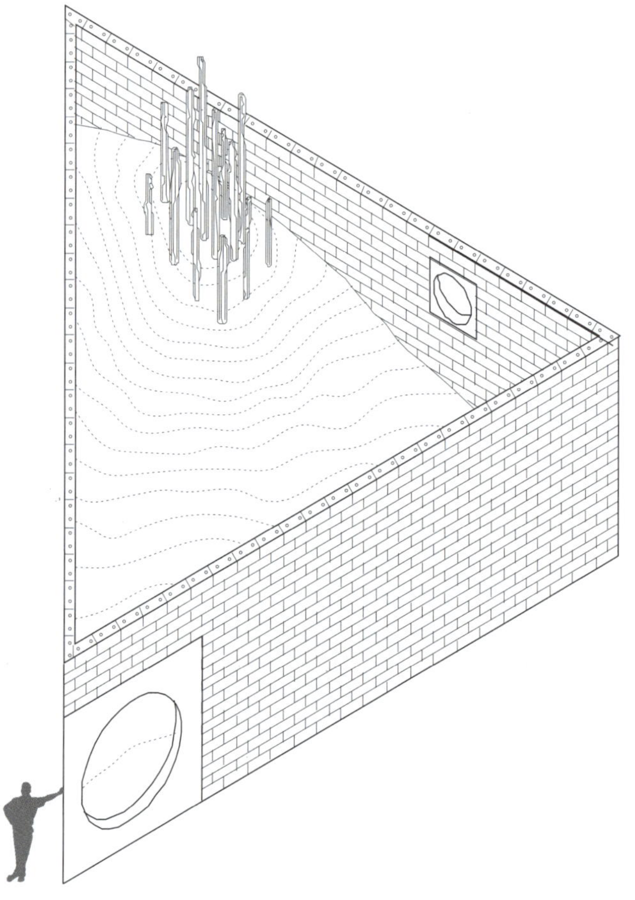

ISOMÉTRICO **ISOMETRIC**

Ganador del Concurso Arquine 19, construido durante el Festival de Arquitectura y Ciudad Mextrópoli 2017, en la Alameda Central de la Ciudad de México. Es un espacio triangular de 43 m², encerrado por paredes de bloques de concreto de 4 m de altura. Por fuera, los muros conservan la apariencia del material; por dentro, son rosas. La entrada es circular, de 2 m de diámetro, y una ventana de 60 cm de diámetro se abre a 2.8 m sobre el nivel del suelo. La instalación separa el interior del exterior, produce una región mínima en la que se suspende la presión urbana. No sugiere una actividad específica, es generosa para aceptar lo impredecible. Los 120 m² de las paredes exteriores pueden mantener estructuras temporales, ser cubiertos por publicidad, pintados o vandalizados. En el interior, un fragmento de desierto contiene la memoria del origen. El pabellón se desmonta con facilidad o puede demolerse, pues con ese material es posible producir bloques nuevos. La confrontación entre una vida útil de dos semanas y el esfuerzo que implicó producir la obra es absurda. Es preferible imaginar que su uso empezará después del festival, cuando la ciudad proyecte sus sueños y deseos en ella.

Winner of the 19th Arquine Competition, the project was built during the Mextrópoli Architecture and City Festival 2017 in the Alameda Central in Mexico City. It consists of a triangular space measuring 43 m², enclosed by concrete-block walls four meters high. On the outside, the walls preserve the appearance of their material; on the inside they are pink. There is a circular entrance, two meters in diameter, and a window 60 cm in diameter, which opens 2.8 meters above ground level. The installation separates interior from exterior, producing a minimal space in which the urban pressure is suspended. It suggests no activity in particular, generously accepting the unpredictable. The 120 square meters of exterior wall can support temporary structures, be covered by advertising posters, be painted or even vandalized. Inside, a fragment of desert contains the memory of the project's origin. The pavilion can be easily taken down or simply demolished to provide material for new blocks. There is something absurd about the contrast between a "shelf life" of two weeks and the effort involved in creating the work. It is preferable to imagine its real use will begin after the festival, when the city projects its dreams and desires onto it.

xvii
bienal de
fotografía

PABELLÓN CENTRO COMUNITARIO

TO + LANZA ATELIER + ALBERTO ODÉRIZ

Proyecto arquitectónico **Architectural Design: TO | José G. Amozurrutia, Carlos Facio + LANZA Atelier | Isabel Abascal, Alessandro Arienzo + Alberto Odériz** Superficie construida **Constructed Surface Area: 52 m²** Fotografía **Photography: Alberto Odériz, Santiago Grieve** Lugar **Location: Ciudad de México** Año **Year: 2018**

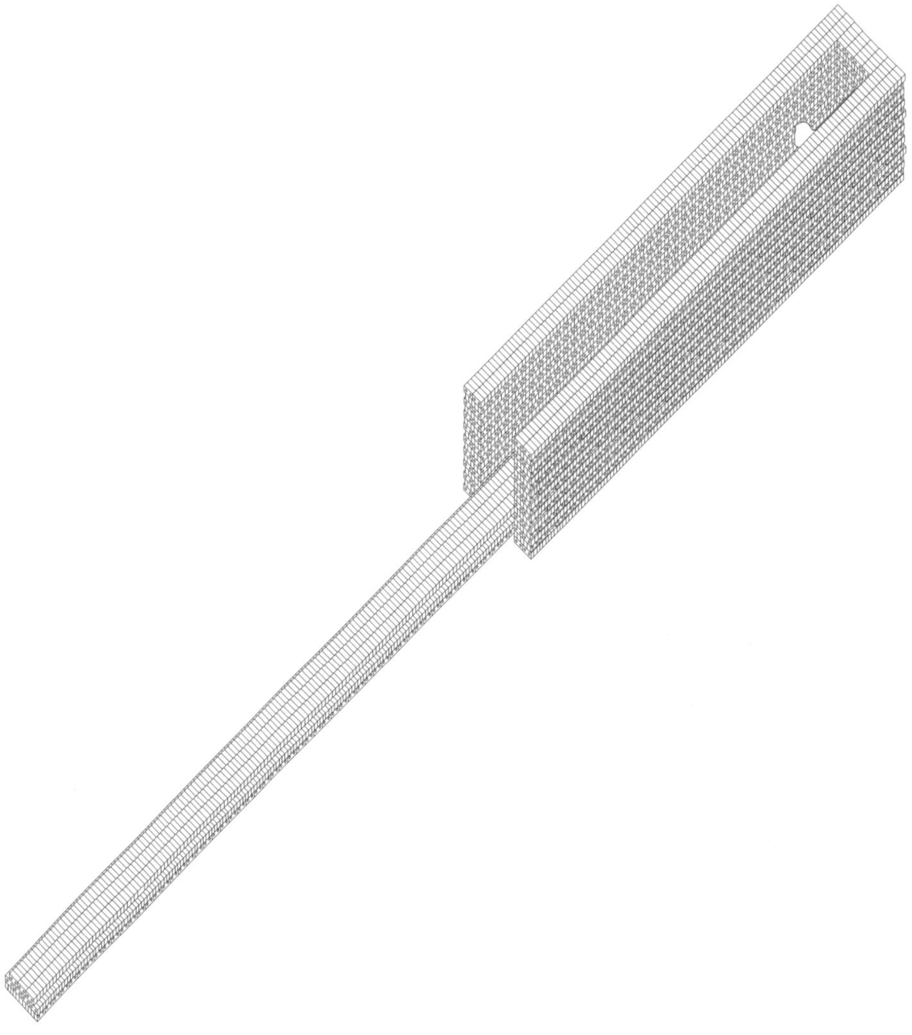

AXONOMÉTRICO **AXONOMETRIC**

En respuesta a la invitación de Design Week 2018, tres oficinas jóvenes decidimos unirnos para diseñar un pabellón con un tema común. Nos enfocamos en el empleo de tabiques de tierra compactada, cuya fabricación consume 1% de la energía necesaria para producir tabique rojo recocido. Los adoblocks son resistentes, impermeables y tienen buen desempeño como aislantes de ruido y temperatura. Son una buena opción para construir vivienda de menos de cinco niveles, gracias al ahorro en transporte, uso de acero y cemento. El pabellón de más de 10 000 tabiques se posa sobre un estanque en el Parque Lincoln, que representa la condición geográfica de la Ciudad de México: cierto equilibrio entre tierra y agua. Una pasarela de 26 m de largo se enclaustra entre tres muros de 2.20 m de altura y 60 cm de ancho que forman una U, para crear un espacio a cielo abierto. La estructura se vuelve transparente al mirar a través de las perforaciones de cada tabique alineadas entre sí. Los adoblocks recogen ecos de los sismos de 2017 en México y las tareas de reconstrucción. El material dará vida a un centro comunitario en Ocuilán, una localidad muy afectada por los temblores.

In response to an invitation from Design Week 2018, three young firms decided to design a pavilion with a common theme. The focus was on the use of compressed soil blocks, the fabrication of which consumes 1% of the energy required to produce fired red brick. The Adoblocks are resistant, weatherproof, and effective in insulating a space from noise and extreme temperatures. They constitute an excellent option for building at under five levels, offering savings on transport costs and on the use of steel and cement. The pavilion, constructed of more than ten thousands blocks, was erected on a pool in Parque Lincoln, and represents the geographical condition of Mexico City itself: a balance of earth and water. A walkway 26 meters long is partially enclosed by three walls (2.2 meters high and 60 cm thick) that form a U-shape, creating an open-air space. The structure becomes transparent as one looks through the perforations of the blocks, aligned one with another. The Adoblocks evoke the labor of reconstruction that followed the 2017 earthquakes in Mexico City. The materials will be recycled to build a community center in Ocuilán, a locality strongly affected by the earthquakes.

CASA MEDIA PERRA

SANTOS BOLÍVAR

Proyecto arquitectónico **Architectural Design: Santos Bolívar | José Antonio de los Santos Bolívar** Superficie construida **Constructed Surface Area: 75 m²** Fotografía **Photography: Miguel Ángel Mayoral Rodríguez** Lugar **Location: Ensenada, Baja California** Año **Year: 2017**

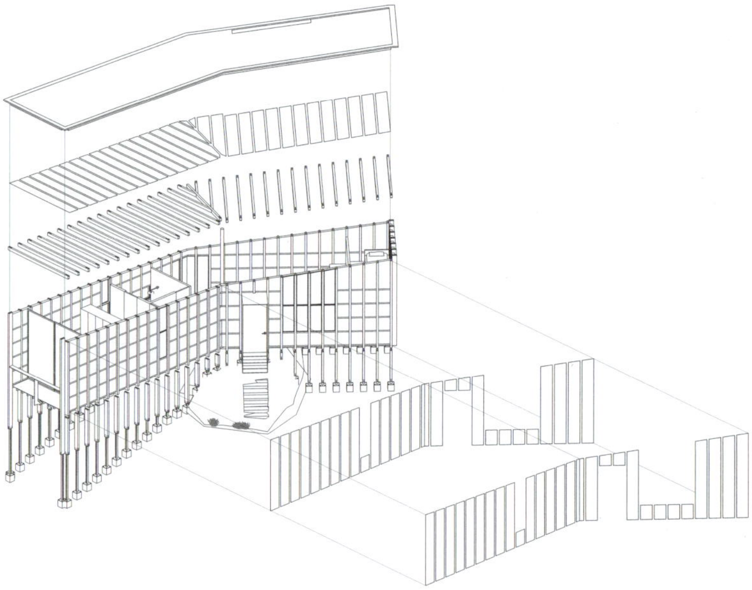

AXONOMÉTRICO **AXONOMETRIC**

En un terreno con topografía accidentada, cambios de nivel muy pronunciados y una roca de gran escala, desarrollamos los conceptos de adaptación y conexión con el entorno. Para conectar vivienda y naturaleza, las escaleras de acceso principal y una parte de los cimientos se asientan sobre la roca. El piso de la casa se elevó por medio de columnas de madera y acero para dejar un suelo más permeable que no tuviera tanto impacto en la naturaleza del predio y crear una secuencia y ritmo verticales con la estructura. La casa tiene 75 m², espacio óptimo para el programa arquitectónico requerido. La orientación, el aprovechamiento de la luz natural y los materiales nobles, como la madera aparente, la paja apilada como aislante térmico dentro de los muros y la aplicación de una pintura de tierra del mismo terreno, son partícipes de la calidez del hogar y un punto de convergencia entre habitar y disfrutar la naturaleza.

Built on an uneven lot, with a pronounced incline and a large preexisting rock, this house has been designed with a view to adapting and connecting it to its context. In order to integrate the house with its natural surroundings, the main entrance stairs and part of the foundations actually rest on the preexisting rock. The floor of the house has been raised by means of wood and steel columns, leaving a permeable ground level with little impact on the natural features of the lot and creating a vertical sequence and rhythm in accord with the structure of the house. The 75 m² of constructed surface area are the ideal amount for the program required. The orientation, which makes the most of the natural light, and the noble materials, such as exposed wood, along with the piled straw used as insulation inside the walls and the application of paint made from the local soil, all add to the warmth of the house, which occupies a point of convergence between enjoying and inhabiting its natural surroundings.

CASA MIXTA

S-AR

Proyecto arquitectónico **Architectural Design: S-AR | César Guerrero, Ana Cecilia Garza** Superficie construida **Constructed Surface Area: 85 m²** Fotografía **Photography: Ana Cecilia Garza** Lugar **Location: Nuevo León** Año **Year: 2017**

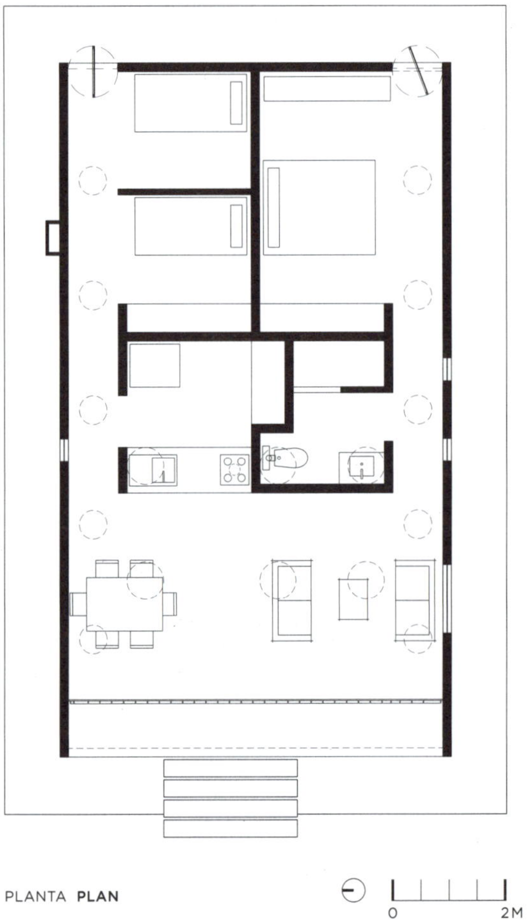

PLANTA **PLAN**

Ejecutar obras alejadas de la ciudad implica un esfuerzo de comunicación, transporte y economía de medios constructivos. Tomó muchos años terminar esta obra, debido a su ubicación en una zona rural del norte de México y a su presupuesto limitado. Un bloque central de servicios crea pasillos laterales para acceder a las tres habitaciones de manera independiente, al mismo tiempo que las separa del área social, que se abre por completo hacia el paisaje. Los corredores permiten observar el entorno mientras se camina del espacio público a los recintos privados. La casa comenzó a construirse con muros de concreto armado y por cuestiones de presupuesto se terminó con bloques de concreto, más oscuros. Un lado de la casa se relaciona con las montañas cercanas, más claras, y el otro, con las montañas lejanas, más oscuras. Los elementos de la construcción presentan una apariencia brutal. La materialidad resultante es una colaboración de varios equipos locales de obreros, que sumaron la manufactura de cada parte en momentos diferentes. El volumen es una mezcla de materiales, sistemas constructivos, tiempos y personas aparentes y patentes. La obra toma su nombre de esta cualidad.

Building far from the city involves a different kind of effort in terms of communication, transportation, and economy of constructive means. This project was a long time in the making, owing to its remote location in a rural area in northern Mexico and its limited budget. A central service block generates lateral corridors that lead to the three rooms independently, at the same time separating them from the common areas, which open up entirely toward the surrounding landscape. The natural surroundings can be enjoyed as one moves along these paths from the common areas to the private ones. Construction began with reinforced concrete, but budgetary considerations determined the use of darker concrete bricks in the end. One side of the house is associated with the lighter setting of the nearby mountains, while the other is associated with the darker setting of the distant range. Construction materials are crudely exposed, and variously marked by the contributions of different teams of local workers who joined in building at different stages. The volume is a mashup of materials, of constructive systems, of clearly defined persons and phases: hence its name.

ACULCO

PÉREZ PALACIOS ARQUITECTOS ASOCIADOS

Proyecto arquitectónico **Architectural Design: Pérez Palacios Arquitectos Asociados** Superficie construida **Constructed Surface Area: 90 m^2** Fotografía **Photography: Rafael Gamo** Lugar **Location: Aculco, Estado de México** Año **Year: 2018**

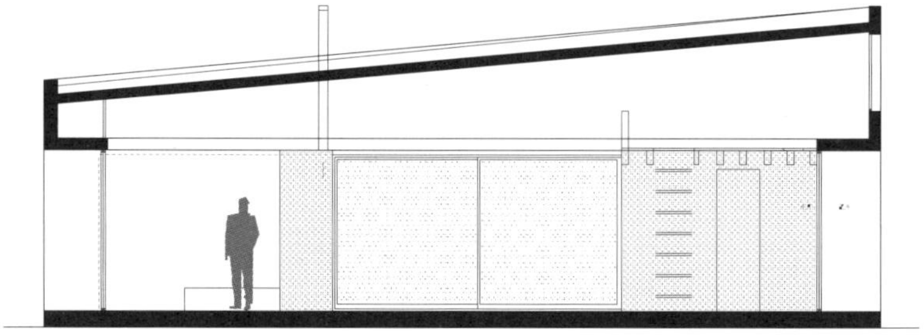

SECCIÓN **SECTION**

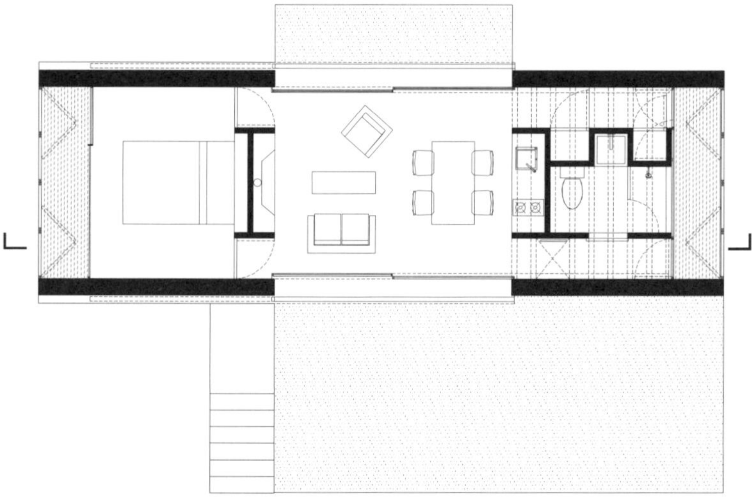

PLANTA **PLAN**

El proyecto es una casa vacacional en medio de la naturaleza, ideal para regresar a lo más elemental. Funciona como espacio de descanso conectado con el entorno natural. Dos hermanos amantes de las actividades en el exterior encontraron el lugar durante un viaje de escalada. Se enamoraron de la zona, la adquirieron y cuidaron durante varios años, antes de construir. Se buscó que la casa dialogara con el entorno en reciprocidad constante. Se optó por la sencillez, el mantenimiento mínimo y la cercanía con el ambiente externo. La construcción es de muros de bloques de cantera maciza del lugar, piso de barro, madera y vidrio. Todos los materiales se conservaron en su estado natural. Con espacios limpios, la construcción se convierte en un contenedor de vistas. Durante la obra, se buscó causar el menor impacto negativo al ambiente y tener acceso a personal y materiales en un lugar aislado.

The project is a vacation house set in the midst of nature, ideal for returning to a more elemental way of life. It functions as a rest space connected with the natural surroundings. Two siblings fond of outdoor activities discovered the site during a climbing expedition. They fell in love with the zone, purchased the property, and took care of it for several years, before beginning to build. The idea is a house that dialogues with its surroundings, in constant reciprocity: simplicity, low maintenance, and proximity to the natural ambience. The construction consists of walls made from large blocks of local quarried stone, clay floors, wood, and glass. All of the materials have been preserved in their natural state. With its clean-cut spaces, the building is a container of vistas. During construction, an attempt was made to reduce any negative impact on the surroundings to a minimum, isolating both workers and materials.

BUNA / SARTORIA

TALLER ADG

Proyecto arquitectónico **Architectural Design: Taller ADG** Superficie construida **Constructed Surface Area: 100 m²** Fotografía **Photography: Onnis Luque** Lugar **Location: Ciudad de México** Año **Year: 2017**

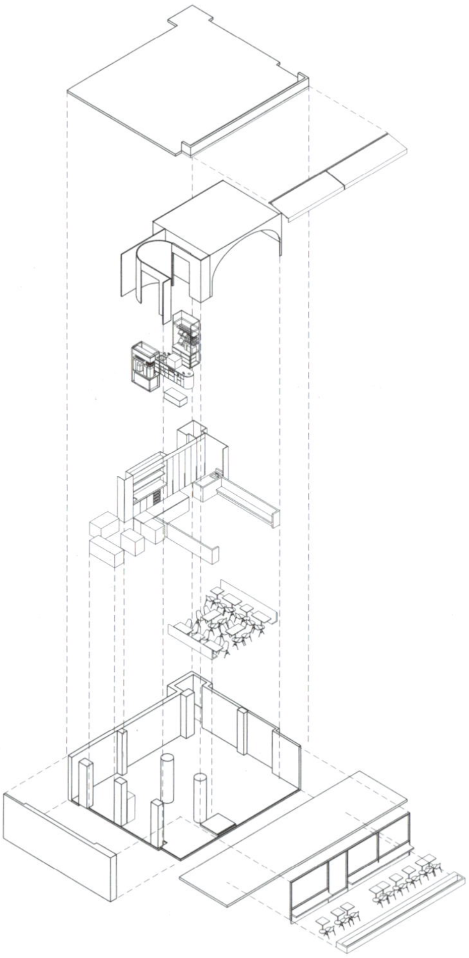

ISOMÉTRICO **ISOMETRIC**

Dos locales contiguos que comparten acceso y servicios albergan dos conceptos que confluyen en un juego de arcos: una bóveda crea un espacio cálido para el restaurante italiano Sartoria y un muro curvo da a la cafetería Buna amplitud y continuidad. En la entrada, un escalón de bloque de concreto divide el interior y forma un pequeño vestíbulo. Buna se instala en 25 m² y Sartoria ocupa 70 m². La cafetería se caracteriza por su barra central de 3.28 m de largo, de concreto enduelado y cubierta de mármol de bordes curvados para una circulación perimetral. Un nicho en carpintería negra, detrás de la barra, contiene equipo y material de preparación. El otro, en espejo, exhibe productos. La bóveda de Sartoria es de 5.60 m de ancho por 5 m de largo. Dos bancas laterales de madera, algunas mesas y una barra pueden albergar hasta 25 comensales. Al fondo están la barra de preparación de pastas y la contrabarra para servicio de bar. Se aprovechó el espacio entre la curvatura de la bóveda, los muros y el techo para hacer una cava que almacena 250 botellas. El piso es de concreto pulido con juntas frías, los muros son de concreto enduelado, y la cancelería y el toldo exterior son negros.

Two contiguous establishments sharing a common entrance and services house two concepts that flow together in an interplay of arches: a vault creates a warm space for the Italian restaurant Sartoria and a curved wall lends the café Buna a sense of spaciousness and continuity. At the entrance, a concrete step marks off the interior and forms a small vestibule. The café occupies 25 m² and the restaurant 70 m². The café is characterized by its central bar, 3.28 meters long, clad in concrete panels, with a marble countertop and curved edges to facilitate circulation around it. A niche lined with black wood behind the bar provides a space for the coffee machine and preparation material. A niche mirroring it on the other side displays products for sale. The vault of Sartoria is 5.6 meters wide and 5.0 meters long. Two lateral wooden benches, some tables, and a bar provide capacity for up to 25 diners. In the back are the bar where the pastas are prepared and a second one for bar service. The space between the curvature of the vault, the walls, and the ceiling has been turned to account to install a wine cellar with room for 250 bottles. The floor is of polished concrete with construction joints and the walls are of concrete panels. The window frames and outer awning are black.

SARTORIA
café rico diario 8:00am — 7:00pm

I-CONO

BIANCHIMAJER + ANNA MERCI

Proyecto arquitectónico **Architectural Design: bianchimajer + Anna Merci | Factor Eficiencia** Superficie construida **Constructed Surface Area: 110 m²** Fotografía **Photography: Anna Merci, Jaime Navarro** Lugar **Location: Ciudad de México** Año **Year: 2018**

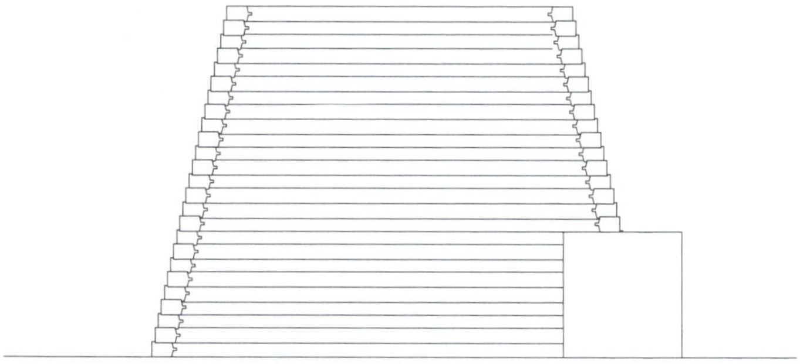

SECCIÓN **SECTION**

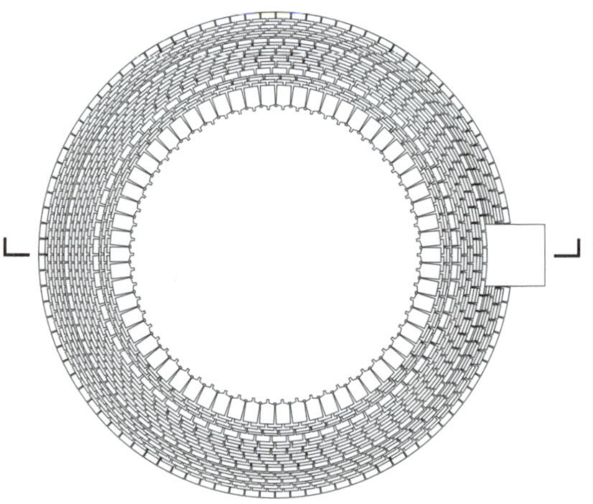

PLANTA **PLAN**

0 2M

Se construyó en el marco del Festival de Arquitectura y Ciudad Mextrópoli 2018, como resultado del Concurso Arquine 20, en la Alameda Central de la Ciudad de México. Con 2 500 garrafones de plástico azul, con capacidad para 20 litros, organizados en anillos, se erigió un gran cono. Conforme la estructura crecía, los 25 círculos se estrechaban; el primero, a nivel de suelo, tenía 10 m de diámetro, y el último, a 6.5 m de altura, se abría 7 m. Cada anillo tenía un armazón flexible de alambre recubierto, que atravesaba cada garrafón en dos puntos. En la parte inferior, los círculos se interrumpían por el acceso —un túnel trapezoidal metálico, forrado con madera pintada de negro—, en el que se fijaba el alambre estructural. Para dar estabilidad y peso, los niveles se unieron con silicona y algunos garrafones se llenaron parcialmente con agua. En el interior, la luz matizada por el plástico y el agua generaba una atmósfera de reflejos. Los sonidos exteriores se apagaban para dar paso al eco de los ruidos emitidos por los visitantes. Por su dimensión y materialidad, el cono destacó entre los árboles de la calle Doctor Mora y era visible desde varios puntos de la Alameda Central.

The pavilion was built as part of the Mextrópoli Architecture and City Festival 2018, as a result of the 20th Arquine Competition, across from the Alameda Central in Mexico City. The cone-shaped ring structure was composed of 2,500 blue plastic demijohns with a capacity of 20 liters each. As the structure rose, each one of 25 rings became smaller: the one at ground level measured ten meters in diameter and the top one, 6.5 meters high, seven meters in diameter. Each ring had a flexible wire frame that passed through each recipient at two points. In the lower part, the rings were interrupted by the entrance —a metallic trapezoidal tunnel, lined with black painted wood—, to which the wire structure was attached. In order to provide weight and stability, the levels were caulked with silicon and some of the demijohns were partly filled with water. Inside, the light filtering in through the plastic and the water generated an ambience of reflections. The sounds from outside were muffled and the echoes of visitors' footsteps could be heard. Owing to its size and materials, the cone stood out alongside the trees of the Calle Doctor Mora and was visible from several points in the Alameda Central.

LOCAL

MRD ARQUITECTOS

Proyecto arquitectónico **Architectural Design: MRD arquitectos** Superficie construida **Constructed Surface Area: 113 m²** Fotografía **Photography: Onnis Luque** Lugar **Location: Ciudad de México** Año **Year: 2018**

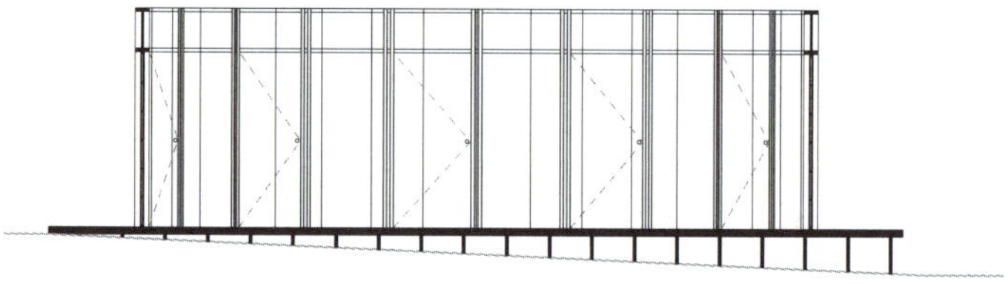

SECCIÓN **SECTION**

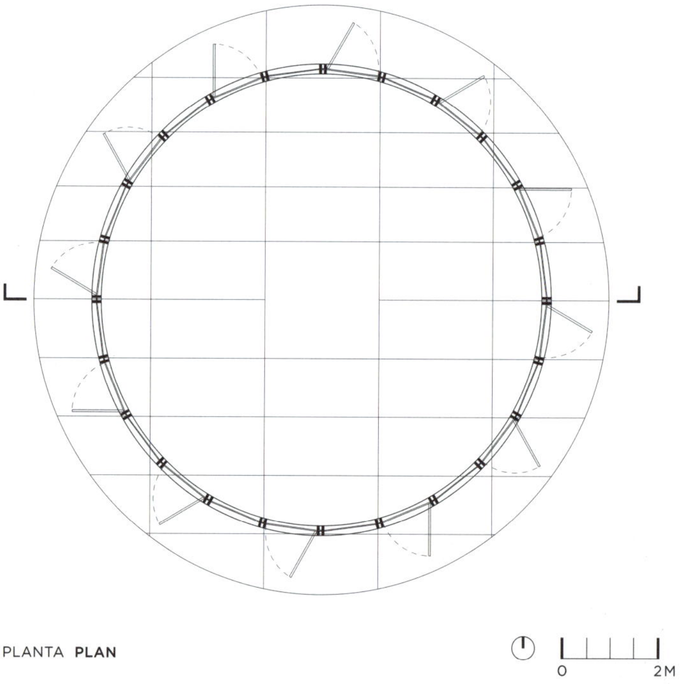

PLANTA **PLAN**

Es un ejercicio para la Ciudad de México inspirado en los millones de personas que van y vienen en el medio de transporte más incluyente y de mayor flujo en el país, en el que un grupo de desconocidos convive por algunos minutos todos los días. El proyecto es un proceso interactivo en un espacio delimitado por 12 puertas de los colores de las líneas del metro, para que el usuario escoja el acceso con el que se identifica. Al atravesar la puerta, los pasajeros llegan a un interior indiferente, primero se ven a sí mismos infinitas veces, lo que fortalece la idea de pertenencia, y después como grupo, para lograr una sinergia única y coexistir de igual a igual. El espacio interior es ocupado por un grupo de locales temporales que crea un territorio único, una idea que fomenta la construcción de la localidad. En el exterior de una circunferencia modular, para tener cero desperdicios, la estructura se construye con polines y hojas de *triplay* que pueden reciclarse.

This project is an exercise for Mexico City inspired by the millions of people who come and go on the largest and most inclusive public transport system in the country, by the countless groups of strangers who spend several minutes of their time in each other's company every day. The project consists of an interactive process in a space delimited by twelve doors of the colors of the different subway lines, so that users may choose the entrance with which they identify. When the passengers have gone through the door, they enter an undifferentiated interior, seeing themselves reflected in countless other faces. This reinforces a sense of belonging, and then a group identity, which generates a unique synergy and a notion of coexisting on an equal basis. The interior space is occupied by a group of temporary stalls, which together create a single territory and foster the idea of constructing a locality. In order to avoid waste of any kind, the structure has been built of recyclable timber and plywood.

ICANO DE DISEÑO 2018
OCTUBRE
ARIO Y OBJETO

CRECE TU CASA

LUCILA AGUILAR ARQUITECTOS

Proyecto arquitectónico **Architectural Design: Lucila Aguilar Arquitectos** Superficie construida **Constructed Surface Area: 127 m²** Fotografía **Photography: Lucila Aguilar** Lugar **Location: Tuzantán, Chiapas** Año **Year: 2017–2018**

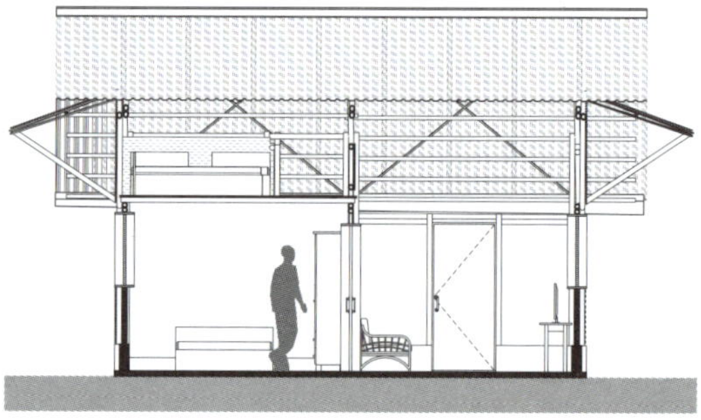

SECCIÓN TRANSVERSAL **TRANSVERSAL SECTION**

Proyecto de vivienda social para los empleados de Uumbal, empresa agroforestal con 15,000 ha de plantaciones de pino y palma en Chiapas, Veracruz, Tabasco y Campeche. Se hizo una investigación sobre la situación de vivienda de los trabajadores, necesidades, costumbres y retos por resolver. Se buscaron soluciones para promover el bienestar, transferir tecnología, soportar la economía local y aportar soluciones viables para una mejor calidad de vida. El bambú proporciona oxígeno, absorbe dióxido de carbono y puede plantarse y cosecharse en las comunidades. Por su fácil manejo, herramientas básicas para trabajarlo y peso liviano es ideal para la autoconstrucción asistida. El módulo básico de la casa es de 46 m² habitables y puede expandirse hasta 118 m² en dos niveles. Los prototipos incluyen tecnologías como captación de agua pluvial con filtros para tener agua potable; un baño de arrastre de agua; un espacio para bañarse con palangana; una estufa ecológica; un lavadero; un biodigestor, en caso de no contar con red de drenaje, e instalación eléctrica. La distribución interna y el material para muros se personaliza según el clima, los materiales locales y las necesidades.

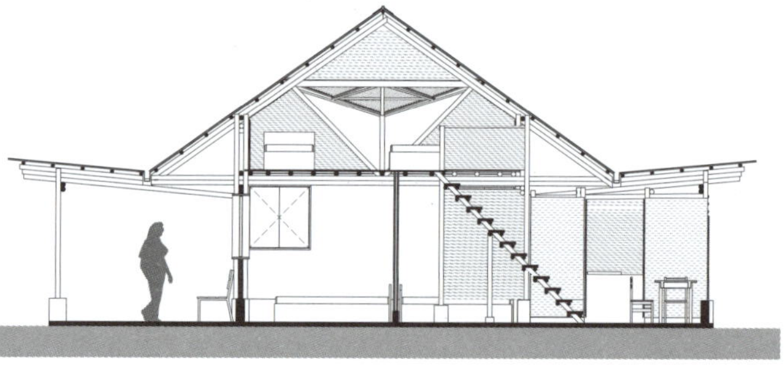

SECCIÓN LONGITUDINAL **LONGITUDINAL SECTION**

A subsidized housing project for the employees of Uumbal, a company in the forestry sector with 15,000 hectares of pine and palm plantations in Chiapas, Veracruz, Tabasco, and Campeche, this project is the result of a study of the housing situation of the workers, of their needs and customs, and of the challenges to be addressed. The solutions encountered foster wellbeing, transfer technology, support the local economy, and provide viable solutions for improving quality of life. The bamboo generates oxygen, absorbs carbon dioxide, and can be grown and harvested in the local communities. Basic easy-to-handle tools can be used to work the material and its light weight is ideal for assisted self-help housing. The basic module of the house provides 46 m² of living space and can be expanded to 118 m² over two levels. Some of the prototypes include technologies such as rainwater collection and filtering to provide a supply of drinking water, water-saving baths, ecological stoves, and biodigesters where drainage and electricity are not available. The internal distribution and the material for the walls depend on the local climate and materials and on specific user needs.

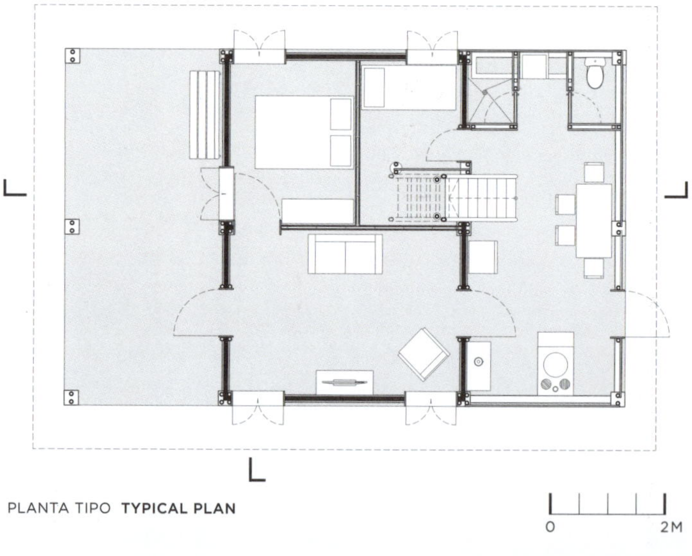

PLANTA TIPO **TYPICAL PLAN**

PÓRTICO PALMETO

TACO TALLER DE ARQUITECTURA CONTEXTUAL

Proyecto arquitectónico **Architectural Design: TACO Taller de Arquitectura Contextual** Superficie construida **Constructed Surface Area: 135 m²** Fotografía **Photography: Leo Espinosa** Lugar **Location: Mérida, Yucatán** Año **Year: 2018**

SECCIÓN TRANSVERSAL **TRANSVERSAL SECTION**

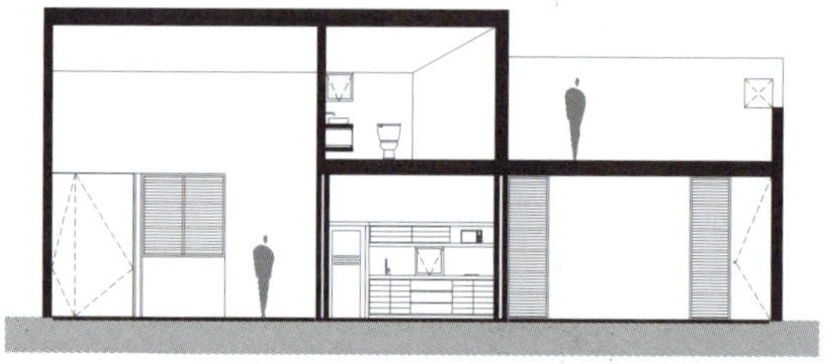

SECCIÓN LONGITUDINAL **LONGITUDINAL SECTION**

Edificio sede del Taller de Arquitectura Contextual (TACO), dentro de la colección de palmas del Vivero de Cholul. El objetivo era integrar una obra funcional y versátil a un entorno natural y social consolidado. Los espacios difieren del estereotipo de oficina para lograr una experiencia de trabajo acogedora y doméstica. El programa consiste en una explanada multifuncional, un jardín recreativo, un pórtico con terrazas y zonas de relajación, una sala de estar y de juntas, una cocineta, un baño completo, una bodega, un área de trabajo, un patio central y una terraza en azotea con sanitarios y cuarto de máquinas. La construcción está al fondo del terreno por razones de progresividad. La volumetría se define por los árboles preexistentes y los sistemas pasivos que implementa. La insolación y la privacidad se controlan con paneles de bambú. El sistema constructivo es de bloques, viguetas y bovedillas de concreto. Los acabados son estucos y concretos aparentes para reducir el mantenimiento. La gama cromática se extrajo de la arquitectura popular del sitio. El paisaje se reforzó con especies endémicas, aromáticas y de consumo humano, y con jardines acuáticos que atraen aves silvestres.

The main offices of the Taller de Arquitectura Contextual (TACO) are set amidst the palm trees of the Vivero de Cholul. The aim was to integrate a functional, versatile project into an already consolidated natural and social environment. The spaces differ from the stereotype of an office, aiming at a cozier, more domestic work setting. The program consists of a multifunctional esplanade, a recreational garden, a portico with terraces and relaxation areas, a common area that can be used for meetings, a kitchenette, a full bathroom, a storeroom, a work area, a central patio, and a rooftop terraces with restrooms and a machine room. Environmental concerns determined the placement of the construction toward the back of the lot. The volumetric arrangement is defined by the preexisting trees and the passive systems they implement. Privacy and protection from sunlight are controlled by bamboo panels. The constructive system is of concrete blocks, joists, and rafters. The finishes are of low-maintenance stucco and exposed concrete. The chromatic spectrum has been drawn from the traditional architecture of the zone. The surrounding landscape has been enhanced with endemic edible and aromatic plant species, along with water gardens that attract different kinds of wild birds.

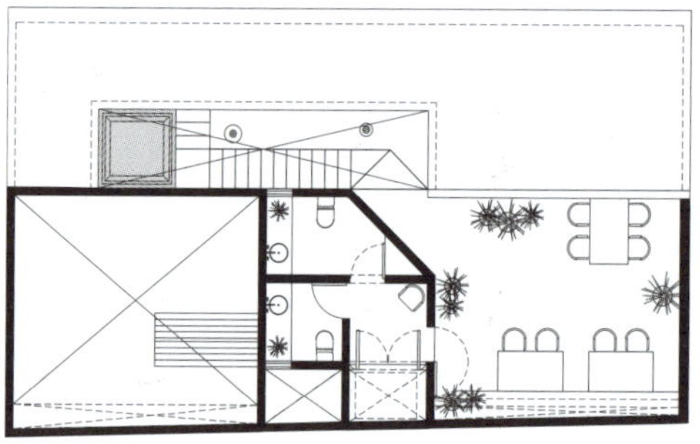

PLANTA ALTA **UPPER LEVEL PLAN**

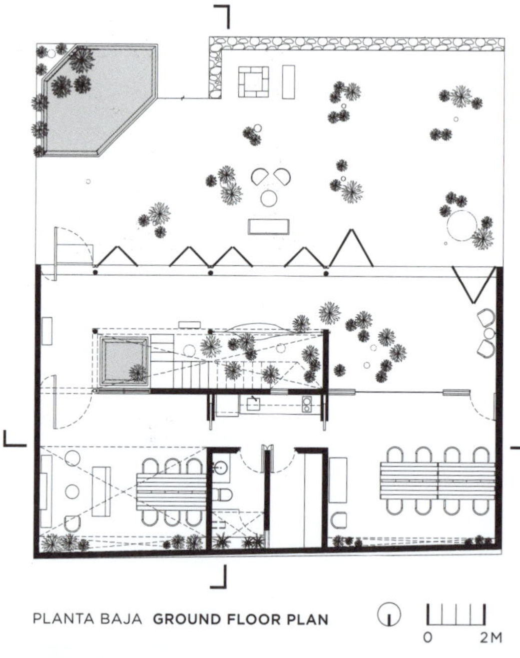

PLANTA BAJA **GROUND FLOOR PLAN**

AROS

PALMA

Proyecto arquitectónico **Architectural Design: PALMA** Superficie construida **Constructed Surface Area: 140 m²** Fotografía **Photography: Onnis Luque** Lugar **Location: Ciudad de México** Año **Year: 2018**

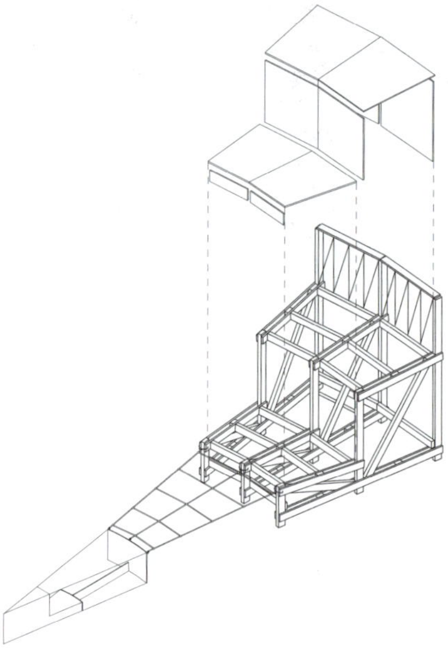

DETALLE **DETAIL**

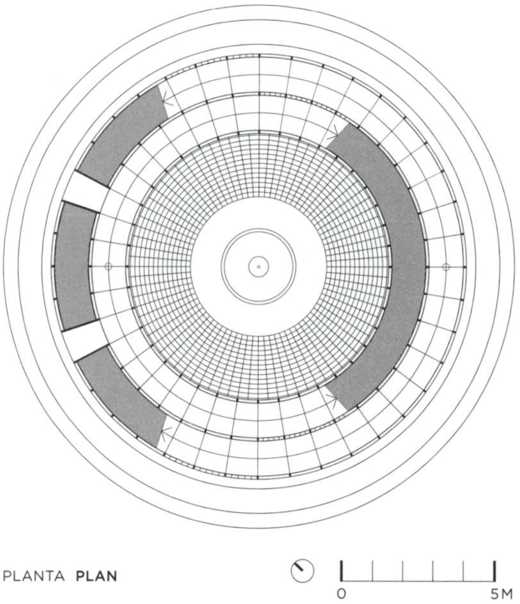

PLANTA **PLAN**

Proyecto ganador de Juguetes Urbanos, convocatoria abierta del Laboratorio para la Ciudad en colaboración con la Autoridad del Centro Histórico y el Gobierno de la Ciudad de México para desarrollar una propuesta de juego dentro de la Plaza Loreto, en el primer cuadrante del Centro Histórico. El proyecto se desplanta dentro de la fuente central, un ícono de la plaza que ya genera actividades lúdicas espontáneas. Se aprovecharon el trazo y los elementos existentes, como las bancas, para crear un espacio contenido pero visible. Se buscó responder a la variedad de tipos de juego y edades de los visitantes. El carácter concéntrico de la estructura crea una serie de umbrales, tanto físicos como imaginarios. Se accede al primer anillo por un lado, pero se debe recorrer por lo menos un cuarto de la pasarela para llegar al siguiente. Las rampas abrazan la fuente y pueden utilizarse mientras está en funcionamiento, lo que provoca un ambiente de intriga y emoción que despierta sensaciones en los niños. El uso de AROS va más allá del juego infantil, puede transformarse incluso en un pequeño foro para la comunidad.

This was the winning entry in an open competition called Juguetes Urbanos ('Urban Playthings'), organized by the Laboratorio para la Ciudad in collaboration with the Autoridad del Centro Histórico and the Mexico City government to develop a recreational area in Plaza Loreto in the capital city's historic downtown. The project is articulated around a preexisting central fountain, an icon of the plaza that has always been a focus of spontaneous play activities. The layout of this fountain, along with other preexisting elements, such as the benches, was turned to account to create a new recreational space, contained yet clearly visible, that would meet the needs of users of different ages and expectations. The concentric design of the structure creates a series of thresholds, both physical and imaginary. The outer ring is accessed from one side, but at least a quarter of the walkway must be followed to arrive at the next. The ramps embrace the fountain and can be used while it is in operation, creating an intriguing and exciting atmosphere for the children at play. But the project is not simply a playground: it can also be adapted to serve as a small community forum.

PABELLÓN LACUSTRE

TAP | TALLER DE ARQUITECTURA PÚBLICA

Proyecto arquitectónico **Architectural Design: TAP | Taller de Arquitectura Pública | Francisco Franco** Superficie construida **Constructed Surface Area: 140 m²** Fotografía **Photography: Enrique Márquez** Lugar **Location: Ciudad de México** Año **Year: 2017**

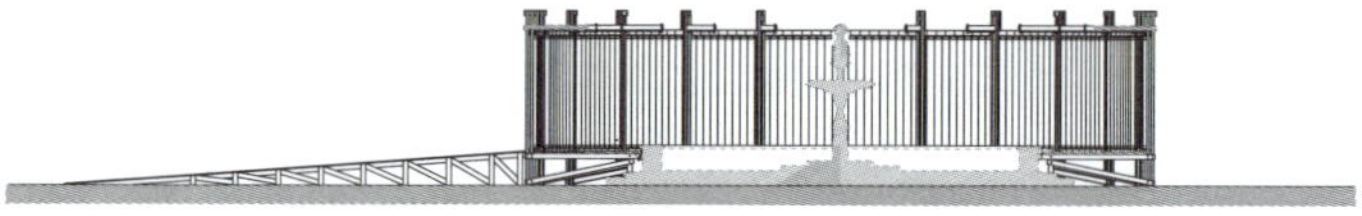

SECCIÓN **SECTION**

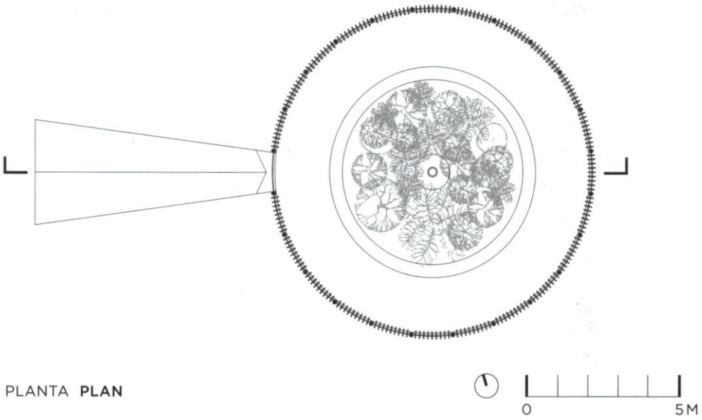

PLANTA **PLAN**

Taller de Arquitectura Pública propone la intervención de la plaza Santa Veracruz, original de la época novohispana, con una instalación arquitectónica de andamiaje alrededor y sobre la fuente central, que la abraza y guarda en su interior un jardín en memoria de las antiguas chinampas que levantaron la ciudad de Tenochtitlan. Para el jardín, diseñado en colaboración con Almudena y Huerto Roma Verde, se seleccionaron frutos, arbustos, pastos y flores que emanan del ambiente lacustre. Talleres lúdicos y conversatorios con especialistas sobre el futuro de la ciudad se desarrollaron ahí. Pabellón Lacustre propuso una pausa en la vida cotidiana de quienes viven en esa zona de la ciudad, en un espacio que se aísla del bullicio y proporciona un momento para reflexionar en intimidad con la naturaleza, el sonido del agua, el verde de las plantas y el aroma de las flores. De esta manera se acentúa nuestra inconsistencia como ciudadanos al tratar un tema tan delicado como el agua, en una ciudad con condiciones hídricas tan contrastantes.

The intervention by Taller de Arquitectura Pública in the Plaza Santa Veracruz, an urban space that dates back to colonial Mexico City, consists of a scaffolding around and over the central fountain, which it embraces. Inside, there is a garden in commemoration of the ancient *chinampas*, or floating gardens, of the city of Tenochtitlan. For the garden, designed in collaboration with Almudena and Huerto Roma Verde, a selection was made of fruits, bushes, flowers, and greenery endemic to the lake environment. Playful talks and workshops with specialists in the future of Mexico City have been held in the pavilion, which offers local residents the opportunity to make a pause in their everyday lives in a space that is insulated from the ambient noise and bustle: a moment to reflect in private on nature, on the sound of the water, the green of the plants, and the fragrance of the flowers. The project highlights our inconsistences as citizens in dealing with so delicate an issue as that of water, in a city with highly contrasting conditions of water supply and scarcity.

CAPILLA CENTRO SAN JAVIER

SERRANO ARQUITECTOS Y ASOCIADOS S.C.

Proyecto arquitectónico **Architectural Design: Serrano Arquitectos y Asociados S.C. | J. Francisco Serrano, Susana García Fuertes, Antonio Rodríguez Cruz** Superficie construida **Constructed Surface Area: 141 m²** Fotografía **Photography: Arq. Juan Rodolfo Rodríguez** Lugar **Location: Ciudad de México** Año **Year: 2017**

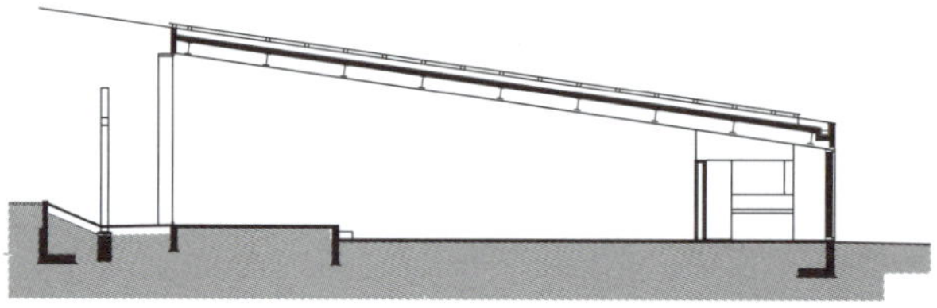

SECCIÓN **SECTION**

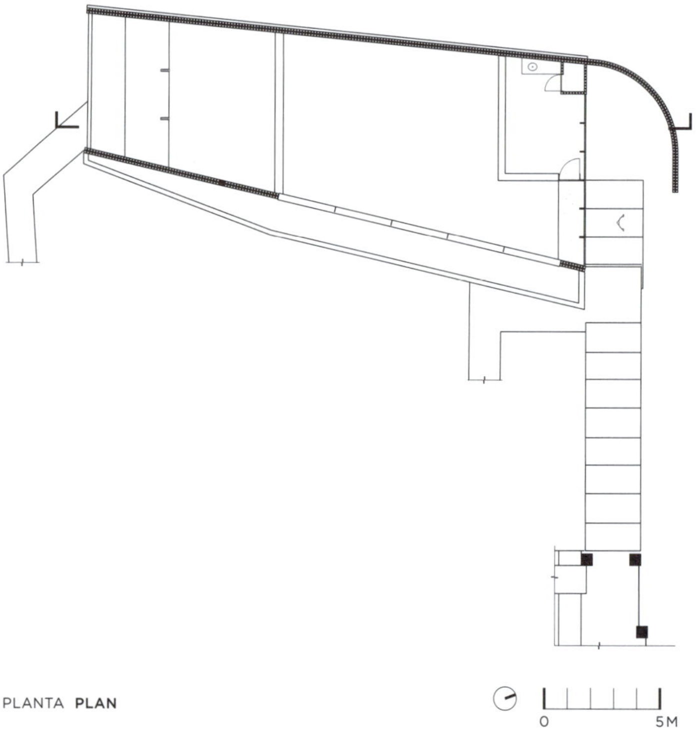

PLANTA **PLAN**

El proyecto consistió en intervenir un terreno con una capilla, donde se ubicaba una casa de ejercicios de los jesuitas, en Tepepan, Xochimilco, al sur de la Ciudad de México. La capilla se situó en el lindero y se dio prioridad a las vistas de todo el jardín. Los muros colindantes no se tocaron para permitir el paso de luz, que por las tardes inunda la pared de ladrillos. El remate visual desde el interior se conforma por la cruz, el jardín y el cerro de fondo. El techo de la capilla es una jardinera para el disfrute del edificio vecino, que es un asilo.

The project involved adding a chapel to the premises of a Jesuit retreat house in Tepepan, Xochimilco, to the south of Mexico City. The chapel is situated on the edge of the property, with fine views over the garden area. It does not touch the bordering walls, allowing natural light to get in and the brick walls to receive the afternoon sun. Inside, the visual perspective takes in the cross at one end, the garden, and the hill in the background. The rooftop of the chapel provides room for a garden area, a view of which can be enjoyed from the senior citizens' home next door.

CASA PALMAS

DOSA STUDIO

Proyecto arquitectónico **Architectural Design: DOSA STUDIO | Raúl Medina, Sergio Sousa** Superficie construida **Constructed Surface Area: 160 m²** Fotografía **Photography: Onnis Luque** Lugar **Location: Texcoco, Estado de México** Año **Year: 2018**

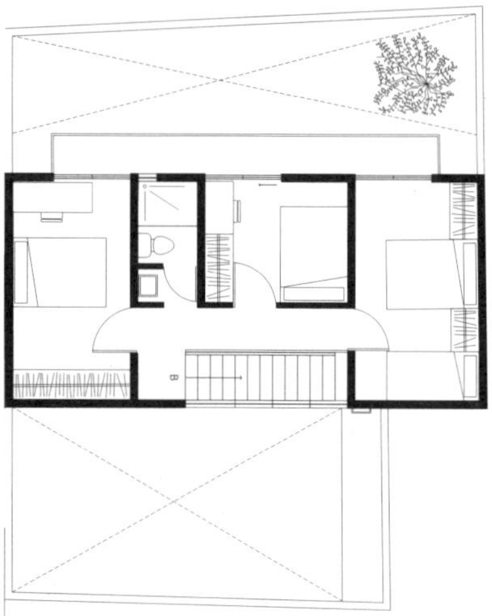

PLANTA ALTA **UPPER LEVEL PLAN**

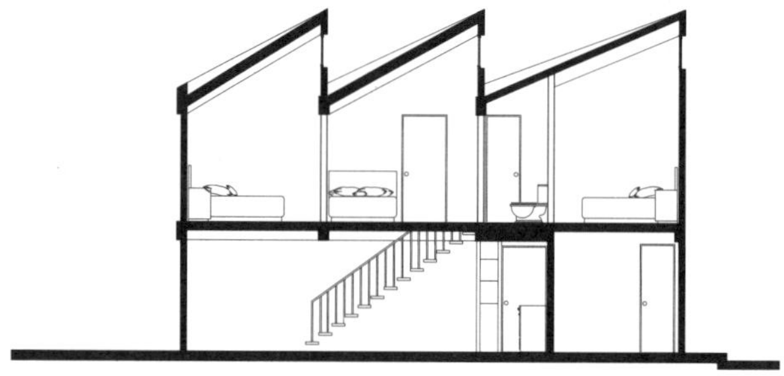

SECCIÓN A-A' **SECTION A-A'**

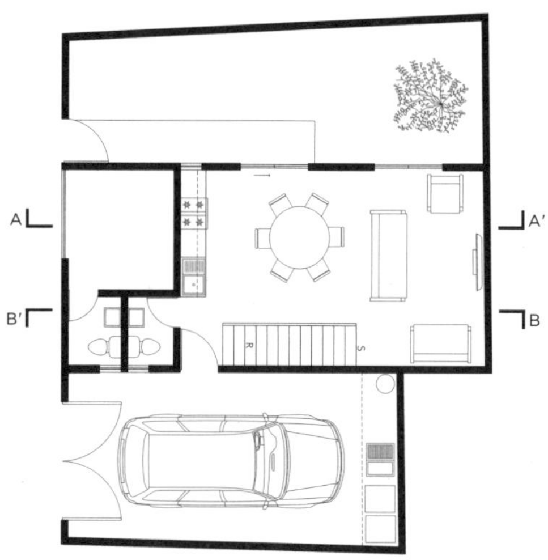

PLANTA BAJA **GROUND FLOOR PLAN**

SECCIÓN B-B' **SECTION B-B'**

0 2M

Es la respuesta a las necesidades y actividades de una familia de cuatro integrantes. Busca captar luz mediante una solución sencilla y honesta, convive con la imagen urbana del centro de Texcoco y se cierra visualmente al exterior para aprovechar al máximo las condiciones irregulares del terreno. El emplazamiento en la sección longitudinal contiene el programa arquitectónico y se beneficia de las orientaciones. Como resultado, surgen dos patios con identidad propia, que separan la casa de sus colindancias. Su geometría se revela al momento de recorrer la calle. Su cubierta dentada, orientada al sur, ilumina de manera constante y uniforme el interior, y su sombra se proyecta en los muros en el transcurso del día. Casa Palmas otorga otro sentido a la arquitectura social y contemporánea del Estado de México. Bajo la premisa de que la arquitectura es para todos, fue pensada con los usuarios y su forma de habitar, y está ligada a sus necesidades.

The house meets the needs and serves the activities of a family of four. It seeks to capture light by a simple and honest solution, in keeping with the urban image of the center of Texcoco, which at the same time closes it off visually from the exterior, in order to make the most of the irregular conditions of the lot. The architectural program unfolds lengthwise, to the benefit of the orientations. As a result, two patios, each with its own character, are generated, separating the house from its neighbors. The distinctive geometry of the design can be appreciated from the street: a saw-tooth roof, its inclinations facing south, provides plentiful, uniform natural light, while at the same time the walls are shaded in the course of the day. Palmas House lends new meaning to contemporary socially-committed architecture in Estado de México. Conceived on the premise that architecture is for everyone, it has been designed with its users, their way of life, and their particular needs in mind.

MEROMA

OFICINA DE PRÁCTICA ARQUITECTÓNICA

Proyecto arquitectónico **Architectural Design: Oficina de Práctica Arquitectónica** Superficie construida **Constructed Surface Area: 170 m²** Fotografía **Photography: Luis Young** Lugar **Location: Ciudad de México** Año **Year: 2017**

En un área de 160 m² dividida en tres espacios, se crean varias atmósferas. La planta baja funciona como un lugar de transición hacia el salón principal, es autónoma y carece de límites hacia la calle para invitar a los transeúntes a entrar. En el primer nivel, el salón principal fue diseñado para alojar 35 personas. El elemento destacado es la luz natural que entra por el domo de vidrio, cubierto con el follaje de los árboles exteriores, que resulta en un plafón de cristal envuelto con hojas caídas. Al fondo se encuentra la terraza al aire libre, para 16 comensales. Éste es un espacio flexible con pisos de madera reciclada y muros de recinto, con la posibilidad de adaptarse según el clima y las necesidades de los anfitriones. Los materiales se reducen a elementos simples y naturales. Se evitan las piezas decorativas. El terrazo, las pastas de marmolina, el concreto precolado y la madera, junto con el mobiliario y los platillos, son los elementos arquitectónicos que crean atmósferas independientes y dan un carácter distintivo al restaurante.

Within an area of 160 square meters, divided into three spaces, several different ambiences have been created. The ground floor functions as a transitional zone leading to the main dining hall: it is an autonomous space with no defined limits along the street side, from where passersby are invited to come in. On the second floor, the main dining hall is designed with capacity for 35 people. The outstanding element is the natural light, which streams in through a glass dome enveloped by the foliage of the surrounding trees, eventually forming a glass ceiling covered in fallen leaves. Toward the back is the open air terrace, with capacity for 16 diners. This is a flexible space, with recycled wooden floors and walls that can be adapted to the climatic conditions and the needs of the hosts. Materials are reduced to simple, natural elements, and decorative pieces are avoided. The terrace, the fine-grit sand, the pre-poured concrete, and the wood (together with the furnishings and dishes) are architectural elements that create independent ambiences and lend a distinctive character to the restaurant.

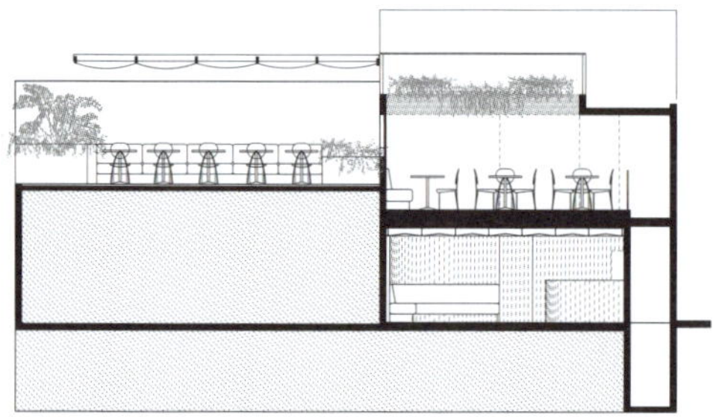

SECCIÓN **SECTION**

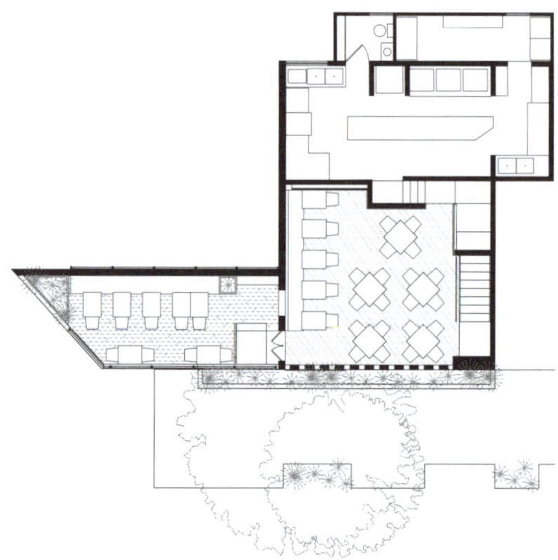

PLANTA ALTA **UPPER LEVEL PLAN**

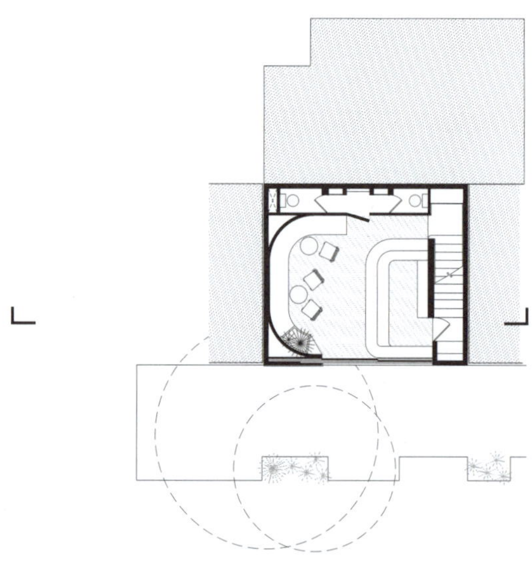

PLANTA BAJA **GROUND FLOOR PLAN**

0 5M

CASA BGS

ALVARO MORAGREGA / ARQUITECTO

Proyecto arquitectónico **Architectural Design: Alvaro Moragrega / arquitecto** Superficie construida **Constructed Surface Area: 185 m²** Fotografía **Photography: Fernanda Leonel** Lugar **Location: Tapalpa, Jalisco** Año **Year: 2018**

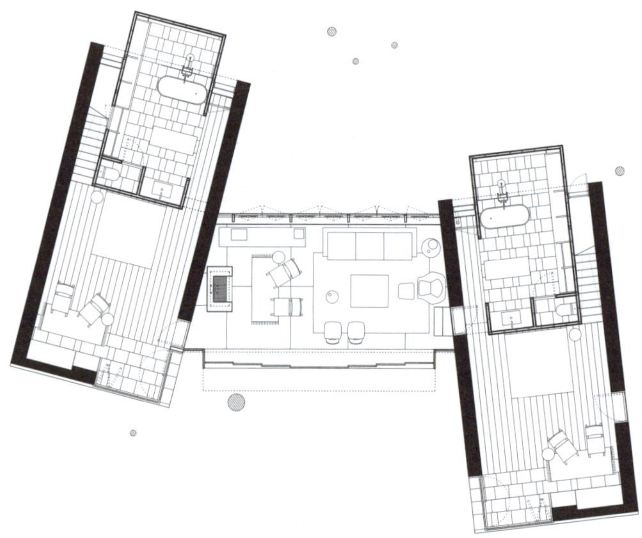

PLANTA **PLAN**

0 2M

Consiste en dos cabañas pequeñas conectadas por una estancia. La disposición se decidió por el espacio natural que dejaba la vegetación y por el emplazamiento del área social, con vista a cuatro árboles y al valle. Las cabañas son construcciones de piedra de dos pisos, con varios vanos. El pino enmarca ventanas y puertas. En el interior, el dormitorio está en una doble altura con chimenea, con un único elemento: una caja de madera que sirve de soporte para la cabecera de la cama y contiene el baño, con piso de granito negro, concebido como un espacio para ser habitado. Un vidrio templado separa la regadera del bebedero que funciona como bañera. Ambos comparten la tubería de agua. Toda la plomería está expuesta. La regadera sobresale del volumen de la cabaña para dar lugar a un tragaluz de vidrio. Encima de la caja hay una segunda área de dormir, a la que se accede por una escalera lateral. Bombillas Edison sin pantalla, instaladas sobre la madera o colgadas con cables tejidos a manera de candiles, conforman la iluminación. La estancia conectora cuenta con una chimenea colgante. La fachada oeste abre hacia una terraza con asador y hoguera.

The project consists of two small cabins connected by a common living area. The layout was determined partly by the preexisting vegetation and partly by the placement of the common area, with a view of four trees and the surrounding valley. The cabins are two-storey stone constructions with several apertures. Pinewood is used to frame windows and doors. Inside, the bedroom is a double-height space with a fireplace and a single constructed element: a wooden box that serves as a support for the head of the bed and that contains the bathroom, with its black granite floor, conceived as a space to be inhabited. Tempered glass separates the shower from the drinking trough that serves as a bathtub. The two facilities share the same pipes, which are exposed. The glass skylight above the shower volumes provides plenty of natural light. Above this box there is a second bedroom, accessed by a lateral stairway. Lighting is provided by unshaded Edison bulbs set into the wood or hanging like lamps from woven cables. The common area has a hanging fireplace and the western façade opens onto a terrace with a grill and space for bonfires.

ESCUELA RURAL PRODUCTIVA

COMUNAL: TALLER DE ARQUITECTURA
+ BACHILLERATO RURAL DIGITAL NO. 186

Proyecto arquitectónico **Architectural Design: Comunal: Taller de Arquitectura + Bachillerato Rural Digital no. 186** Superficie construida **Constructed Surface Area: 192 m²** Fotografía **Photography: Onnis Luque** Lugar **Location: Tepetzintan, Puebla** Año **Year: 2018**

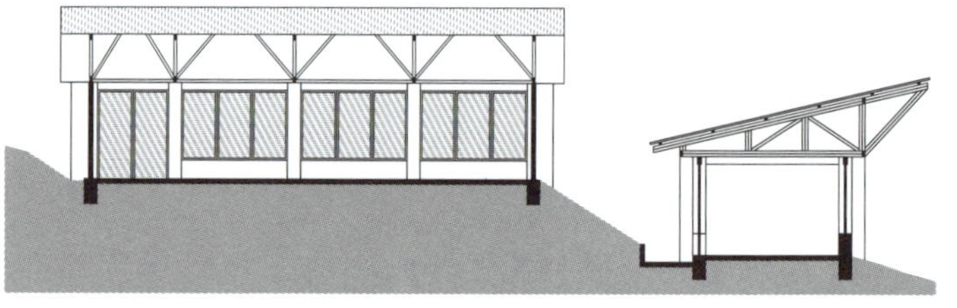

SECCIÓN **SECTION**

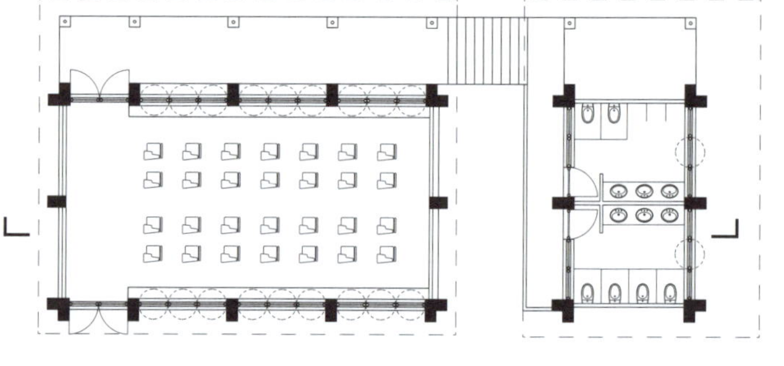

PLANTA **PLAN**

0 5M

Proyecto autogestivo de los alumnos del Bachillerato Rural Digital 186. Motivados por los talleres de capacitación técnica con bambú, impartidos por Comunal, en 2015, y la carencia de aulas en su comunidad, decidieron diseñar y autoconstruir su escuela. En los talleres desarrollaron el concepto de Escuela Rural Productiva, que propone espacios educativos apropiados para la región y el empleo de materiales locales, además de replantear la forma de aprender y enseñar, a partir del contexto cultural, social, ambiental y económico. El programa arquitectónico responde al requerimiento de aprendizaje de oficios para detonar cadenas productivas locales, rescatar la sabiduría ancestral de la comunidad y evitar la emigración. La Escuela consta de tres aulas, un huerto de hortalizas y otro de herbolaria tradicional, milpa, taller práctico de oficios y cocina-laboratorio para la producción de ungüentos, cremas y jarabes. El proyecto hace frente a las políticas públicas que tienden a homogenizar la educación en todo el país y propone un espacio educativo que responde a las necesidades de la comunidad.

This self-governing project carried out by the students of Digital Rural High School 186 originated in the technical training workshops in the use of bamboo given by Comunal in 2015. Seeking to address the scarcity of classroom space in their locality, the students decided to design and building their own school themselves. The workshops had explored the concept of the "productive rural school," which seeks to offer suitable educational spaces to the region and the proposes the use of local materials. The concept also reformulates modes of learning and teaching, adapting them more closely to specific cultural, social, environmental, and economic contexts. In the present case, the architectural program addresses the need to provide practical training in trades that will catalyze local production chains and so reduce migration from the region, while at the same time drawing on and salvaging the community's ancestral skills and wisdom. The school contains three classrooms, a fruit and vegetable garden and a traditional herb garden, a small plot of land for crop cultivation, a practical trade workshop, and a laboratory-kitchen for the production of ointments, creams, and syrups. The project offers an alternative to public policies that tend to homogenize education all across the country, proposing an educational space that meets the specific needs of the community.

MUSEO ABIERTO

FERNANDA CANALES

Proyecto arquitectónico **Architectural Design: Fernanda Canales** Superficie construida **Constructed Surface Area: 200 m²** Fotografía **Photography: Rafael Gamo** Lugar **Location: Ciudad de México** Año **Year: 2018**

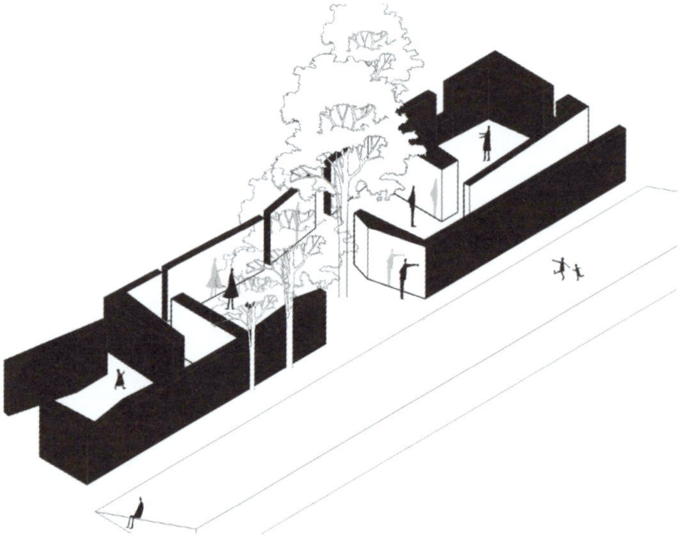

AXONOMÉTRICO **AXONOMETRIC**

El proyecto consiste en tres patios de tamaños distintos para extender las actividades del Museo Tamayo hacia el parque y generar un nuevo punto de encuentro. Los reflejos en el interior, formados por el juego de espejos y recorridos entre los patios, destacan a los visitantes como parte de la exhibición. El pabellón comprende un área descubierta de casi 6 m de ancho por 25 m de largo. Por fuera, es una pieza rectangular, de color negro. Por dentro, se abre y se multiplica entre sombras, patios y la vegetación existente. Cuenta con dos accesos para hacer un recorrido a lo largo de la fachada lateral del museo. Se plantea como un diálogo entre el paisaje, los visitantes y las personas que atraviesan el bosque, y la historia patente en las referencias del edificio de Teodoro González de León y Abraham Zabludovsky a la obra de Luis Barragán, Álvaro Siza y la Capilla Abierta de Mathias Goeritz. El intercambio se produce a partir de opuestos: el primero, hacia el interior, de volúmenes; el segundo, hacia el exterior, de planos.

The project consists of three patios of different sizes designed to extend the activities of the Museo Tamayo into the park around it and to generate a new point of encounter for visitors. The reflections in the interior, generated by the interplay of mirrors and movement between the patios, bring out the visitors themselves as a part of the exhibition. The pavilion includes an open-air area around six meters wide and twenty-five meters long. From the outside, this is a black rectangle. Inside, it opens up and multiplies amidst shadows, patios, and vegetation. It has two entrances, so the visitors can follow the lateral façade of the museum. A dialogue has been established between the landscape, the visitors to the museum, the people passing through the park, and the entire history contained in references to the building of Teodoro González de León and Abraham Zabludovsky, to the work of Luis Barragán and Álvaro Siza, and to the open chapel of Mathias Goeritz. The interchange is produced by pairs of opposites: first, toward the interior, by opposing volumes; second, toward the exterior, by opposing planes.

HOTELITO CLAUSSEN

EPARQUITECTOS

Proyecto arquitectónico **Architectural Design: EPArquitectos** Superficie construida **Constructed Surface Area: 215 m²** Fotografía **Photography: César Béjar** Lugar **Location: Mazatlán, Sinaloa** Año **Year: 2018**

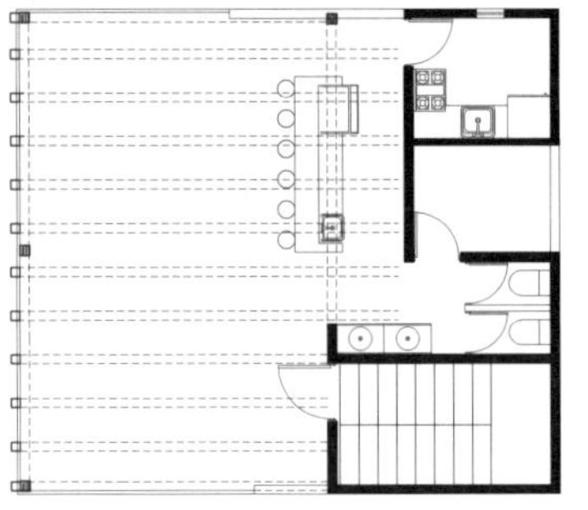

PLANTA NIVEL TERRAZA **TERRACE LEVEL PLAN**

PLANTA NIVEL 1 **LEVEL 1 PLAN**

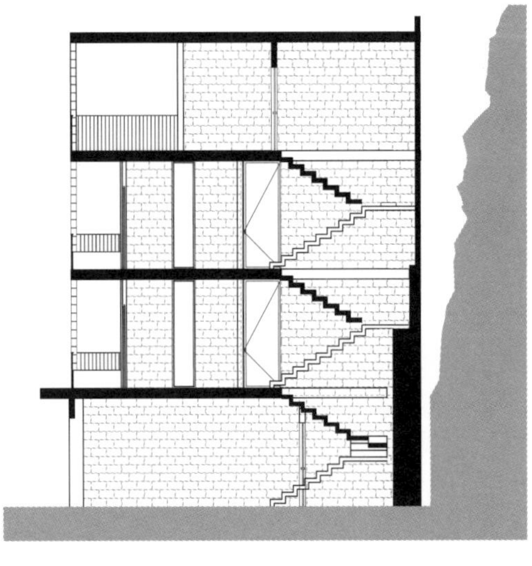

SECCIÓN **SECTION**

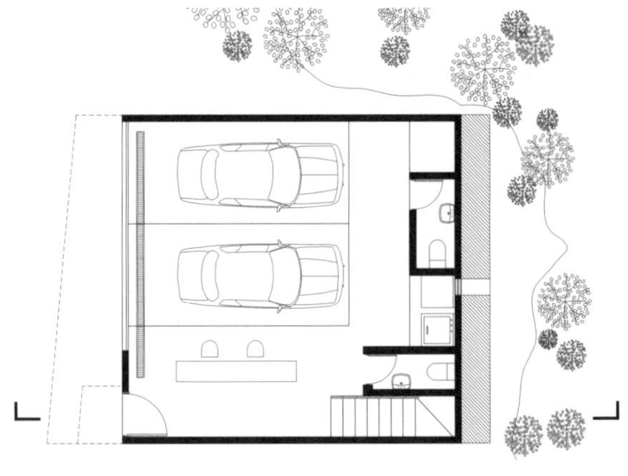

PLANTA BAJA **GROUND FLOOR PLAN** 0 2M

Este pequeño edificio de 8 × 8 m se ubica a las faldas del Cerro de la Nevería y frente a una de las mejores vistas de Mazatlán. Para sentir un espacio más amplio fue importante apropiarse por medio de aberturas orientadas al paisaje de los elementos sobresalientes inmediatos y lejanos, como el monumento a la Mujer Mazatleca, las islas Piedras Blancas, la playa Olas Altas y el bello horizonte con sus atardeceres. Hay sorpresas en la relación con la naturaleza, que impregna y nutre la vida en el espacio. La roca del cerro da la pauta para su materialidad, color y textura. La luz y el calor del sol, así como la privacidad, se regulan con pantallas corredizas elaboradas con carrizo, una especie de caña de la región que permite que el habitante module a gusto la transparencia u opacidad de las fachadas. El espacio se comprime o se expande por medio de sus diafragmas, lo que crea también un frente cinético.

This little 8-×-8-meter building is located on the slopes of the Cerro de la Nevería, with a fine vista of Mazatlán across the water. Large openings make it possible to appreciate the open spaces: they take in both the immediate and the distance surroundings, including the Monument to the Mazatleca Woman, the Piedras Blancas islands, the Olas Altas beach, and the horizon, with its beautiful sunsets. There are surprises in the hotel's relation to its natural surroundings, which permeate and nourish the life of the space. The stone on the hill sets the tone, with its materiality, color, and texture. Sunlight, heat, and privacy are all regulated by means of sliding screens, made out of a local reed, which can be adjusted by guests to provide whatever degree of transparency or opacity they prefer. The space contracts and expands by means of these diaphragms, which create a constantly moving façade.

ESTUDIO PEDRO REYES

PEDRO REYES

Proyecto arquitectónico **Architectural Design: Pedro Reyes** Superficie construida **Constructed Surface Area: 225 m²** Fotografía **Photography: Angélica Ibarra** Lugar **Location: Ciudad de México** Año **Year: 2018**

Pedro Reyes es uno de los pocos artistas que ha retomado la tradición de la talla directa en piedra. Para este tipo de trabajo, su estudio contempla una doble altura con trabes de gran peralte que permiten levantar piedras de diez toneladas. El techo de sierra provee una iluminación óptima. Los muros envolventes son paneles precolados diseñados ex profeso por el artista, con la característica inusual de terminar en curva, no sólo en el techo sino también en el arranque del piso. El volumen no emerge de su cimentación, parece que ha sido depositado sobre el suelo, lo que enfatiza su carácter de objeto o escultura. Si bien en la fachada encontramos una arquitectura brutalista, en el interior, el uso de la piedra recupera elementos vernáculos propios de la arquitectura del Pedregal, como la mampostería de piedra brasa. El cubo de la escalera usa un innovador encofrado de bambú que le da a los muros una textura inédita. La escalera en espiral conecta tres niveles en los que se organizan otras áreas: taller de dibujo, herrería, carpintería, archivo, comedor y solario.

Pedro Reyes is one of the few artists on the contemporary scene who have taken up the tradition of direct carving in stone again. For work of this kind, his studio requires a double height and beams with wide spans, which make it possible to hoist pieces weighing ten tons. The saw-tooth roof provides optimal illumination. The wraparound walls are pre-poured panels, designed especially by the artist, with the unusual feather of ending in a curve, not only at the ceiling, but also along the floor. The volume does not emerge from the foundations: it seems to have been deposited there, emphasizing its character as object or sculpture. Although the façade projects a notion of brutalist architecture, on the inside, the use of stone recalls vernacular elements that are typical of the Pedregal neighborhood, such as rubble masonry with volcanic rock. The staircase was made with an innovative bamboo formwork that gives its walls a special texture. The spiral stairway connects the three levels of the studio over which the program is distributed: drafting workshop, ironwork and carpentry workshops, archive, dining room, and sun room.

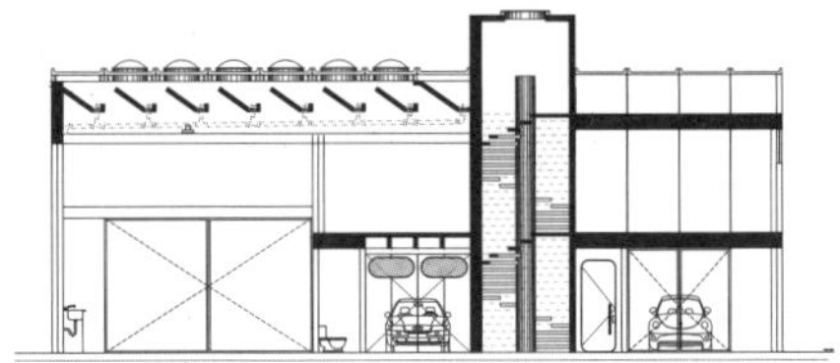

SECCIÓN A-A' **SECTION A-A'**

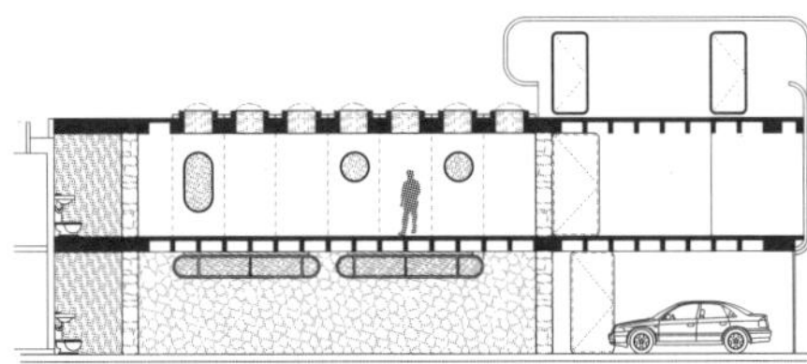

SECCIÓN B-B' **SECTION B-B'**

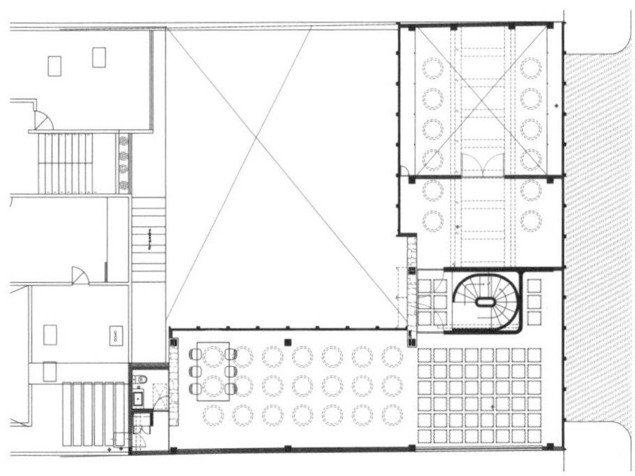

PLANTA ALTA **UPPER LEVEL PLAN**

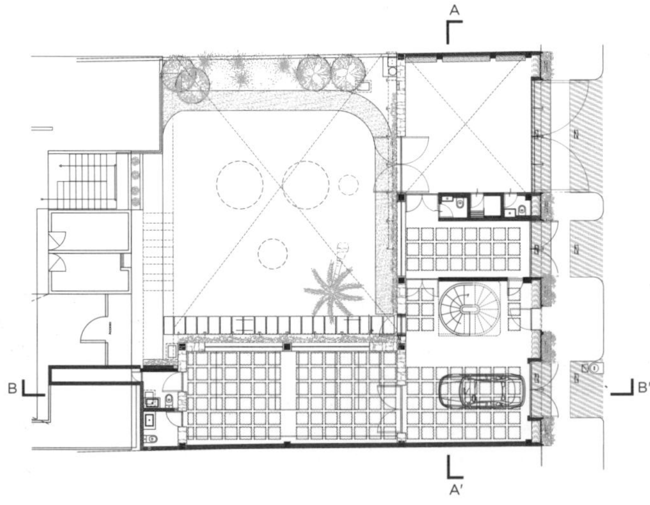

PLANTA BAJA **GROUND FLOOR PLAN**

CASA BEDOLLA

P+O ARQUITECTURA

Proyecto arquitectónico **Architectural Design: P+O Arquitectura** Superficie construida **Constructed Surface Area: 245 m²** Fotografía **Photography: FCH fotografía, Juan Benavides** Lugar **Location: Monterrey, Nuevo León** Año **Year: 2017**

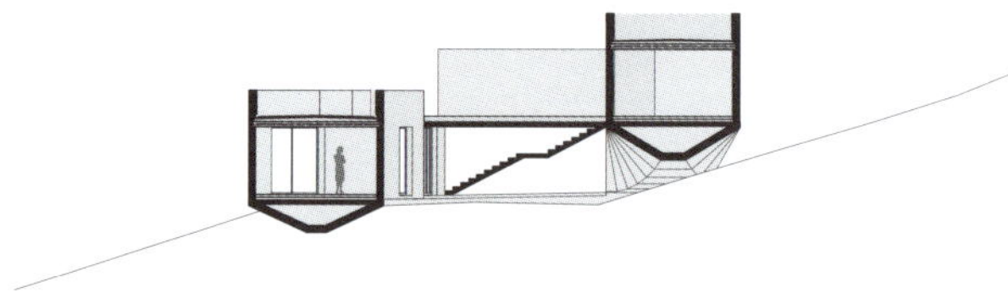

SECCIÓN **SECTION**

Se respetó la mayoría de cedros y encinos existentes en el terreno de 2,660 m² y topografía compleja. En el área entre los árboles se proyectan dos prismas de laja de las montañas circundantes, que suman casi 200 m², uno privado y otro social, que flotan sobre la cañada que recorre el predio. El cantiléver sobre el escurrimiento de agua se resuelve con una viga-cajón alabeada, que se genera al girar el muro que contiene el volumen privado hasta convertirlo en una losa. La estructura de concreto soporta dos volúmenes perforados para proveer ventilación natural y aprovechar las vistas. Los muros de piedra y concreto delimitan el corazón del proyecto: un patio longitudinal que desde el acceso se dirige hacia el bosque de encinos al pie de la cañada. Una simple losa cubre parte de la zona central y crea un espacio para la cochera, forma una terraza hacia el poniente y convierte en solario el techo del volumen social, que se conecta con el otro por una escalera. El mobiliario define los espacios y las ventanas generosas diluyen los límites con el exterior. La libertad de la distribución interior se acentúa con el techo de madera, apoyado sobre muros de carga, bajo un aplanado pulido.

Most of the preexisting cedars and oaks on the lot, 2,660 m² in size and of irregular topography, have been preserved. Placed amidst the trees are two volumes constructed of stone quarried from the surrounding mountains, one containing the private zones and the other the public zones, for a total area of almost 200 m². The volumes seem to float over the ravine that runs adjacent to the lot. The element cantilevered over the nearby stream consists of a warped box-beam, generated by twisting the wall that contains the private volume until it forms a floor slab. The concrete structure sustains two volumes perforated to provide natural ventilation and offer vistas of the surroundings. Stone and concrete walls delimit the heart of the project: a longitudinal patio that runs from the entrance to the oak grove at the foot of the ravine. A simple slab covers part of the central area and creates a space for the driveway, forming a terrace that looks west to make a sun deck out of the roof of the public volume, which is connected to the other by way of stairs. The furnishings define the spaces and the ample windows blur the limits between outside and inside. The freedom of the interior distribution is accentuated by the wood ceiling, supported by beams resting on the loadbearing walls, under polished plaster.

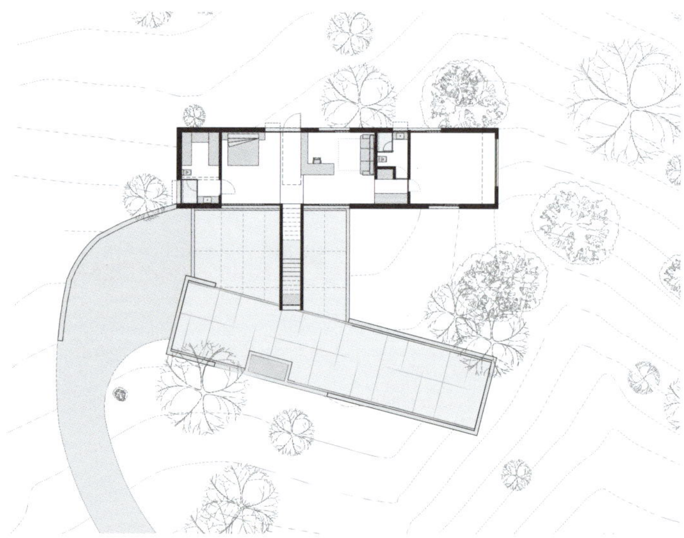

PLANTA ALTA **UPPER LEVEL PLAN**

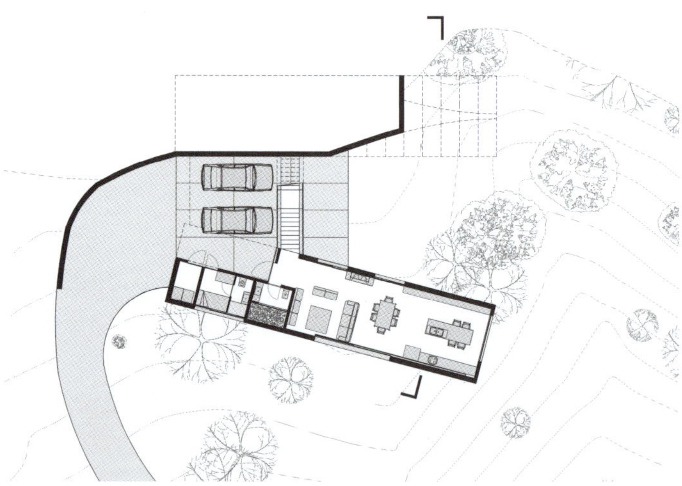

PLANTA BAJA **GROUND FLOOR PLAN**

0 5M

CASA PM

CADAVAL & SOLÀ-MORALES

Proyecto arquitectónico **Architectural Design: CADAVAL & SOLÀ-MORALES | Eduardo Cadaval, Clara Solà-Morales** Superficie construida **Constructed Surface Area: 280 m^2** Fotografía **Photography: Sandra Pereznieto** Lugar **Location: Puerto Morelos, Quintana Roo** Año **Year: 2017**

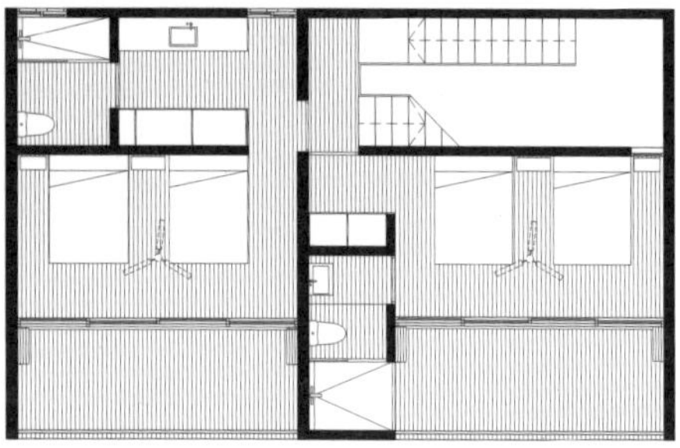

PLANTA NIVEL 2 **LEVEL 2 PLAN**

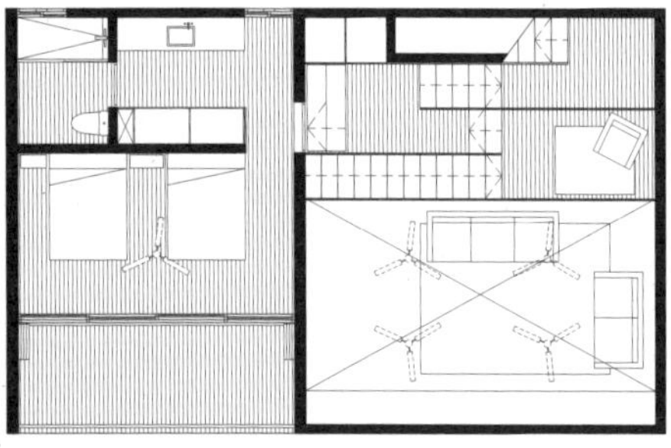

PLANTA NIVEL 1 **LEVEL 1 PLAN**

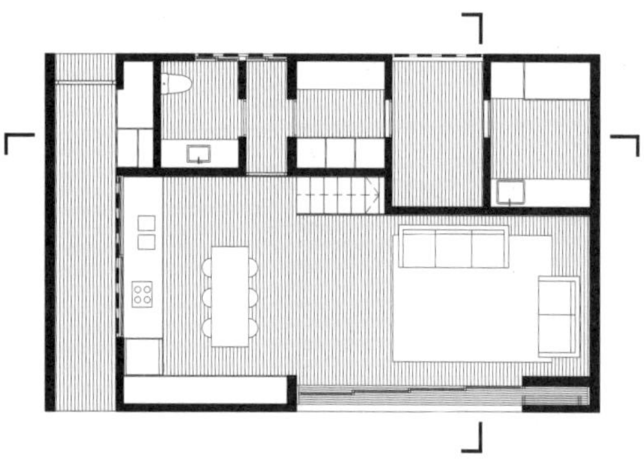

PLANTA BAJA **GROUND FLOOR PLAN** 0 2M

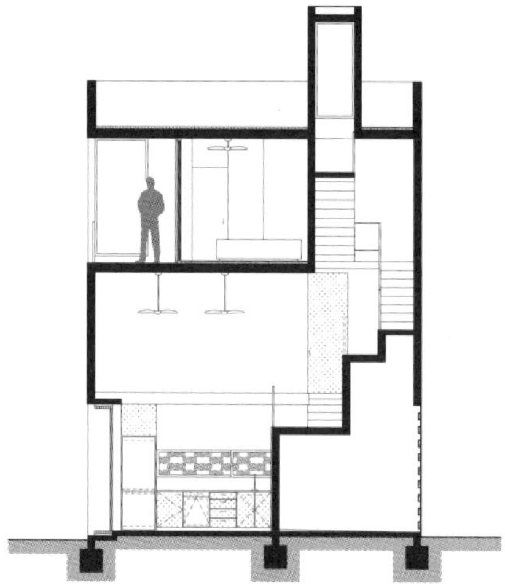

SECCIÓN TRANSVERSAL **TRANSVERSAL SECTION**

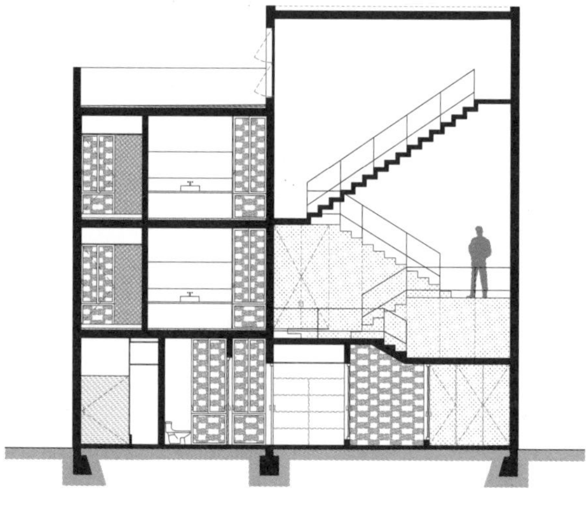

SECCIÓN LONGITUDINAL **LONGITUDINAL SECTION**

El terreno se localiza en el límite del manglar de Puerto Morelos, a unos 50 km al sur de Cancún, en la Riviera Maya. A pesar de estar rodeada de vegetación exuberante, la altura de la casa otorga vistas al mar. Es la última de una alineación de casas entre medianeras, con un pequeño jardín en la parte posterior. El proyecto quiere reforzar el carácter neutro y poco abierto hacia la calle, para concentrar la magia en el interior. La orientación al sur se cierra por completo para evitar el asoleamiento, mientras la fachada al norte es más permeable y dúctil. La sala se abre hacia el jardín y su altura y proporciones indican que es el núcleo de la vivienda. Una escalera articula la verticalidad de la estructura y organiza la distribución hacia las estancias, abiertas al norte. Las habitaciones con baño propio están en la parte alta de la casa, son diáfanas y sencillas, y gozan de una gran terraza. La construcción con muros de carga y los acabados son lo más austero posible. Todo está pintado de un color continuo. El espacio, con su apertura al manglar, el mar, la vegetación y la luz blanca de norte, es el protagonista de la casa.

The lot is located on the edge of the Puerto Morelos mangrove swamps, some fifty kilometers south of Cancún, on the Riviera Maya. The height of the house allows for fine views of the sea, in spite of the lush surrounding vegetation. It is the last of a line of houses joined by party walls, with a small garden behind it. The design seeks to reinforce its neutral character, somewhat closed to the street side, concentrating all its magic on the interior. The southern façade, exposed to the intense sunlight, is completely closed, while the northern façade is more ductile and permeable. The living room opens onto the garden, its height and proportions indicating that it is the nucleus of the dwelling. A stairway articulates the verticality of the structure and organizes the distribution of the bedrooms, all open to the north. The bedrooms with their own bathrooms are in the upper part of the house: simple and diaphanous, and provided with a large terrace. The construction of the loadbearing walls and the finishes are as austere as can be. Everything is painted in one uniform color. The space itself, open to the mangroves, the sea, the vegetation, and the white northern light, is the protagonist of the project.

CASA AMERICANA

ESTUDIO MACÍAS PEREDO

Proyecto arquitectónico **Architectural Design: Estudio Macías Peredo | Salvador Macías, Magui Peredo** Superficie construida **Constructed Surface Area: 280 m^2** Fotografía **Photography: César Béjar** Lugar **Location: Guadalajara, Jalisco** Año **Year: 2018**

Cercana al Centro Histórico de Guadalajara, la colonia Americana tuvo su mayor crecimiento en el siglo XX. En la actualidad ha sido revalorada y pasa por un proceso de redensificación. Algunas de las construcciones de la zona están catalogadas por su valor histórico o ambiental, como la estructura original de esta a casa de dos niveles, que data de la década de 1950. Una parte fue demolida para ampliar su programa. La idea apuesta por respetar la primera crujía y dar continuidad a la imagen urbana original de la colonia. En el terreno sobrante se construyó un pequeño edificio, cuyos tres niveles se desplazan como repisas dislocadas o cajones abiertos, que libran varios claros y definen patios o vacíos que no coinciden en su paramento. Esto da la posibilidad de tener jardines colgantes en distintas alturas.

Not far from the city's historic downtown, the Colonia Americana in Guadalajara saw its greatest growth in the twentieth century. It is currently undergoing a process of reevaluation and re-densification. Some of the constructions in the neighborhood have been catalogued as heritage sites or are protected by environmental regulations, such as the original structure of this two-storey house, which dates from the 1950s. One part has been demolished, however, to permit an expansion of the program. The concept aims to respect the main bay and lend a certain continuity to the original urban image of the *colonia*. On the remaining part of the lot, a small building was erected, whose three levels unfold as displaced shelves or open drawers that free up several open spans and define patios or voids that do not coincide vertically, making room for hanging gardens at different heights.

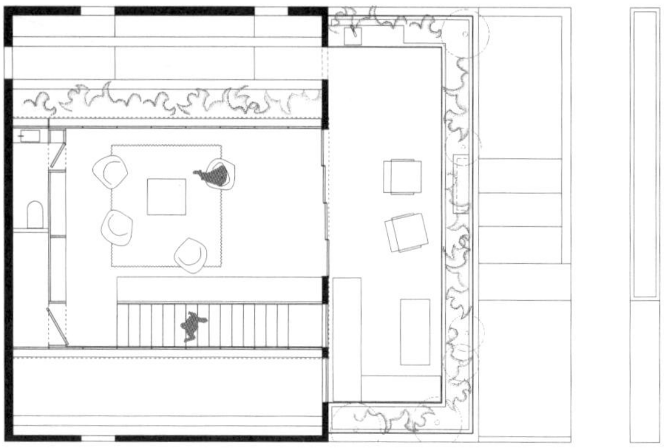

PLANTA NIVEL 2 **LEVEL 2 PLAN**

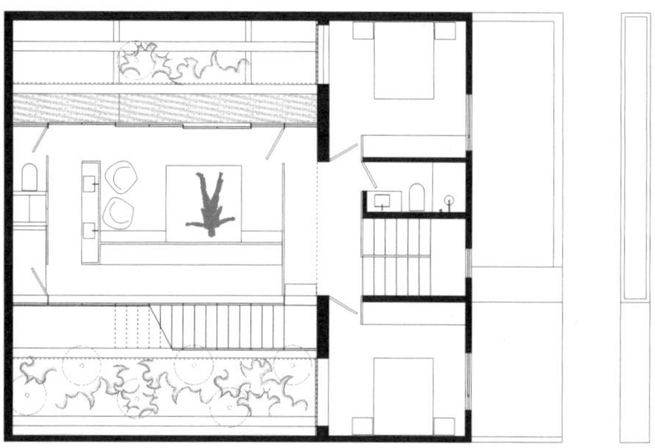

PLANTA NIVEL 1 **LEVEL 1 PLAN**

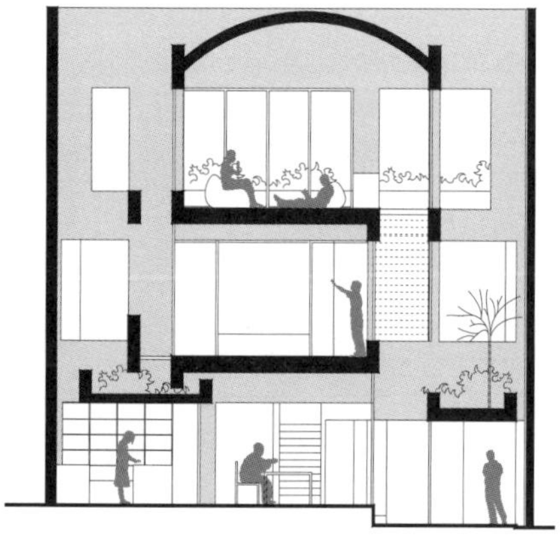

SECCIÓN TRANSVERSAL **TRANSVERSAL SECTION**

PLANTA BAJA **GROUND FLOOR PLAN**

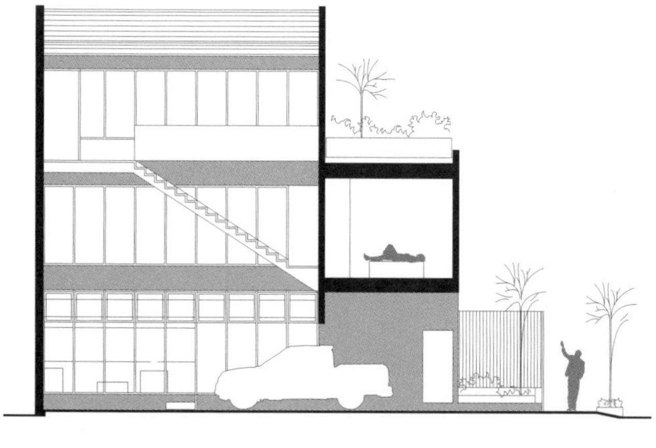

SECCIÓN LONGITUDINAL **LONGITUDINAL SECTION**

CASA ALTANERA

TAC TALLER ALBERTO CALLEJA

Proyecto arquitectónico **Architectural Design: TAC Taller Alberto Calleja** Superficie construida **Constructed Surface Area: 320 m²** Fotografía **Photography: Marcos Calleja** Lugar **Location: Puerto Escondido, Oaxaca** Año **Year: 2018**

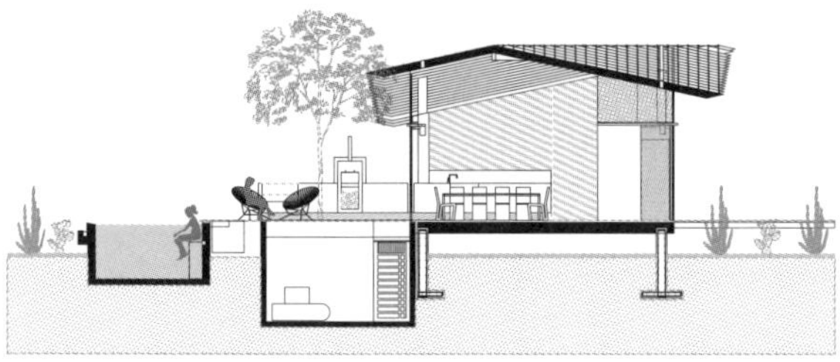

SECCIÓN A-A' **SECTION A-A'**

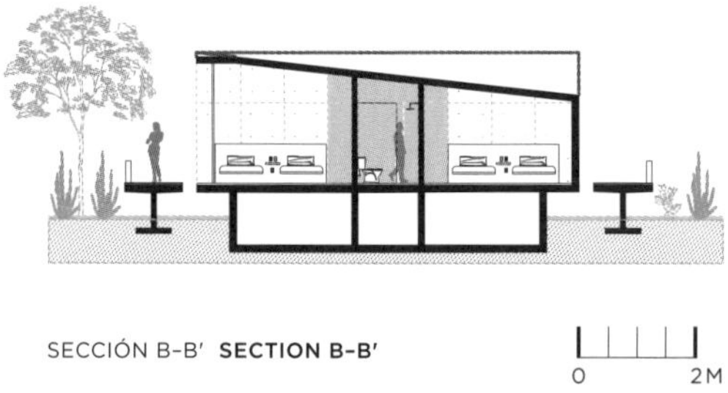

SECCIÓN B-B' **SECTION B-B'**

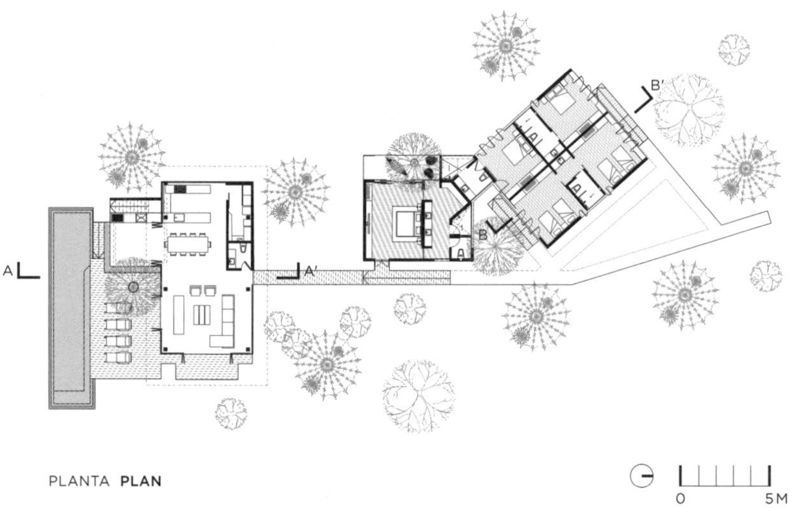

PLANTA **PLAN**

Como premisa natural y primordial, se estableció continuar el proceso de reforestación de la zona. Se pensó en un programa de vivienda unifamiliar, contenida en tres módulos separados, divididos en las áreas sociales y dos piezas independientes. El resultado es una habitación master para dos personas y cuatro habitaciones secundarias para ocho, con sus áreas de servicio individuales y compartidas. La interacción con el exterior ocurre en las áreas concentradas en la palapa. El comedor, la cocina, la sala, el *deck* y la alberca se vinculan por un espacio común y cada uno se despliega a partir de su fachada movible de puertas de madera, que resuelve las relaciones climáticas de manera independiente y sostenible. La conexión más íntima y contemplativa sucede en los volúmenes de concreto y madera que contienen las habitaciones y sugieren un lugar protegido, seguro, en el que cada habitante define su relación con el exterior más inmediato a partir de su lectura del lugar.

A basic natural premise of the project was to continue the process of reforestation in the zone. The program for the single-family dwelling is contained in three separate modules, divided into common areas and two independent rooms. The result is a master bedroom for two persons and four secondary bedrooms for a total of eight persons, with their individual and shared service areas. The interaction with the exterior takes place in the areas concentrated around the palapa. The dining room, kitchen, living room, deck, and swimming pool are all articulated around a common space, each one behind its façade of sliding wooden doors, which make for sustainable climate solutions. The most private areas, designed for a more contemplative experience, are contained in the bedroom volumes of concrete and wood, which offer safe, protected spaces where users can define their own relations to the immediate exterior through their individual readings of the place.

CASA CUERNAVACA

TAPIA MCMAHON

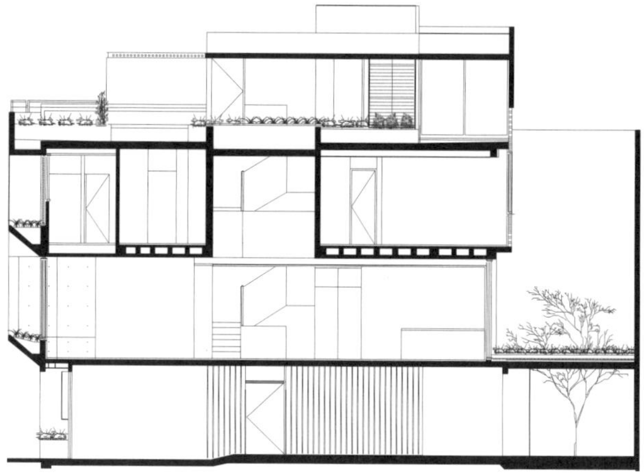

SECCIÓN **SECTION**

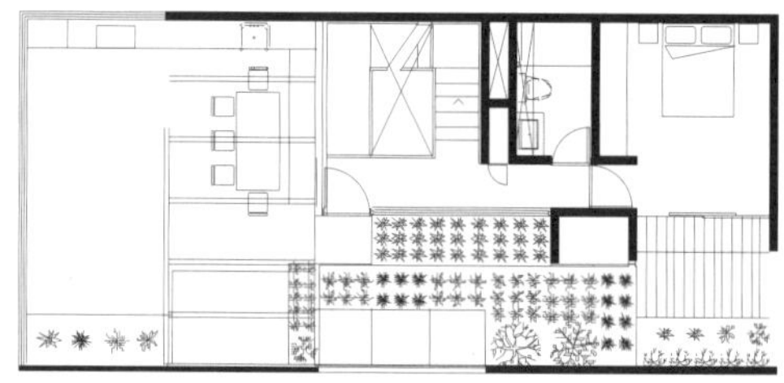

PLANTA TERRAZA **TERRACE LEVEL PLAN**

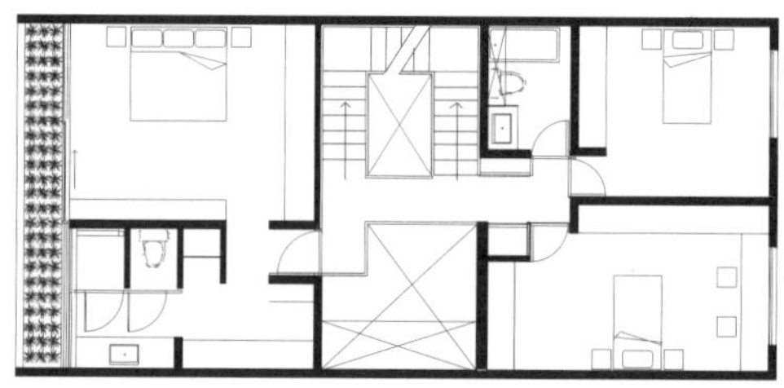

PLANTA NIVEL 2 **LEVEL 2 PLAN**

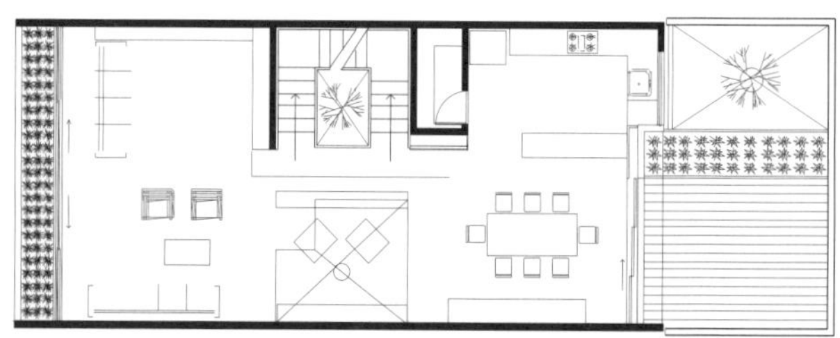

PLANTA NIVEL 1 **LEVEL 1 PLAN**

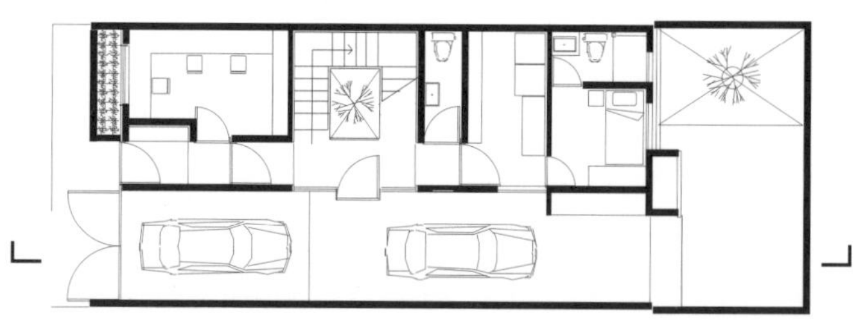

PLANTA BAJA **GROUND FLOOR PLAN**

0 5M

Proyecto arquitectónico **Architectural Design: Tapia McMahon | Fernando Tapia y Aidan McMahon** Superficie construida **Constructed Surface Area: 340 m²** Fotografía **Photography: Rafael Gamo** Lugar **Location: Ciudad de México** Año **Year: 2017**

En una calle amplia y arbolada del área de conservación histórica en la colonia Condesa se gestó este proyecto de vivienda unifamiliar. El programa de la casa se divide en una planta baja de servicios, un primer nivel de uso público, el segundo de uso privado y un tercero para visitas, con terraza. El esquema rectangular y abierto se dividió en dos. En su lado largo, una doble altura introduce luz natural en la zona central y separa la recámara principal de las secundarias. Todos los niveles se unen por una circulación vertical, que es la columna vertebral de la casa. La fachada principal, de concreto aparente y orientada al poniente, tiene grandes aberturas y jardineras para dar mayor privacidad en el interior y tener una presencia verde hacia el espacio público que dialoga con el gran árbol de enfrente. El concreto aparente de la primera planta se complementa con elementos de madera para lograr un interior más acogedor. La fachada posterior da al oriente y combina el concreto con el tabique rojo reciclado para dar lugar a un patio cálido. Todos los espacios tienen iluminación y ventilación naturales.

This single-family dwelling occupies a lot on a wide, tree-lined street in a protected heritage zone of the Condesa neighborhood. The residential program is divided into a ground floor for services, a second floor for public use, a third floor for private use, and a fourth floor, with its terrace, for visits. The open rectangular layout is divided into two parts. On the longer side, a double-height space provides plenty of natural light to the central area and separates the master bedroom from the secondary ones. All the levels are joined by a vertical circulation core that constitutes the spinal column of the house. The main façade, which looks west, is of exposed concrete and equipped with large apertures and planters that generate privacy on the inside even as they project a green presence toward the public space, dialoguing with the large tree across the way. The exposed concrete of the second floor is complemented with wooden elements for greater warmth. The back façade look east and combines concrete with recycled red brick to create a cozy patio setting. All of the spaces have natural lighting and ventilation.

CASA GA2

GRACIASTUDIO

Proyecto arquitectónico **Architectural Design: graciastudio | Jorge Gracia** Superficie construida **Constructed Surface Area: 378 m²** Fotografía **Photography: Onnins Luque** Lugar **Location: Tijuana, Baja California** Año **Year: 2017**

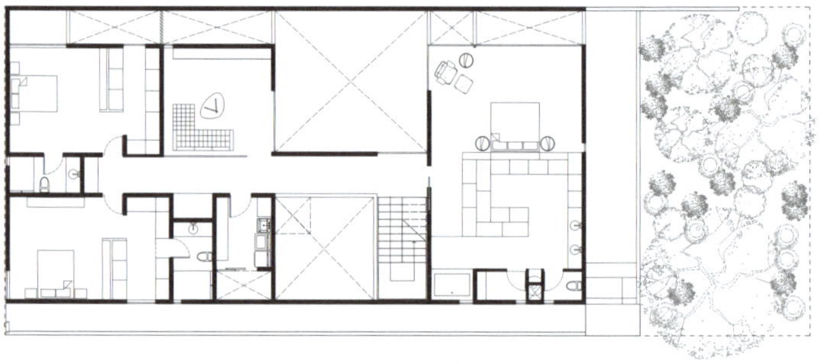

PLANTA ALTA **UPPER LEVEL PLAN**

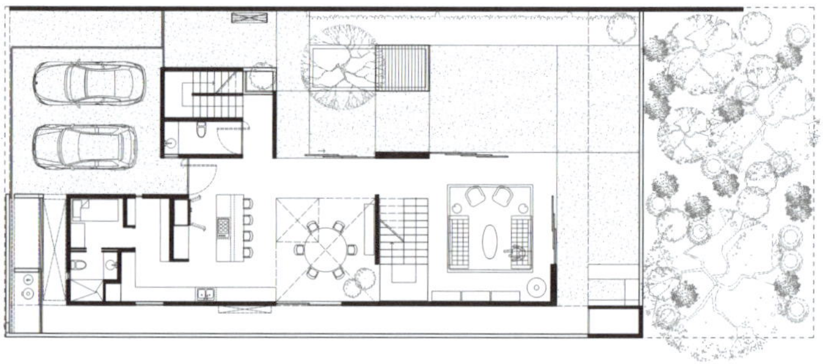

PLANTA BAJA **GROUND FLOOR PLAN**

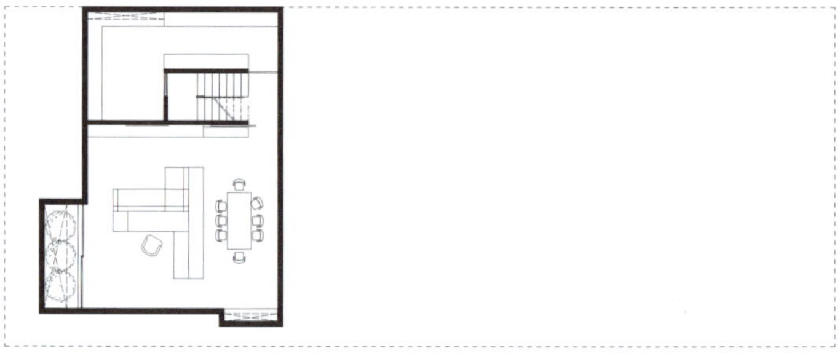

PLANTA SÓTANO **BASEMENT PLAN**

0 5M

Ubicada en la ciudad de Tijuana, se desarrolla en un programa de dos niveles y un sótano. En el primero, el sistema constructivo es de concreto reforzado con acabado aparente, para dar rigidez y estabilidad. Los techos están recubiertos con duela, que rompe la rigidez, da balance, contraste y una sensación de confort para los usuarios. En el segundo nivel se encuentra el área privada. La recámara principal se conecta con otras dos habitaciones por un puente. El proyecto contrarresta la falta de vista del sitio mediante un patio interior, que articula los espacios y crea comunicación con el exterior.

Located in the city of Tijuana, the house has two levels and basement. The constructive system of the first level is of exposed reinforced concrete, which provides rigidity and stability. The ceilings are clad in wood, attenuating the sense of rigidity, lending balance and contrast, and giving a sensation of comfort to users. The private areas of the program are on the second level. The master bedroom is connected to two other bedrooms by means of a bridge. The design compensates the lack of vistas of the surroundings by an interior patio, which articulates the spaces and generates communication with the exterior.

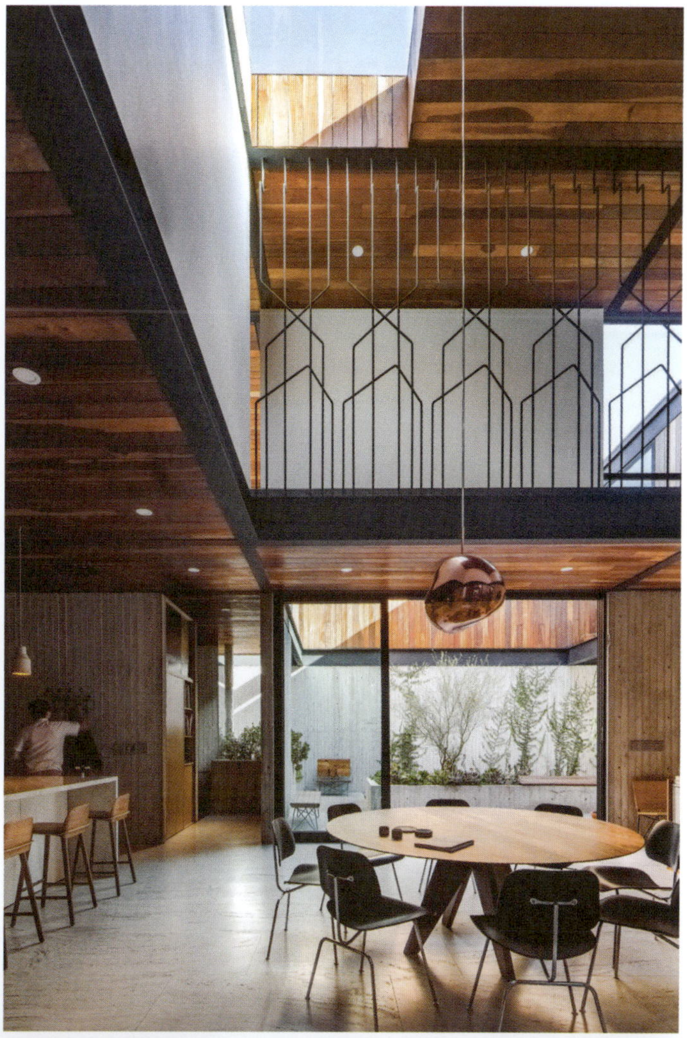

CASA ENTRE ÁRBOLES

NUÑO • MAC GREGOR • DE BUEN + ANA NUÑO DE BUEN

Proyecto arquitectónico **Architectural Design: Aurelio Nuño, Carlos Mac Gregor, Clara de Buen + Ana Nuño de Buen** Superficie construida **Constructed Surface Area: 415 m²** Fotografía **Photography: Luis Young** Lugar **Location: Ciudad de México** Año **Year: 2018**

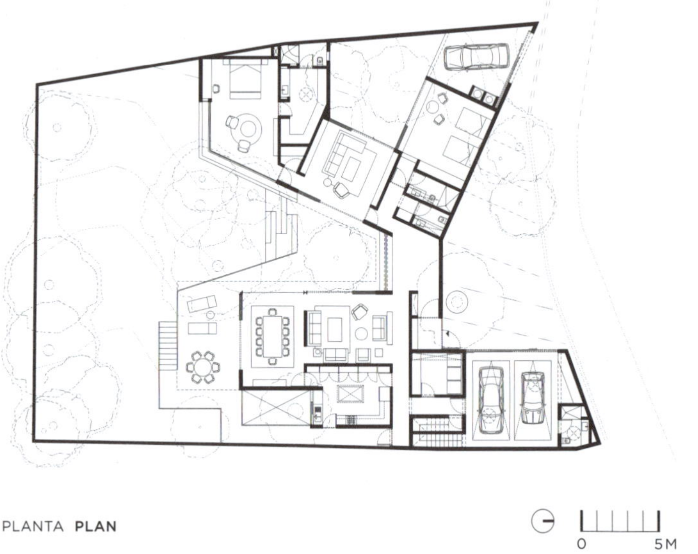

PLANTA **PLAN**

El dueño de la casa tenía una relación de toda la vida con el lugar porque ahí estaba la casa de fin de semana de su familia. Se trata de un terreno con árboles de muchos años. El esquema arquitectónico obedeció a la conservación de la mayor parte de la vegetación para mantener la experiencia de estar bajo y entre los árboles. Ubicada en un callejón muy estrecho, la construcción de un piso se remete en el predio, se integra a la calle y genera una ampliación urbana que facilita el acceso peatonal y vehicular. Hacia el exterior, la casa es cerrada. Hacia el interior es muy abierta, con grandes paños de cristal que permiten disfrutar del jardín y sus árboles.

The owner has had a lifelong connection to the site, because his family's weekend home used to be there. The lot is full of trees, and the architectural design seeks to preserve the greater part of the vegetation, in order to maintain the experience of being under and amidst trees. Located on a very narrow little street, the one-storey construction is set back on the lot and integrated with the street by means of an urban expansion that serves as both pedestrian and vehicle entry. The house is closed on the outside but very open within, with large glass panes that allow the garden and trees to be appreciated.

CASA L

TACTIC-A

Proyecto arquitectónico **Architectural Design: TACTIC-A | Carlos Morán, Juan Martín** Superficie construida **Constructed Surface Area: 427 m^2** Fotografía **Photography: Claudia P. Campos, Víctor G. Hernández Reyes** Lugar **Location: León, Guanajuato** Año **Year: 2018**

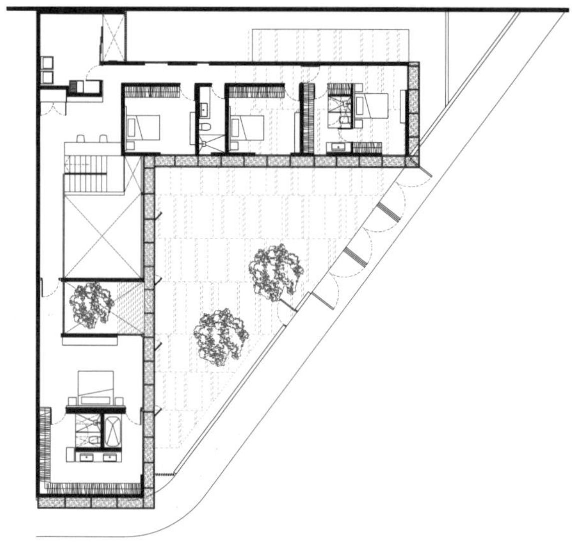

PLANTA ALTA **UPPER LEVEL PLAN**

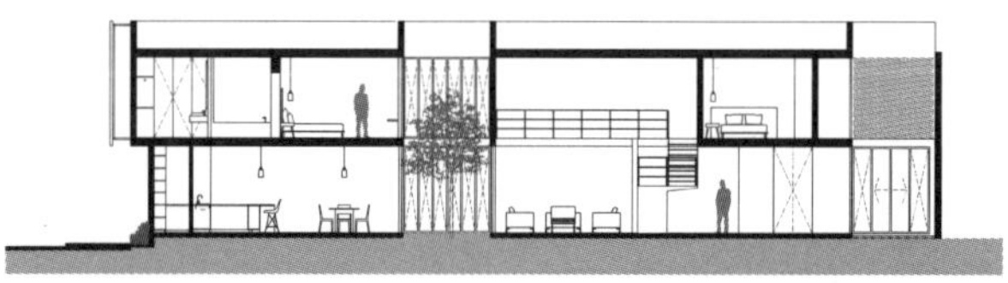

SECCIÓN A-A' **SECTION A-A'**

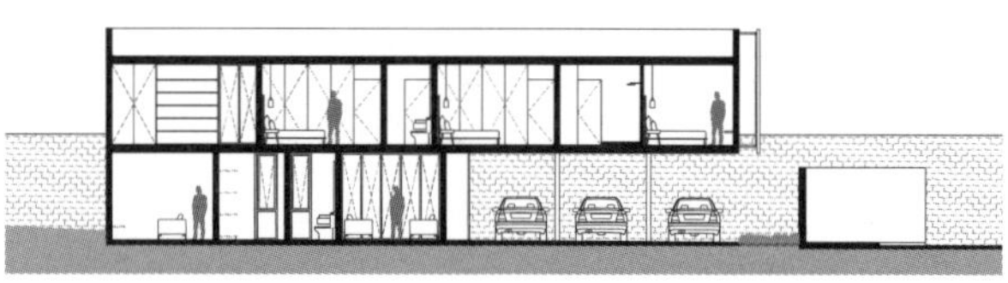

SECCIÓN B-B' **SECTION B-B'**

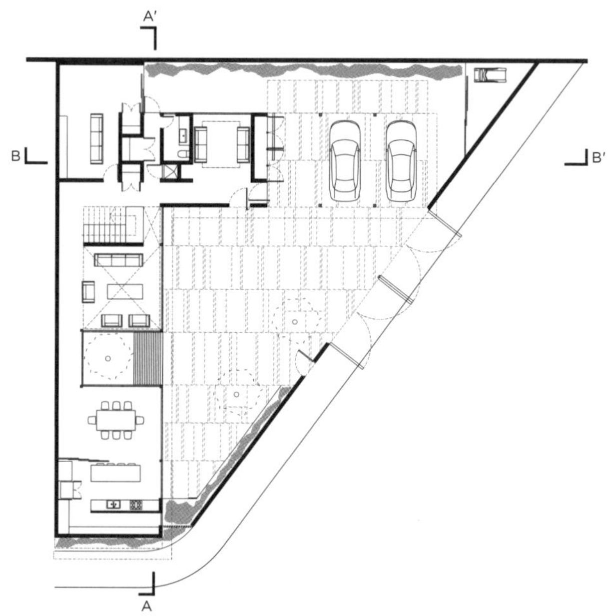

PLANTA BAJA **GROUND FLOOR PLAN**

0 5M

Emplazada en un predio triangular, la casa adopta la posición de los dos catetos, lo que resulta en un gran patio como centro de los espacios públicos. Los usos privados en la planta alta están velados por una celosía de madera que regula la temperatura y controla el asoleamiento interior. Como elemento adicional, una pasarela perimetral modifica la fachada al abrir o cerrar los balcones hacia el patio y permear las vistas hacia el exterior. El patio triangular se conecta con otro pequeño que es el vínculo entre sala y comedor. Éste tiene un espejo de agua que disminuye la temperatura y aporta humedad al ambiente de las zonas comunes. Hacia el otro lado, el patio se convierte en cochera y se une con un jardín. Esta frontera entre interior y exterior es una barrera de m^3 de materia vegetal densa que filtra el aire que llega desde la zona más transitada por vehículos automotores.

Located on a triangular lot, the house occupies the area along the two short sides of the triangle, generating a large patio as a focus of the public areas. The private areas on the upper floor are hidden behind a wooden latticework that blocks the sunlight and keeps the rooms cool. The façade is constantly modified by the walkway around the perimeter, with the balconies opening onto the patio or closing up and filtering views of the exterior. The large triangular patio is connected with another smaller one that serves as a link between the living room and dining room in the apartments. It has a reflecting pool that lowers temperatures and provides some freshness to the common areas. On the other side, the patio turns into a parking area adjacent to the garden. This frontier between interior and exterior constitutes a barrier of dense vegetation that filters out the air from the busier vehicle side.

JUNGLE KEVA

JAQUESTUDIO

Proyecto arquitectónico **Architectural Design: Jaquestudio** Superficie construida **Constructed Surface Area: 428 m²** Fotografía **Photography: César Béjar** Lugar **Location: Tulum, Quintana Roo** Año **Year: 2018**

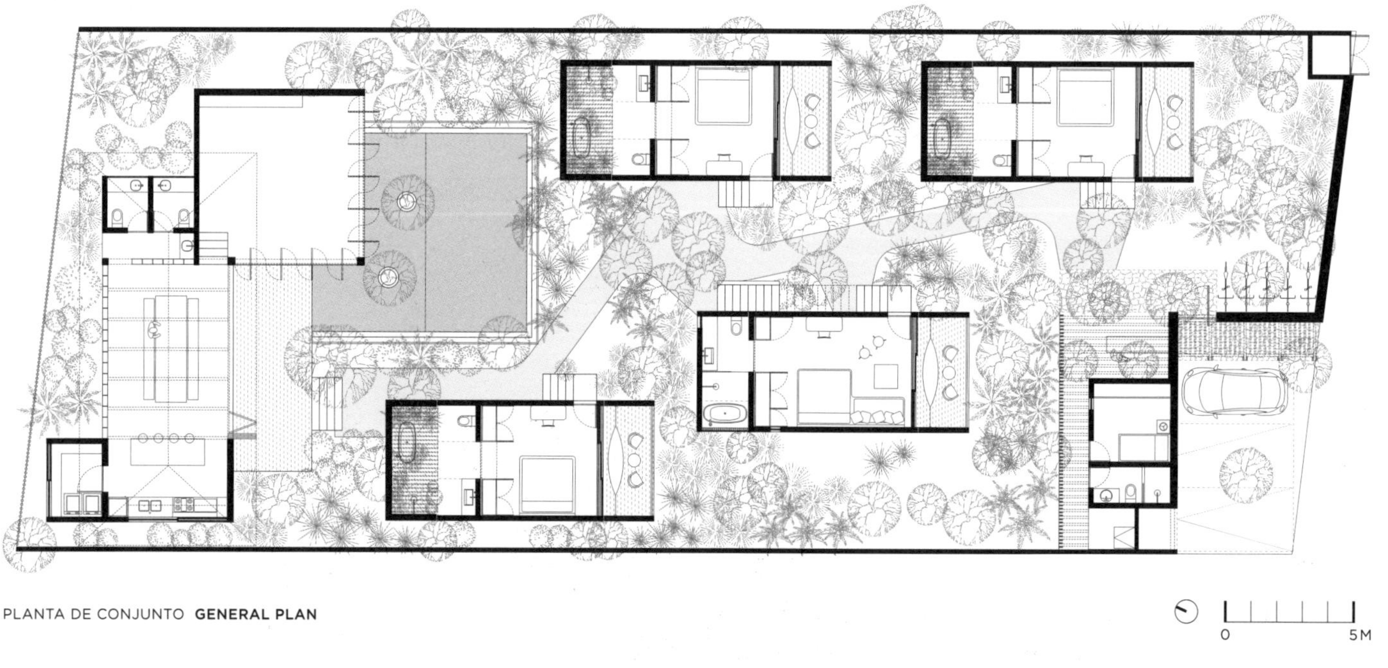

PLANTA DE CONJUNTO **GENERAL PLAN**

El proyecto se desplanta entre los árboles de la jungla de Tulum. La premisa inicial fue conservar 70% de la vegetación existente y construir a su alrededor para garantizar la relación con el entorno natural en cualquier espacio del conjunto. El hotel tiene cinco habitaciones de doble altura, de 50 m², con un tapanco, una terraza y un baño con jardín y regadera exterior. Al fondo del predio, se ubican el comedor y un pabellón de yoga, en un voladizo encima de la alberca. El propósito era que el cuerpo de agua saliera de la topografía, por lo que se conservaron dos zapotes de gran tamaño que parecen nacer de la alberca. En el proyecto abundan los elementos naturales y materiales de la región, así como los acabados aparentes y de bajo mantenimiento. El terminado de los muros y la alberca es de *chukum*, estuco típico maya cuya base es la resina de un árbol que brinda textura, color y durabilidad. Buscamos materiales frescos que envejezcan con dignidad y le den carácter a la arquitectura con el paso del tiempo. La volumetría se esparce a lo largo del predio, entre árboles y caminos de piedra que dan la sensación de estar en una aldea en la jungla maya.

The project is nestled amidst the vegetation of the jungle around Tulum. The initial premise was to preserve 70% of the existing vegetation and to construct around it, ensuring a connection with the natural surroundings in every part of the complex. The hotel contains five double-height rooms (50 m²), each with its walk-up level, terrace, bathroom with garden area, and outdoor shower. Toward the back of the lot are the dining area and a yoga pavilion, resting on a cantilevered element above the swimming pool. The idea was for the pool to emerge naturally from the topography, so two large sapodillas were preserved and seem to be growing out of the water. Natural elements and local materials abound, along with various exposed, low-maintenance surfaces. The finish on the walls and the swimming pool is of *chukum*, a traditional resin-based Mayan stucco that provides texture, color, and durability. The accent is on natural materials that will age with dignity and lend added character to the architecture as the years go by. The complex is spread out over the entire lot, amidst trees and cobbled paths that give one the impression of being in a village deep in the Mayan jungle.

CASA ZENTENO

SEBASTIAN MARISCAL STUDIO

Proyecto arquitectónico **Architectural Design: Sebastian Mariscal Studio** Superficie construida **Constructed Surface Area: 435 m^2** Fotografía **Photography: Rafael Gamo** Lugar **Location: Ciudad de México** Año **Year: 2018**

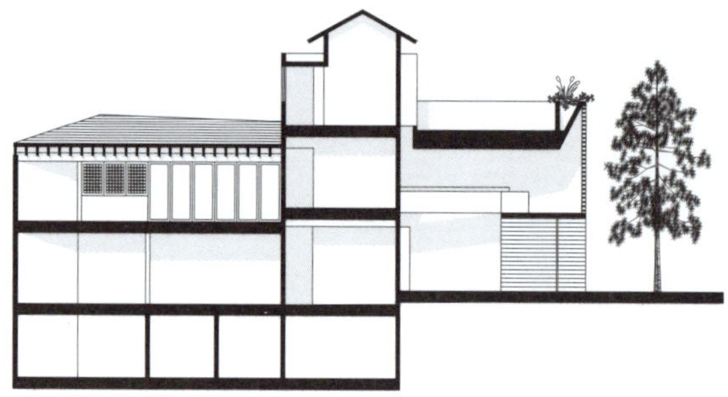

SECCIÓN **SECTION**

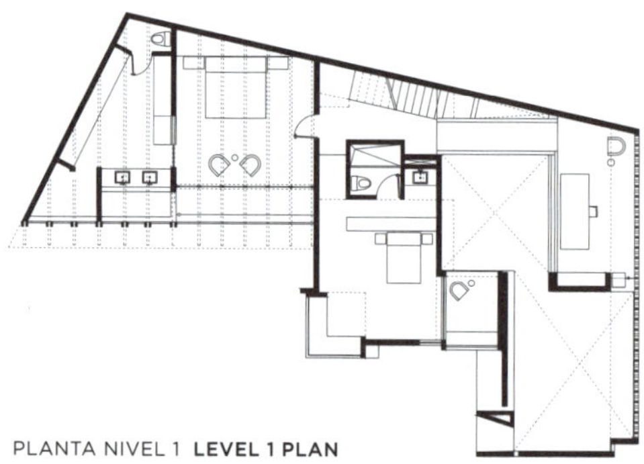

PLANTA NIVEL 1 **LEVEL 1 PLAN**

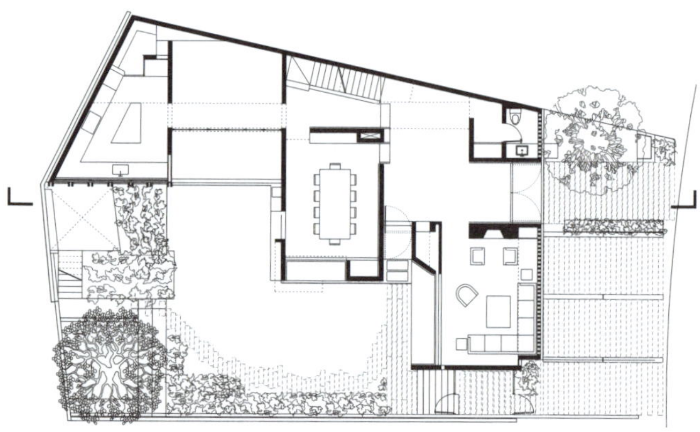

PLANTA BAJA **GROUND FLOOR PLAN**

0 5M

Se estudiaron las necesidades del cliente, su contexto y las restricciones del predio, ubicado dentro de un fraccionamiento privado. Se buscó la introspección y el mejor asoleamiento. La fachada es una pantalla masiva con una celosía que hace difuso el interior. Una caja de madera conduce a un primer ambiente con doble altura, como un pabellón. Los muros se desprenden en sus vértices, no se tocan. En las oquedades, la luz hace un efecto de profundidades múltiples. El techo es una coraza sólida que se contrae hacia la cúspide de la celosía y permite que la luz invada todo. Su forma revela el contenedor de la buganvilia que delinea la fachada principal. Vestíbulo, sala y estudio se enlazan en un solo espacio. Tres personajes arquitectónicos con identidad propia se emplazan y contienen la intimidad del jardín. Al fondo, una celosía de madera guarda el espacio de la habitación principal con una cubierta inclinada, mientras la vegetación del jardín oculta el cambio de nivel del terreno y el sótano, que guarda las áreas de servicio. Casa Zenteno es un conjunto de piezas de concreto expuesto, tabique y madera ensambladas con un bordado sinuoso y detallado.

A study was made of the client's needs, the context of the site, and the constraints imposed by the lot, located within a gated community. The façade is a massive screen with latticework that blurs the transition from exterior to interior. A wooden box leads to a first double-height space, conceived as a sort of pavilion. The walls, detached at the vertex, do not touch, and the light creates an effect of multiple depths as it passes through the various recesses. The roof is a solid shield that contracts toward the cusp of the latticework and allows the light to flood in. Its form reveals the container of the bougainvillea that delineates the main façade. Vestibule, living room, and studio are intertwined as a single space. Three architectural characters, each with its own identity, are articulated to contain the privacy of the garden. At the back, a wooden latticework protects the space of the master bedroom with a slanted roof, while the vegetation of the garden conceals the slope of the terrain and the basement area, which contains the service areas. The Zenteno house is an assemblage of pieces of exposed concrete, brick, and wood, graced with a sinuous, detailed embroidery.

CASA Z

ZOZAYA ARQUITECTOS

Proyecto arquitectónico **Architectural Design: Zozaya Arquitectos** Superficie construida **Constructed Surface Area: 470 m^2** Fotografía **Photography: Rafael Gamo** Lugar **Location: Zihuatanejo, Guerrero** Año **Year: 2018**

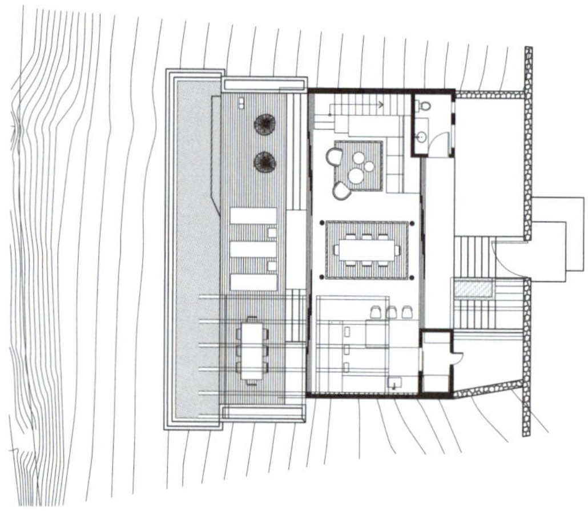

PLANTA BAJA **GROUND FLOOR PLAN**

Se encuentra en uno de los cerros más altos de Zihuatanejo, en un terreno trapezoidal de superficie irregular, de 500 m^2. Se accede por la parte alta del predio. El elemento central del proyecto es una casa minimalista con espacios sociales para que los usuarios gocen de las vistas panorámicas y el clima de la región. Se proponen tres niveles compuestos por dos volúmenes que forman terrazas para aprovechar y respetar la topografía. La estructura central consta de dos volúmenes rectangulares yuxtapuestos con muros de 25 cm de espesor. El cuerpo superior contiene la recámara principal, enmarca la vista y crea la sensación de flotar en el aire. La fachada posterior da a la calle y es protegida por una celosía de bambús verticales que genera privacidad y da protección solar. El nivel intermedio es el área social, desde la cual se desciende para acceder a la terraza y la alberca volada, que refleja la vista panorámica. La mezcla de materiales esenciales, como concreto, acero, piedra braza y bambú, y técnicas locales de construcción da a la casa una personalidad moderna y a la vez tropical, que se adapta a su contexto y está en armonía con la naturaleza.

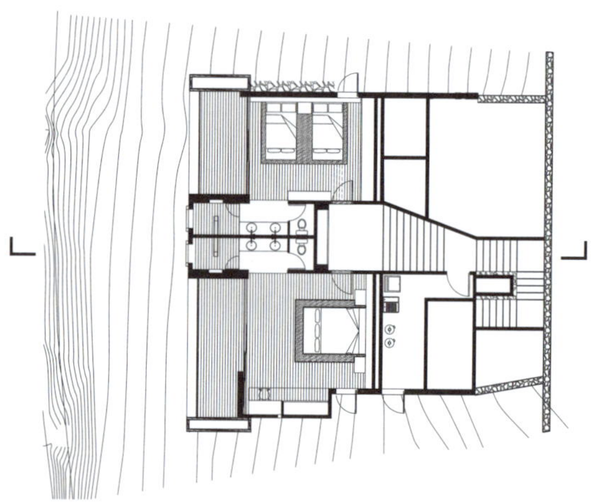

PLANTA SÓTANO **BASEMENT PLAN**

The project is located on one of the highest hills in Zihuatanejo, on an irregular trapezoidal terrain measuring 500 square meters, with access by way of the upper part of the lot. The central element of the project is a minimalist house with social areas that afford panoramic views of the surroundings and an enjoyment of the region's enviable climate. Two volumes are so arranged as to create three levels, with terraces that both respect and make the most of the topography. The central structure consists of two juxtaposed rectangular volumes with walls 25 centimeters thick. The upper volume contains the master bedroom and frames a view of the surroundings that generates the impression of floating in the air. The back façade faces the street and is protected by a latticework of vertical bamboo shoots that provide both privacy and protection from the sun. The intermediate level contains the common areas, with access down to the terrace and the cantilevered swimming pool, which reflects the panoramic vistas. The combination of essential materials (concrete, steel, volcanic stone, and bamboo) with local construction techniques endows the house with a modern, yet tropical personality, adapted to its context and in harmony with nature.

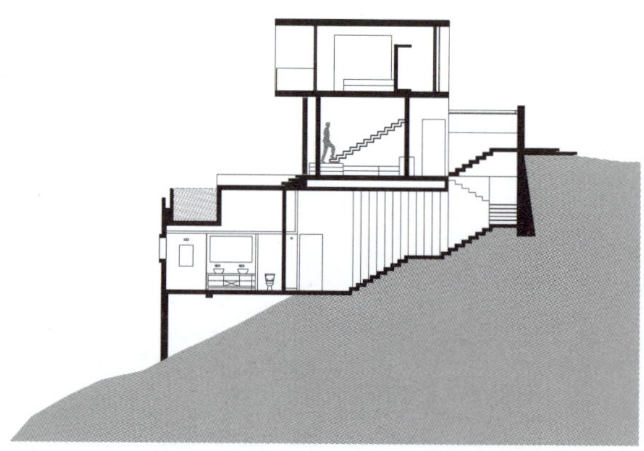

SECCIÓN **SECTION**

0 5M

RESIDENCIA RZZ

LENOIR & ASOCIADOS

Proyecto arquitectónico **Architectural Design: LeNoir & Asociados | Alexandre Lenoir, Ramón Garduza, José María Pérez** Superficie construida **Constructed Surface Area: 500 m^2** Fotografía **Photography: Eduardo Alarcón** Lugar **Location: San Pedro Garza García, Nuevo León** Año **Year: 2018**

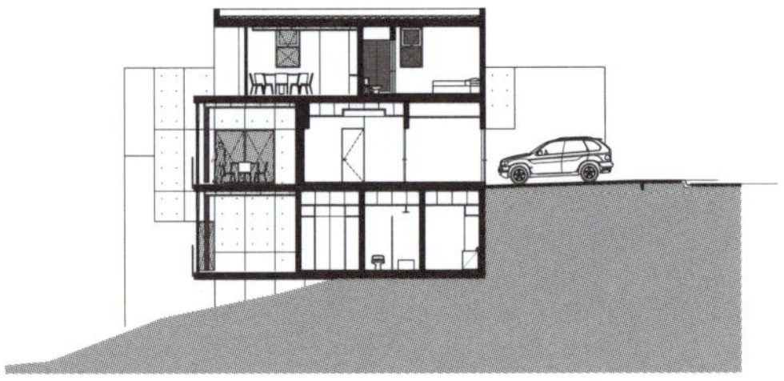

SECCIÓN TRANSVERSAL **TRANSVERSAL SECTION**

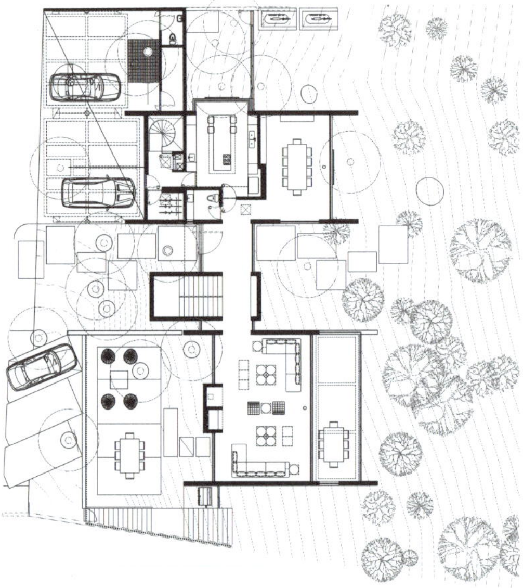

PLANTA NIVEL 1 **LEVEL 1 PLAN**

La casa se inserta en un bosque de montaña. El terreno, con una pendiente de aproximadamente 14 m de desnivel, se encuentra cubierto casi en su totalidad por arborización mediana y grande. Sólo se detectan dos zonas libres, que dictan la posición de los dos cuerpos. Los espacios de la casa dialogan con este paisaje intenso y lo dejan fluir de lado a lado. Se plantea dividir el programa en volúmenes para aprovechar los claros en el terreno y salvar la mayor cantidad posible de árboles. Se propone un sistema ligero para la construcción de los espacios útiles. El soporte estructural principal se conforma por cuatro muros cargadores de concreto, que se perforan para permitir las vistas y generar privacidad, según se requiera. El resultado es una edificación compuesta por elementos ligeros y pesados que se adapta a la configuración y condiciones del terreno.

The house is inserted into a wooded mountain landscape. The lot, which descends approximately fourteen meters, is almost entirely covered in large and medium-sized trees. There are only two free areas, which have dictated the position of the two volumes. The spaces of the house dialogue with the striking surrounding and allow a flow from one side of the project to the other. The program has been divided into two volumes in order to make the most of the open areas on the lot and to preserve as many tree as possible. A light system was used for the construction of the useful spaces. The main structural support consists of four concrete loadbearing walls, perforated to allow views of the surroundings while maintaining as much privacy as is required. The result is a building composed of both light and heavy elements, which adapts to the conditions and configuration of the lot.

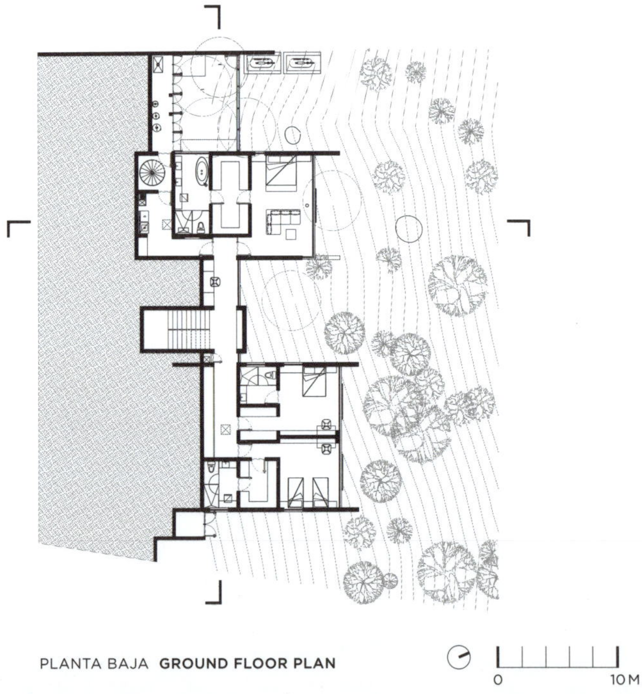

PLANTA BAJA **GROUND FLOOR PLAN**

MERCADO DE ARTESANÍAS TLAXCO

VRTICAL

Proyecto arquitectónico **Architectural Design: vrtical | Luis Beltrán del Río, Andrew Sosa** Superficie construida **Constructed Surface Area: 500 m²** Fotografía **Photography: Enrique Márquez** Lugar **Location: Tlaxco, Tlaxcala** Año **Year: 2017**

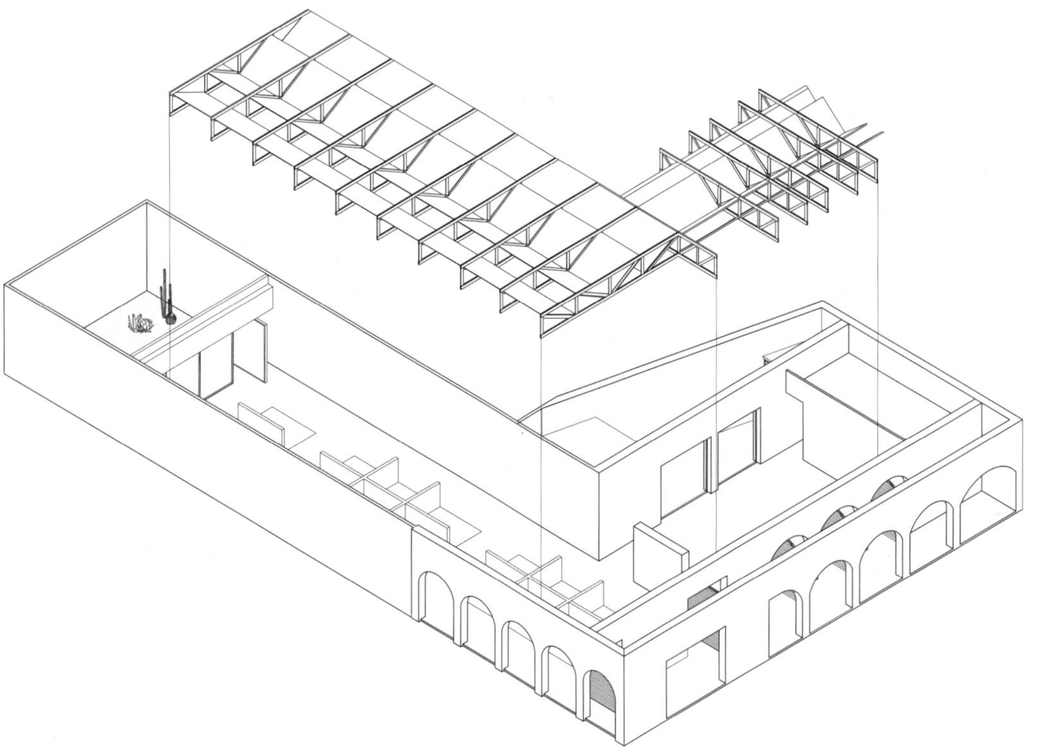

ISOMÉTRICO **ISOMETRIC**

La propuesta surge del Plan Municipal de Desarrollo Urbano. De manera participativa, se decidió que el primer proyecto del recién denominado Pueblo Mágico tendría que detonar la economía local y ser estandarte del arte de Tlaxco. El mercado sigue un modelo de gestión descentralizado, es decir, artesanos de distintas localidades del municipio tienen un local comercial. Se recuperaron los muros laterales y cimientos de una edificación en desuso. La nave superior alberga 14 locales. La nave menor cuenta con un espacio para impartir talleres. Cada una se vincula con un patio hacia el que pueden extenderse las actividades. Una serie de arcos y un marco rectangular conforman el andador, que sirve como punto de encuentro y crea un diálogo entre el lenguaje contemporáneo y el vernáculo. El sistema constructivo se compone de muros de carga y vigas de alma abierta de madera de pino laminado. Dos domos en el sentido largo de las naves proveen una iluminación natural y nítida, y son el elemento icónico que genera apropiación y orgullo entre los habitantes. La luz natural rebota en los parasoles recargados en las diagonales de las armaduras de madera.

This project emerged out of the municipality's urban development plan. In a participative way, it was decided that the first project of the recently designated "Magical Village" would involve catalyzing the local economy and raising a banner for the arts and crafts of Tlaxco. The market is a model of decentralized organization: artisans from different localities in the municipality occupy commercial spaces in it. The foundations and lateral walls of an abandoned building were salvaged. The upper bay houses 14 commercial spaces, while the smaller bay has a space for workshops. Both are articulated around a patio in which a range of activities can be performed. A series of arches and a rectangular frame delimit the pedestrian street that serves as a gathering place, even as they establish a dialogue between contemporary and vernacular languages. The constructive system consists of loadbearing walls and open-web joists of laminated pinewood. Two domes running lengthwise along the bays provide plenty of natural light and serve as iconic elements that have earned the pride and proprietary sense of the local residents. Natural light reflects off the brise-soleils slanting down on the wooden frames.

CASA ERASTO

VERTEBRAL

Proyecto arquitectónico **Architectural Design: Vertebral** Superficie construida **Constructed Surface Area: 526 m²** Fotografía **Photography: Ricardo de la Concha, Studio Chirika** Lugar **Location: Ciudad de México** Año **Year: 2018**

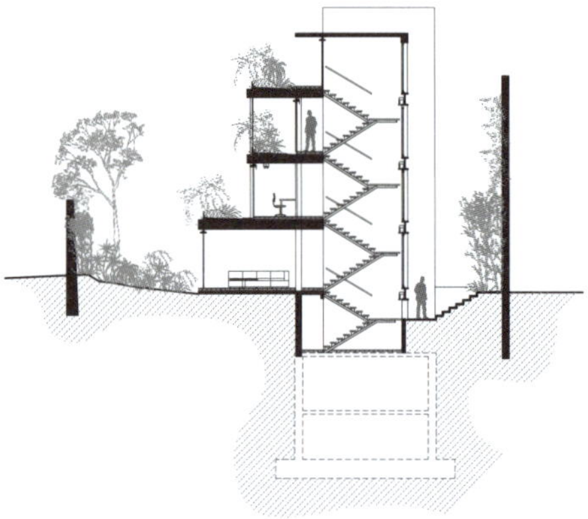

SECCIÓN **SECTION**

Una casa construida para un jardín. Por medio de una rampa ligera y oscura, contenida por una techumbre de acero oxidado y un piso negro volcánico, se descubre una jacaranda joven bañada de luz al fondo del predio. Una hilada de bambú y helechos difumina los límites del terreno. Un núcleo de concreto de 6 × 6 m nace en los cimientos y se eleva tres niveles. En él se concentran todas las instalaciones, escaleras y zonas privadas de la casa. El resto de los espacios interiores son volados de acero y vidrio que se desprenden del núcleo y flotan para buscan mayor luz, apertura e interacción con el jardín. La vegetación, siempre cambiante y sensible a su tiempo, tiene la virtud de formar, deformar y hacer que el espacio sea más abstracto, profundo y compacto. Los materiales utilizados se ven afectados por el paso del tiempo, envejecen a la par del sauce llorón que descansa a un lado del espejo de agua. Cada detalle fue diseñado para reconocer la importancia de la artesanía.

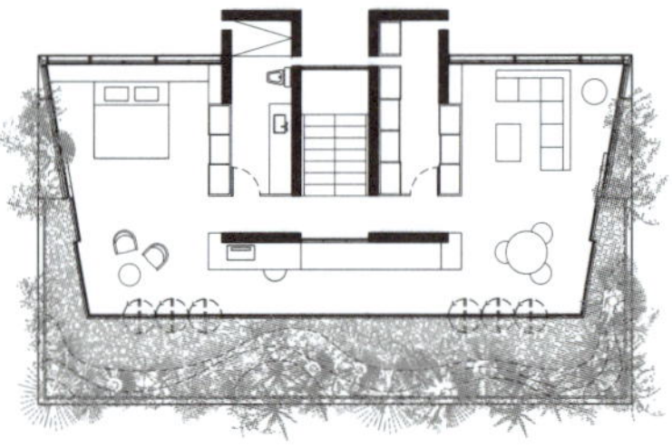

PLANTA NIVEL 1 **LEVEL 1 PLAN**

A house constructed for the sake of a garden. By way of dark, slightly-built ramp, running under a stainless steel roof and with a floor of black volcanic stone, one approaches a young jacaranda tree, bathed in sunlight at the back of the lot. A line of bamboo stalks and ferns blurs the limits of the property. A 6-×-6-meter concrete structural core rises three levels from the foundations. In it are concentrated all the installations, stairs, and private zones of the house. The rest of the interior spaces are contained in cantilevered elements of glass and steel that float outward from this core, seeking greater light, space, and interaction with the surrounding garden. The vegetation, at once ever-changing and sensitive to variations, has the quality of forming, deforming, and remaking a deeper, more compact, and more abstract space. The materials used in construction will be affected by the passage of time, growing old alongside the weeping willow that reposes to one side of the reflecting pool. Each detail is designed to acknowledge the importance of craft.

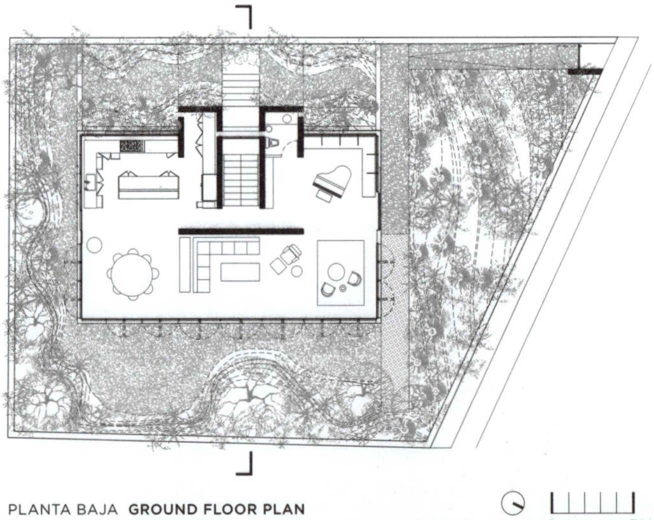

PLANTA BAJA **GROUND FLOOR PLAN**

GALERÍA TIRO AL BLANCO

PROGRESIVO DE ARQUITECTURA

Proyecto arquitectónico **Architectural Design: Progresivo de Arquitectura | Luis Daniel Salazar Machado** Superficie construida **Constructed Surface Area: 559 m²** Fotografía **Photography: Eduardo Sendra Dueñas** Lugar **Location: Guadalajara, Jalisco** Año **Year: 2017**

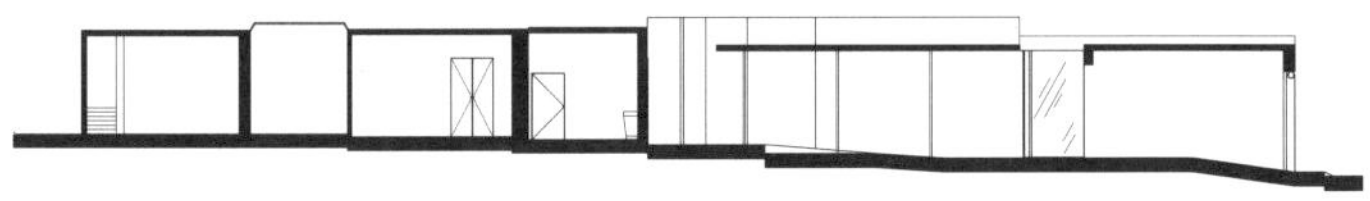

SECCIÓN LONGITUDINAL **LONGITUDINAL SECTION**

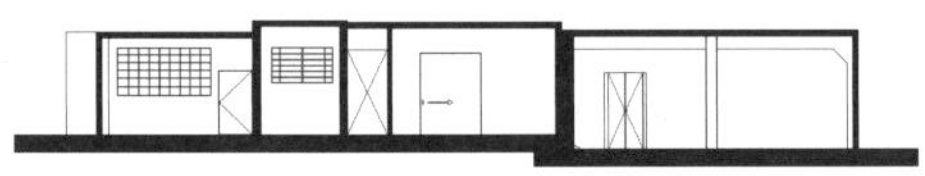

SECCIÓN TRANSVERSAL **TRANSVERSAL SECTION**

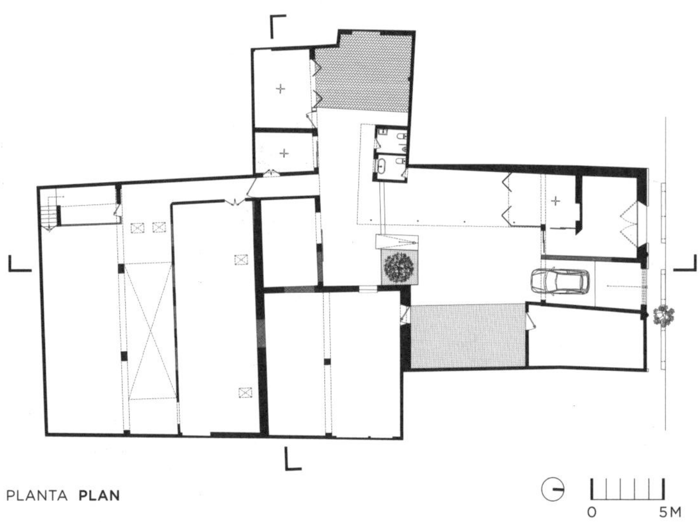

PLANTA **PLAN**

Las necesidades crecientes de la galería requirieron reubicarla. Se eligió una vieja fábrica de medias y calcetines, en el barrio de Santa Teresita, surgido en la década de 1920 al poniente del centro de Guadalajara. La organización del espacio interior huye de la compartimentación rígida. El programa se desarrolla dentro y fuera, e invita al dinamismo en las áreas en las que se resguardan los objetos de interés cultural. Se concibe como un lugar de conservación, estudio y difusión del arte creado en su contemporaneidad. La calidad de un diseño no se mide sólo por su originalidad, sino por su integración respetuosa. El segundo requerimiento fue alterar lo menos posible la arquitectura existente. La forma en que se diseña una galería de arte impacta la percepción visual y el recorrido de los visitantes y clientes. Gracias a estos valores arquitectónicos, la Galería Tiro al Blanco es un lugar único en su tipo, dedicado a fomentar el gusto por el arte en general y a apoyar la comercialización de colecciones particulares y la inversión de obras de arte. Uno de sus objetivos principales es incentivar el intercambio de ideas en el medio del arte entre México y el extranjero.

The growing needs of the gallery making relocation necessary, a former sock and stocking factory, built in the 1920s in the Santa Teresita neighborhood, to the west of downtown Guadalajara, was chosen as a new site. The organization of the interior space avoids rigid compartmentalization. The program is developed both indoors and outdoors, with emphasis on the dynamism of the areas where the objects of cultural interest are on display. The gallery is conceived as a place for the study, conservation, and dissemination of contemporary art. The quality of a design is not gauged solely by its originality, but also by its respectful integration with its surroundings. The second requirement was therefore to alter the existing architecture as little as possible. The way an art gallery is designed impacts the experience and visual perceptions of both visitors and clients. Thanks to these architectural values, the Galería Tiro al Blanco is a unique place, devoted to fostering a taste for art in general and for supporting investment in art and the sale of private collections. One of its main objectives is to incentivize the interchange of ideas between the Mexican art scene and international milieus.

COLINA 13

PEDRO&JUANA

Proyecto arquitectónico **Architectural Design: Pedro&Juana** Superficie construida **Constructed Surface Area: 636 m²** Fotografía **Photography: Luis Gallardo** Lugar **Location: Ciudad de México** Año **Year: 2017**

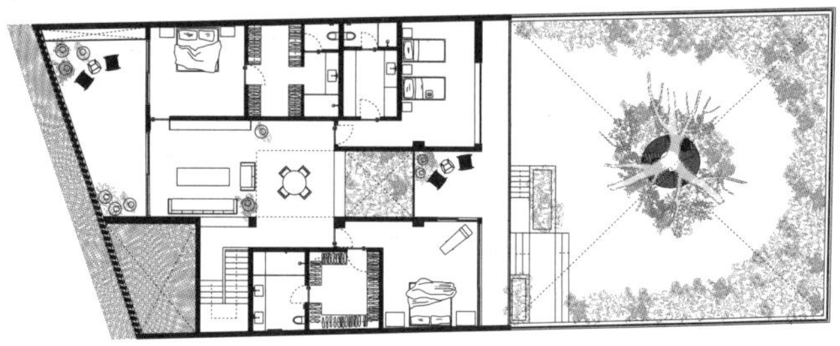

PLANTA ALTA **UPPER LEVEL PLAN**

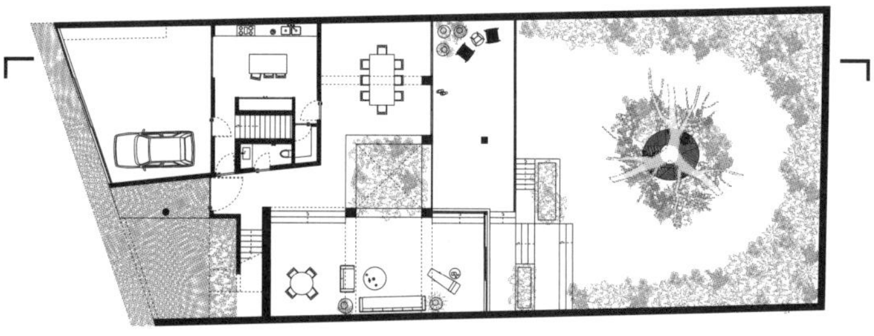

PLANTA BAJA **GROUND FLOOR PLAN**

SECCIÓN **SECTION**

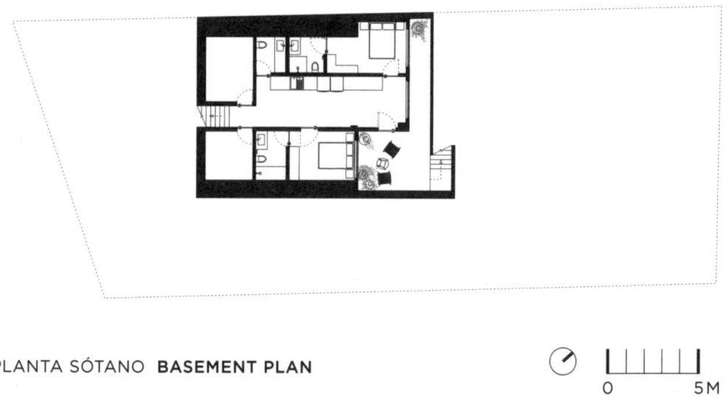

PLANTA SÓTANO **BASEMENT PLAN**

Es la remodelación de una casa habitación de los suburbios de la Ciudad de México en la década de 1950. El diseño se basa en dos elementos: una estructura en cuadrícula y un fresno en el centro del jardín. Se hizo una gran perforación y se agregaron terrazas a todas las estancias para crear transiciones opcionales entre climas. Al frente de la fachada se instalaron escaleras, que salen como relieve hacia el patio de acceso. El interior es una retícula. A la derecha, está la sala y a la izquierda el comedor, separados por una jardinera gigante que simula el especio exterior y se abre visualmente hacia el cielo. Un patio abierto, accesible desde la calle, se divide por una pared horizontal, compuesta por ladrillos de barro blanco que rotan según el grado de privacidad deseado. Cada cuarto tiene un exterior, tanto al frente como atrás. Todas las superficies exteriores que no son vidrio cuentan con un acabado de concreto negro pigmentado, mezclado con polvo de rocas granuladas aplicado con escoba para darle su textura. Las terrazas, la perforación y la elevación del jardín para acercarlo a los espacios habitables difuminan el límite entre interior y exterior.

This is the renovation of a single-family dwelling in the Mexico City suburbs, designed in the 1950s. The design is based on two elements: a square structure and an ash tree in the middle of the garden. A large perforation was made and terraces were added to all the living areas, in order to create optional transitions between climates. Stairs were installed on the main façade, projecting in relief toward the entrance patio. The interior is a grid. To the right is the living room and to the left the dining room, separated by an enormous planter that simulates the exterior species and opens up visually to the sky. An open patio, accessible from the street, is divided by a horizontal wall of white clay bricks, which can be rotated to create the degree of privacy required. Every room has an exterior, at both the front and the back. All the exterior surfaces that are not of glass are finished with black-pigmented concrete, mixed with granulated stone (applied with a brush) for texture. The terraces, the perforation, and the elevation of the garden (which brings it closer to the habitable spaces) all blur the limits between inside and outside.

13

PASEO URBANO MONUMENTO A LA MADRE

RZERO + PAAR

Proyecto arquitectónico **Architectural Design: RZERO + PAAR** Iluminación **Lighting Design: artec3 Studio** Superficie construida **Constructed Surface Area: 666 m²** Fotografía **Photography: Rafael Gamo** Lugar **Location: Ciudad de México** Año **Year: 2018**

Está formado por momentos: una niña que sube corriendo montículos de colores, un oficinista que come su almuerzo bajo la sombra de un árbol, ciclistas que van y vienen, unos novios que se besan sentados en una banca, un joven que practica trucos en su patineta, una abuela que observa a su nieto mojarse en la fuente. También lo constituyen los recuerdos presentes en la configuración de sus espacios, en la escultura que le da nombre, en los árboles que llevan décadas echando raíces. La historia se vislumbra en los dos barrios que lo rodean. La intervención reciente es sencilla y neutral, como un lienzo para que la vida urbana suceda. Los instantes cotidianos que llenan el Paseo Urbano son experiencias que se expanden por las calles circundantes. El lugar impulsa intercambios y es a la vez un destino. Hay explanadas grandes y pequeñas, rincones que resguardan y otros que exponen. Es un paisaje para quienes se sientan a verlo o viven alrededor y descubren posibilidades frente a su casa. Es una plaza pública reinterpretada y recuperada con una ubicación afortunada. Su reactivación muestra la falta que hacen en esta ciudad los espacios públicos sanos, amables e inspiradores.

It is made of moments: a little girl scampering up little heaps of colors; an office worker eating his lunch in the shade of a tree; cyclists riding by; a couple kissing on a park bench; a kid practicing tricks on his skateboard; a grandmother watching her grandson splashing in the fountain. It is also made of reminders, present in the configuration of its spaces, in the sculpture that gives it its name, in the trees that have been sending down their roots for decades. A great deal of history can be glimpsed in the two neighborhoods that surround it. The recent intervention is simple and neutral, like a backdrop against which urban life can unfold. The everyday moments that fill the Urban Promenade are experiences that spread out into the surrounding streets. The place fosters exchanges and at the same time serves as a destination. There are large and small esplanades, little corners that conceal and others that display. It is a landscape for those who happen to sit down to observe it as well as for those who live nearby, discovering its possibilities just across from their own homes. It is a public plaza recovered and reinterpreted, in a privileged location. Its reactivation shows how much this city needs healthy, friendly, inspiring public spaces.

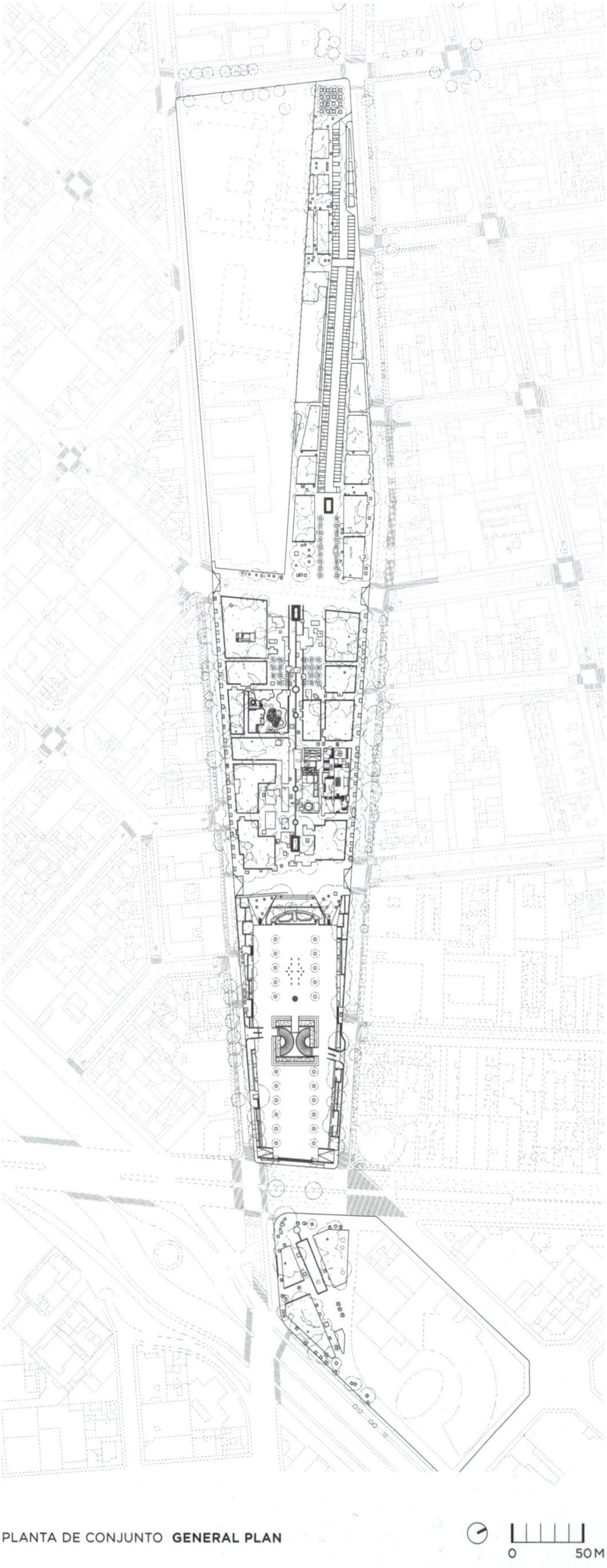

PLANTA DE CONJUNTO **GENERAL PLAN**

CASA NOGAL

BGP ARQUITECTURA

Proyecto arquitectónico **Architectural Design: BGP Arquitectura | Bernardo Gómez-Pimienta, Luis Enrique Mendoza** Superficie construida **Constructed Surface Area: 670 m²** Fotografía **Photography: The Raws** Lugar **Location: San Pedro Garza García, Nuevo León** Año **Year: 2018**

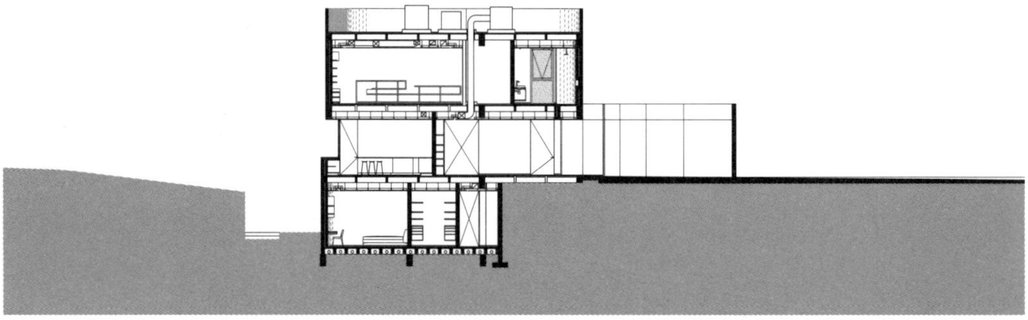

SECCIÓN **SECTION**

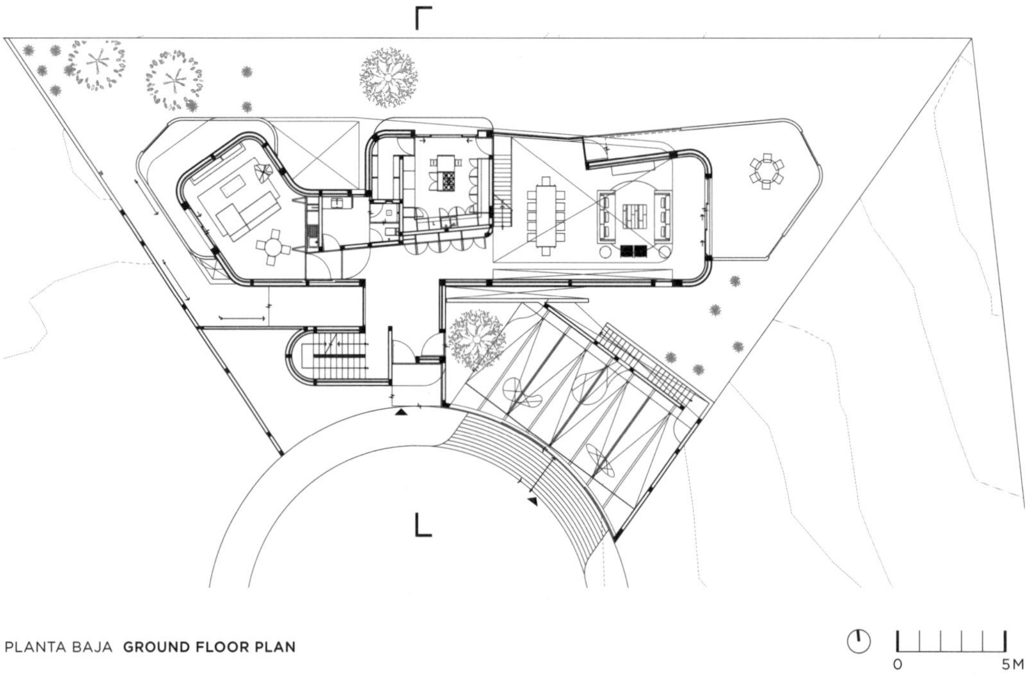

PLANTA BAJA **GROUND FLOOR PLAN**

Las condiciones que definieron el emplazamiento dan nombre al proyecto, que representa el respeto al entorno. El contorno de la construcción se adaptó mediante patios dispersos a los nogales existentes para integrarlos a la composición. El mobiliario, diseñado también por bgp, refuerza el sentido de sencillez y claridad visual de los espacios. Las estructuras de acero inoxidable se complementan con superficies de vidrio, mármol, aluminio o mimbre que forman sillas, mesas, sillones, cubiertas y otras piezas en el mismo tono del espacio en el que se encuentran. Más que sobresalir, buscan integrarse y ser un detalle que da continuidad al uso del color distintivo de cada ambiente. Se puso atención especial en la sustentabilidad del diseño. El uso de muros y acristalamientos dobles, la ventilación cruzada, el aprovechamiento de la masa térmica del terreno como aislante al enterrar parte de la casa, el empleo de vegetación de bajo mantenimiento y los árboles que proyectan sombra en las fachadas disminuyen el consumo de agua y energía. Los materiales de construcción son nacionales para reducir la huella de carbono por suministro durante la construcción.

The conditions that determined the design of the project, and the respect for the surroundings implied thereby, are reflected in the name of the house. The layout has been adapted, by means of scattered patios, to the preexisting walnut trees, which are integrated into the composition. The furnishings, also designed by bgp, underline the simplicity and visual clarity of the spaces. The stainless steel structures are complemented by surfaces of glass, marble, aluminum, or wicker to create chairs, tables, armchairs, coverings, and other elements in keeping with the tone of the spaces in which they happen to be found. They seek not to stand out, but rather to be integrated as details lending continuity to the distinctive use of color in each ambience. Special attention has been lavished on the sustainability of the project. Double walls and window panes, cross-ventilation, the use of the thermal mass of the terrain to bury part of the house (and so serve as insulation), and the use of low-maintenance vegetation and shade trees near the façade all contribute to lowering water and energy consumption. Easily transportable domestic construction materials were used to reduce the carbon footprint of the building process.

CENTRO CULTURAL TETETLÁN

CÉSAR CERVANTES + PARQUE HUMANO

Proyecto arquitectónico **Architectural Design: César Cervantes + Parque Humano | Jorge Covarrubias, Benjamín González Henze** Iluminación **Lighting Design: artec3 Studio** Superficie construida **Constructed Surface Area: 711 m²** Fotografía **Photography: Paúl Rivera** Lugar **Location: Ciudad de México** Año **Year: 2017**

Dentro del desarrollo residencial Jardines del Pedregal de San Ángel está la Casa Pedregal, de Luis Barragán. En la zona planeada para caballerizas, hoy se encuentra Tetetlán, "lugar entre muchas piedras". Se emprendió la tarea de rescatar y restaurar en todo lo posible la estructura original. Se optó por dejar visibles, bajo una cubierta de cristal, los pisos de piedra volcánica, como homenaje al volcán Xitle. Se recrearon las áreas perdidas o modificadas para definir los usos y ver resurgir un espacio único. Toda adición o intervención se sustentó en la belleza de la sencillez, la transparencia, el reconocimiento de la naturaleza, lo orgánico y el paso de tiempo. En este lugar se cumple el objetivo de generar comunidad con un restaurante con procesos e ingredientes sustentables, una tienda que honra a los artistas y creadores artesanales, una mediateca con más de 100 000 volúmenes de libros, fotografías, documentos y discos, una barra de café, té y jugos de materias primas biodinámicas, un centro de conciencia corporal para practicar meditación, yoga, danza y ejercicio cardiovascular, y dos residencias para creadores, artistas e intelectuales de todo el mundo.

Located within the Jardines del Pedregal residential development in San Ángel is Luis Barragán's Pedregal House. In the area originally planned for the stables is Tetetlán, "a place amidst many stones." The project consisted of salvaging and, in so far as possible, restoring the original structure. It was decided to leave visible, under a glazed roof, the volcanic stone floors, as a homage to the nearby Xitle volcano. The abandoned or modified areas have been put to new uses and integrated into a single space. Every addition or intervention seeks the beauty of simplicity and transparency, while acknowledging the demands of organic nature and the passage of time. The aim is to foster community by means of a restaurant that uses sustainable ingredients and processes, along with a shop that honors art and craft, a media center with more than 100,000 books, photographs, documents, and discs, a refreshment bar with coffee, tea, and juices made from biodynamic ingredients, and a body awareness center for meditation, yoga, dance, and cardiovascular exercises, as well as two residences for artists, creators, and intellectuals from all over the world.

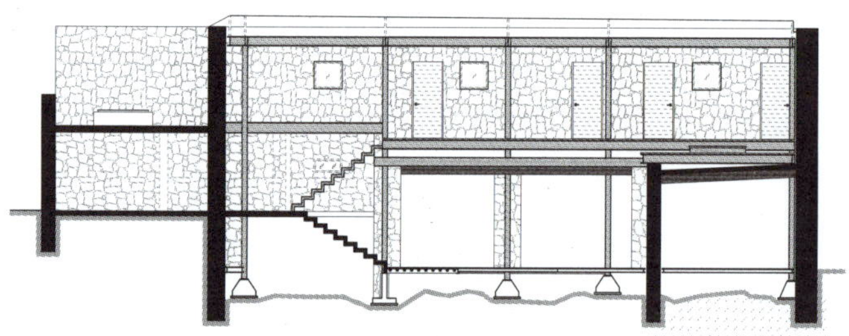

SECCIÓN **SECTION**

0 5M

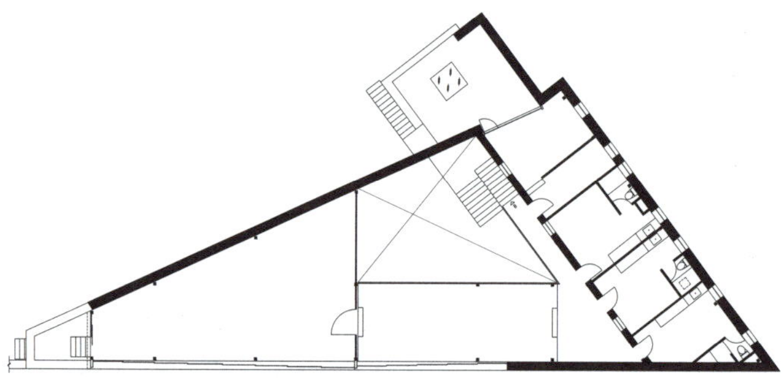

PLANTA ALTA **UPPER LEVEL PLAN**

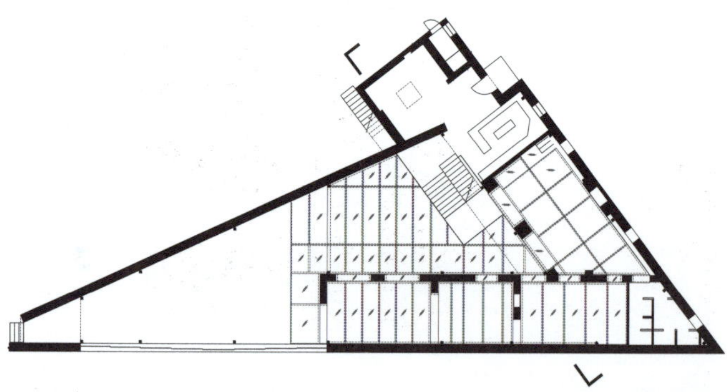

PLANTA BAJA **GROUND FLOOR PLAN**

0 10M

TETETLAN
Sopa de Milpa

ESTUDIOS DE BORDES DONCELES

JC ARQUITECTURA / JUAN CARRAL

Proyecto arquitectónico **Architectural Design: JC Arquitectura / Juan Carral** Superficie construida **Constructed Surface Area: 800 m²** Fotografía **Photography: Wacho Espinoza** Lugar **Location: Cancún, Quintana Roo** Año **Year: 2018**

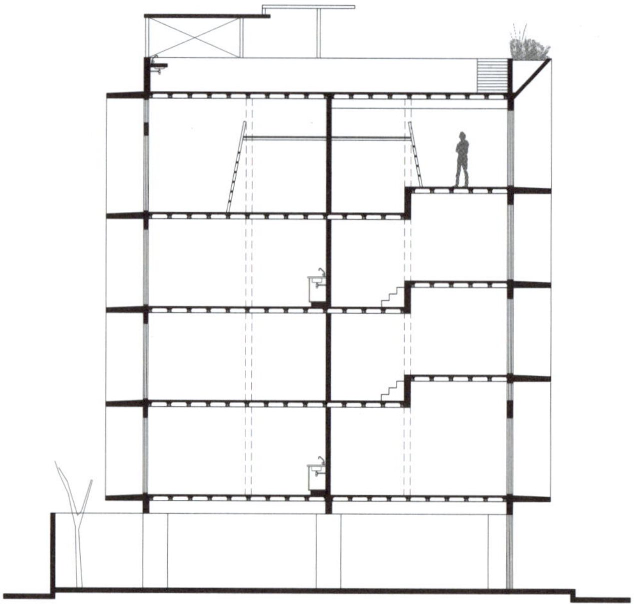

SECCIÓN **SECTION**

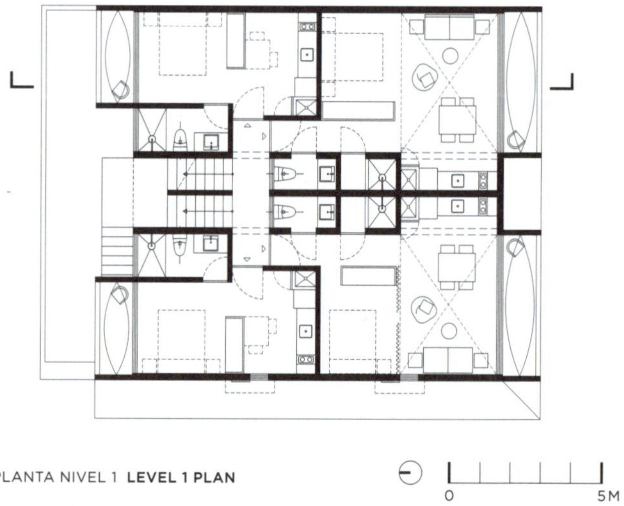

PLANTA NIVEL 1 **LEVEL 1 PLAN**

Es el cuarto edificio terminado del proyecto de renovación urbana en la ciudad de Cancún, que desafía las normas actuales del desarrollo inmobiliario, da respuestas y propone otra ciudad. Se fusionaron dos lotes tipo para sumar una superficie de 178 m². El volumen, cuya sección hace variaciones a la tipología, favorece el uso de tapancos en el último piso para tener 12 viviendas de 30 a 54 m² útiles. Cada unidad habitacional tiene un balcón que deja entrar luz y ventilación. Una cortina define la zona de dormir y puede retirarse para formar un espacio único habitable. En planta baja hay locales comerciales y un área de lavadoras. La alberca de la terraza azotea es un elemento básico en un edificio de este tipo en Cancún, como espacio social fuera de la vivienda. El proyecto integra valores de sustentabilidad, fomenta el consumo razonable de recursos naturales y las relaciones comunitarias en un contexto urbano de clase trabajadora, que rompe las reglas urbanas tradicionales a favor de sus habitantes y vecinos. Es el resultado de utilizar la arquitectura como una herramienta aplicada a la inclusión, el más alto estándar de la responsabilidad social.

This is the fourth building to be finished of the urban renovation project in Cancún, a project that has challenged current norms of real estate development, providing innovative solutions and proposing a different kind of city. Two lots were merged in order to create a surface area of 178 m². The volume, whose form in section view exhibits variations on the residential typology, favors the use of attic-like spaces on the top level, in order to generate 12 apartments of 30 m² to 54 m² of usable space. Each residential unit has a balcony that provides natural light and ventilation. A curtain separates the sleeping area and can be withdrawn to form a single habitable space. On the ground floor there are commercial spaces and an area with washing machines. The pool on the rooftop terrace is a basic element in a building of this kind in Cancún: a social area outside of the actual dwellings. The design emphasizes sustainability, fostering the reasonable consumption of natural resources and encouraging community relations in an urban, working-class context. This breaks traditional urban rules in favor of the residents and their neighbors. The result is the use of architecture as a tool for inclusiveness, the very highest standard of social responsibility.

PABELLÓN AZTECA

A|911

Proyecto arquitectónico **Architectural Design: a|911 | Jose Castillo, Saidee Springall** Superficie construida **Constructed Surface Area: 840 m²** Fotografía **Photography: Jaime Navarro** Lugar **Location: Ciudad de México** Año **Year: 2017**

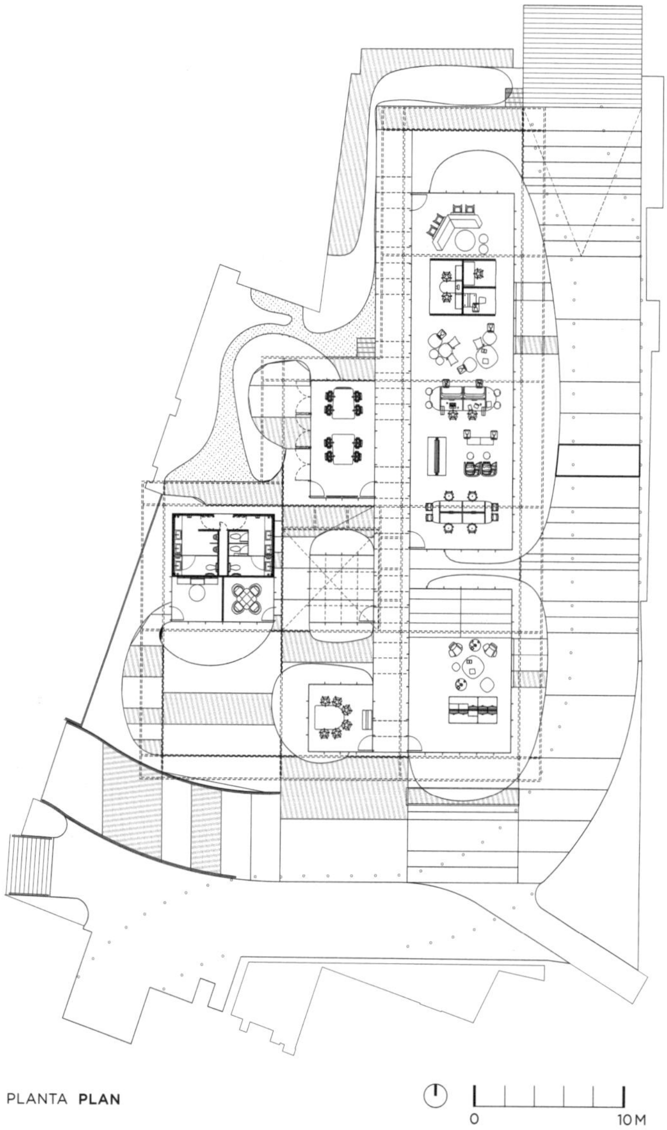

PLANTA **PLAN**

A partir de la redefinición de la imagen de TV Azteca, se plantea un proyecto arquitectónico compuesto por espacios de trabajo y oficinas para todos los empleados y directivos sin distinción, para reforzar la nueva visión integral de la empresa. La respuesta al reto se traduce en un solo gesto, una cubierta que alberga el programa contenido en cubos de cristal para resaltar la horizontalidad y la transparencia. El proyecto se desplanta dentro del predio principal de la televisora, sin relación con el exterior, sobre una plancha de concreto existente. Esta condición demandó una solución de construcción fácil, con la menor cantidad de obra civil para evitar excavaciones. Se optó por columnas y vigas metálicas habilitadas en taller para optimizar tiempos de construcción. En general, el proyecto se resuelve con cubos de cristal de varios tamaños bajo el resguardo de una gran cubierta, conectados por medio de una pasarela central que distribuye los nuevos andadores y plazas exteriores.

Part of the makeover of the TV Azteca image, this project provides work spaces and offices for all employees and executives without distinction, reinforcing the new integral vision of the company. The response to this challenge is expressed by a single gesture: a roof that covers the entire program beneath, contained in a series of glazed cubes, emphasizing horizontality and transparency. The building is located on the main premises of the television broadcaster, resting, without any connection to the exterior, on a preexisting concrete slab. These conditions demanded easy solutions, with no excavation and the least possible major construction work. The answer was metallic columns and beams prepared previously in the workshop, in order to save on construction time. The basic design calls for glazed cubes of different sizes under the shelter of this large roof and interconnected by means of a central passageway that distributes the new promenades and exterior plazas.

CASA ZICATELA

TAX TALLER DE ARQUITECTURA X

Proyecto arquitectónico **Architectural Design: TAX Taller de Arquitectura X | Alberto Kalach** Superficie construida **Constructed Surface Area: 879 m²** Fotografía **Photography: Jaime Navarro** Lugar **Location: Puerto Escondido, Oaxaca** Año **Year: 2018**

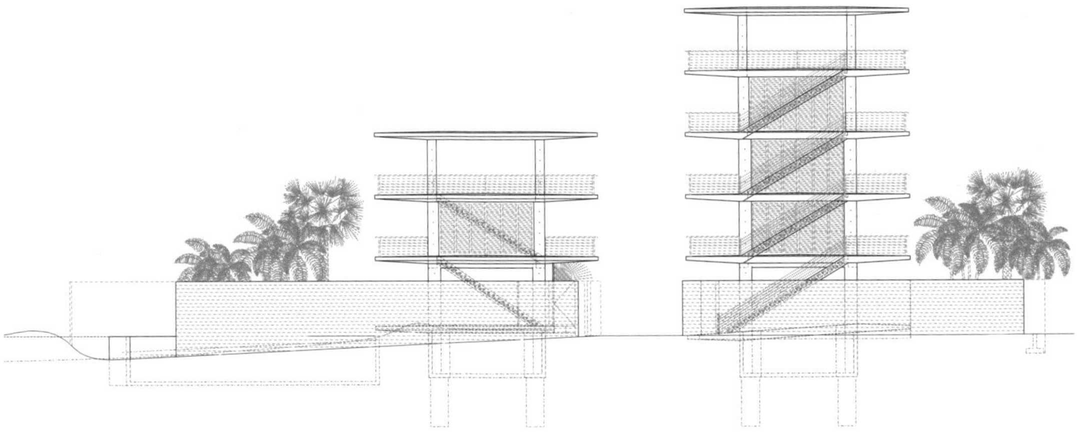

FACHADA **FAÇADE**

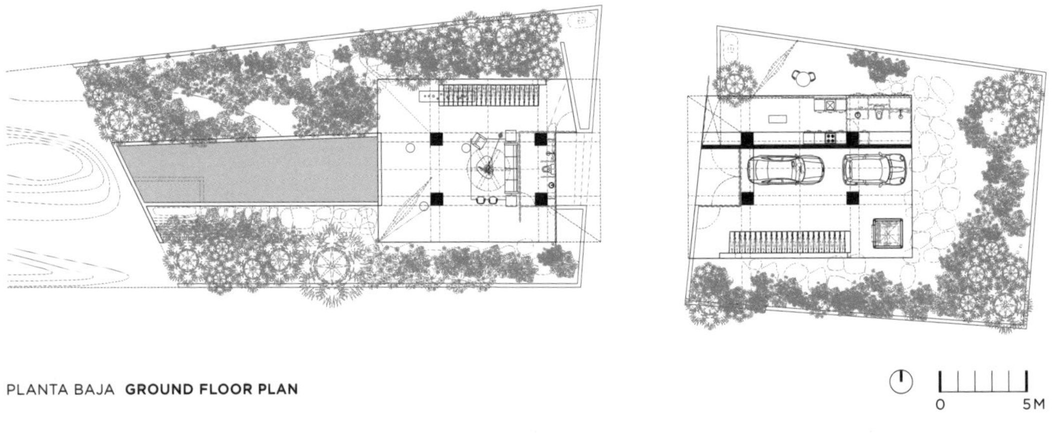

PLANTA BAJA **GROUND FLOOR PLAN**

Una secuencia de losas de concreto conforma la Casa Zicatela. Quizá sea la construcción más sencilla que lleva al extremo la *Maison Dom-Ino* propuesta por Le Corbusier. Cuatro columnas y unas losas definen el palafito básico que se extendió por toda Latinoamérica, no tanto como réplica culta, sino como un esqueleto y una proyección al futuro. En este caso, se incorpora una escalera lateral, también de concreto, y unos barandales sobrios de varilla y madera. La construcción es la casa terminada y en su esencia está toda la radicalidad. Unas generosas terrazas se abren a las vistas del océano y las mamparas remetidas de madera definen los espacios —casi— interiores. Los muebles, las hamacas y las plantas invaden la casa temporalmente.

The Zicatela House consists of a sequence of concrete floor slabs, in an example of perhaps the simplest construction that ever carried the concept of Le Corbusier's Dom-ino House to one extreme. Four columns and the slabs define the basic palafitte structure that once extended all over what is now Latin America, not simply as a cultural echo, but rather as a blueprint for the future. In this case, a lateral stairway, also of concrete, with its sober banisters of metal rods and wood, has been incorporated. The construction is the finished house, and all its radicalness resides in its essence. Ample terraces open up onto views over the ocean and recessed wooden partitions define the interior—or *almost* interior—spaces. The furnishings, hammocks, and plants are temporary invaders.

L-250

LABORATORIOS DEL JARDÍN BOTÁNICO DE CULIACÁN

TATIANA BILBAO ESTUDIO

Proyecto arquitectónico **Architectural Design: Tatiana Bilbao ESTUDIO** Superficie construida **Constructed Surface Area: 922 m²** Fotografía **Photography: Iwan Baan** Lugar **Location: Culiacán, Sinaloa** Año **Year: 2017**

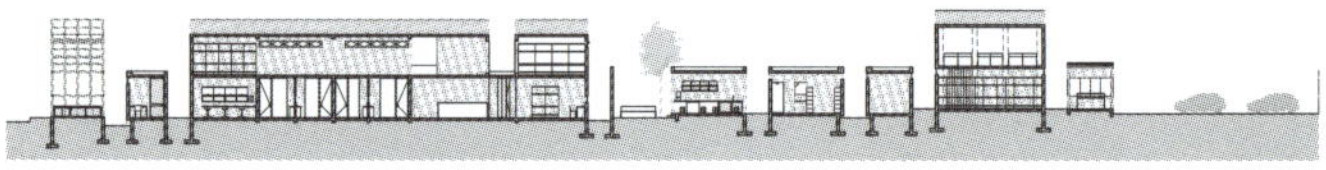

SECCIÓN **SECTION**

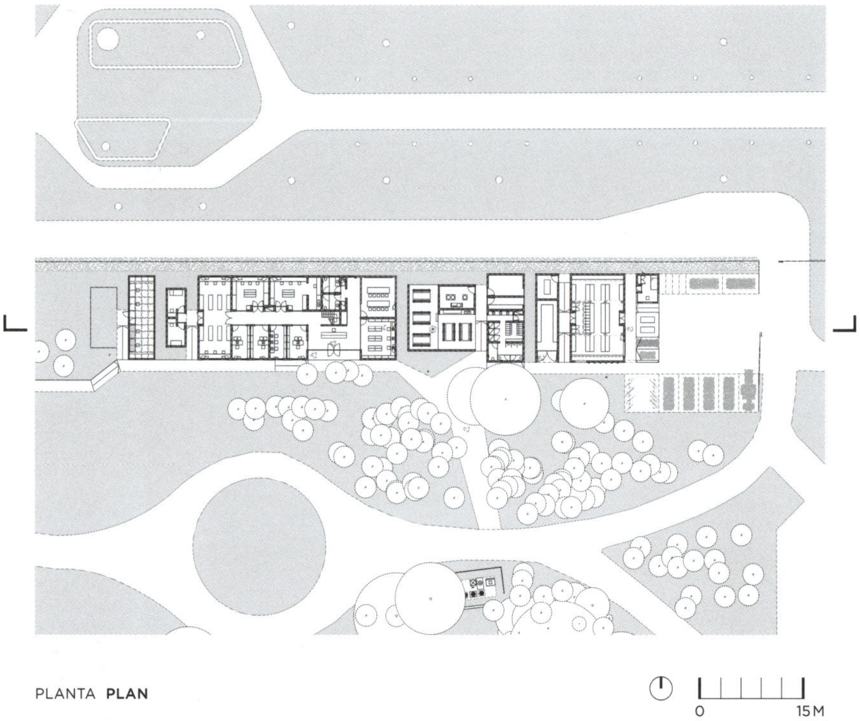

PLANTA **PLAN**

Conjunto de edificios diseñado para alojar los servicios del Jardín Botánico. Funcionan de manera similar a los espacios de servicio de Louis Kahn, que permiten que la totalidad del jardín siga funcionando. Las divisiones definen los espacios: talleres, cuartos de almacenamiento, invernadero, centro de cuarentena para plantas infectadas, comedor, vestidores y servicios para empleados. Los edificios son de bloques de concreto, excepto el invernadero, debido a su programa. El espacio es delimitado por un elemento cuya materialidad permite el paso y aprovechamiento de luz y calor. El invernadero contendrá una gran colección de plantas tropicales y exóticas y una veintena de especies de orquídeas. El área se construyó con una estructura de vidrio con una película adherida en un patrón que simula la sombra de los árboles que están alrededor, para permitir el control de la temperatura.

This group of buildings designed to house the services of the botanical gardens functions in a way similar to the service spaces of Louis Kahn, allowing the gardens as a whole to continue functioning. The divisions define the spaces: workshops, storage rooms, greenhouse, quarantine center for infected plants, dining area, dressing rooms, and services for the employees. The buildings are blocks of concrete, except for the greenhouse, of course, owing to its program. The space is delimited by an element whose material nature allows the passage of light and heat. The greenhouse will contain a large collection of tropical and exotic plants, as well as twenty or so species of orchid. The area was constructed with a glass structure, with film adhering to it in a pattern that simulates the shade of the trees around it, making it possible to control temperatures.

LC710

TALLER HECTOR BARROSO

Proyecto arquitectónico **Architectural Design: TALLER HECTOR BARROSO** Superficie construida **Constructed Surface Area: 960 m²** Fotografía **Photography: Rafael Gamo, Rory Gardiner** Lugar **Location: Ciudad de México** Año **Year: 2018**

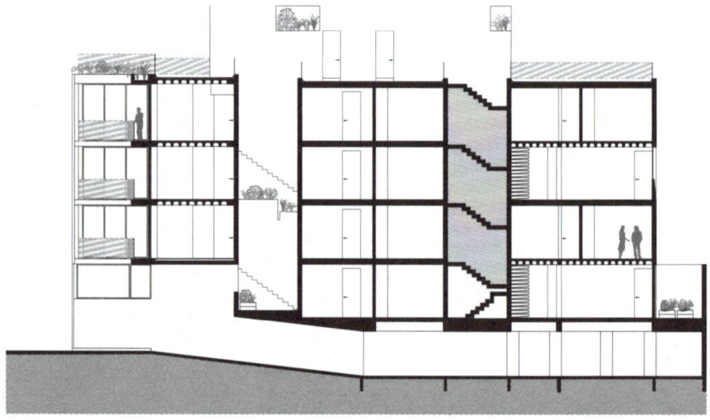

SECCIÓN **SECTION**

Se ubica en una zona residencial en el centro de la colonia Del Valle. La proporción del terreno y su orientación de oriente a poniente resultaron en un esquema compositivo de tres volúmenes intercalados con tres patios. En los dos primeros se desarrollan cuatro departamentos de la misma tipología. El área social está en la primera estructura, con frente a la calle, y el área privada está en la segunda, que se aloja en medio de dos patios. Ambas partes se unen por un núcleo de circulaciones colocado hacia la colindancia norte, para evitar generar sombra sobre los exteriores. Dos viviendas más, tipo dúplex, están en el tercer volumen. Los departamentos aprovechan los patios de planta baja y la azotea, cada uno tiene un área exterior propia, que sirve como continuidad del espacio interior. La selección de materiales de bajo mantenimiento y buen envejecimiento fue fundamental en la concepción del proyecto. No sólo se busca exaltar sus propiedades estructurales sino también generar atmósferas y claroscuros por medio de sus cualidades sensoriales.

The project is located in a residential zone in the middle of the Del Valle neighborhood. The dimensions of the lot and it east-west orientation determined a compositional scheme of three volumes with three intercalated patios. In each of the first two volumes there are four apartments of the same typology. The public areas are in the first structure, facing the street, while the private areas are in the second, lodged in between two patios. The two parts are joined by a circulation core that abuts the neighboring building to the north, so that no shade is thrown onto the exteriors. There are two more duplex-type apartments in the third volume. These make the most of the ground-floor patios and the rooftops, each one having its own exterior area, generated in continuity with the interior space. The choice of low-maintenance materials that age well was fundamental to the conception. The structural properties of the design are clearly marked, while its sensorial qualities generate different ambiences and chiaroscuro effects.

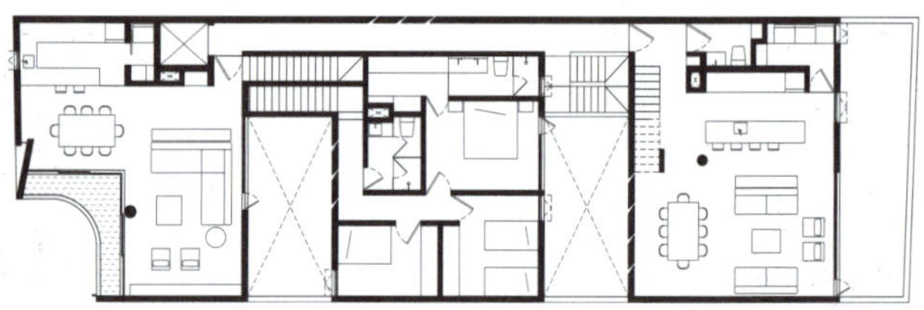

PLANTA NIVEL 2 **LEVEL 2 PLAN**

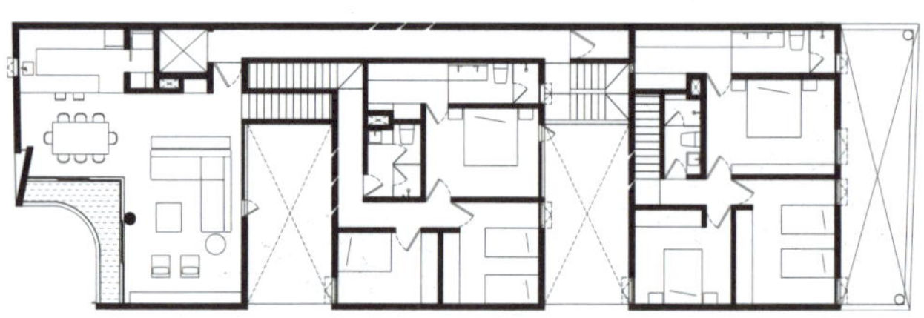

PLANTA NIVEL 1 **LEVEL 1 PLAN**

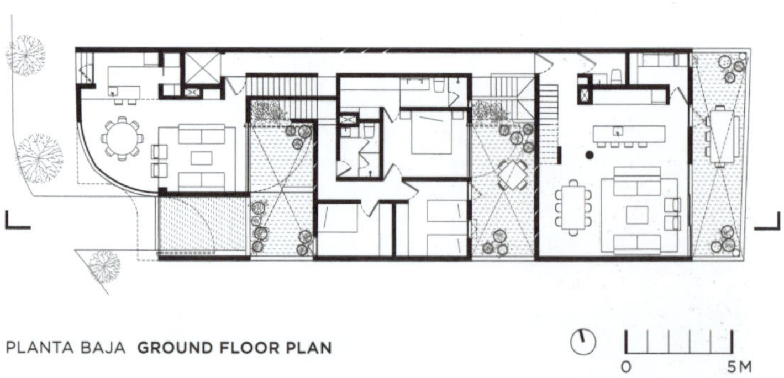

PLANTA BAJA **GROUND FLOOR PLAN**

CASA P29

VGZ ARQUITECTURA Y DISEÑO

Proyecto arquitectónico **Architectural Design: vgz arquitectura y diseño** Superficie construida **Constructed Surface Area: 980 m²** Fotografía **Photography: Rafael Gamo** Lugar **Location: Ciudad de México** Año **Year: 2017**

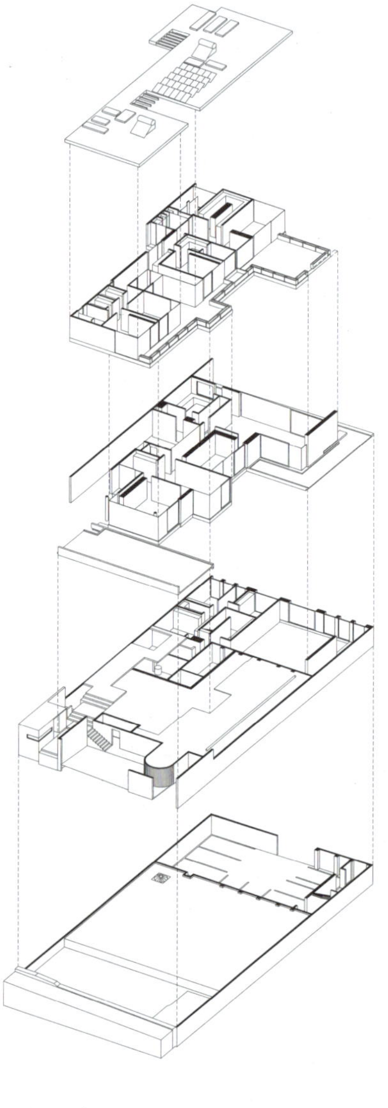

AXONOMÉTRICO **AXONOMETRIC**

En un esquema con forma de L, los planos se desfasan para crear un juego de entradas y transparencias. El concreto es estructura y acabado a la vez. Los espacios se relacionan por medio de celosías, paneles y puertas corredizas que gradúan la privacidad. La paleta de materiales cambia con los planos: concreto, vidrio, madera y piedra. El pasillo es flanqueado por una terraza con un espejo de agua y un librero configurable de doble vista, que deja entrever el estudio y el jardín. El remate es una celosía corrediza que permite transformar el espacio. La casa se abre de extremo a extremo para ligar terrazas y jardines en un flujo continuo. El paisaje es la estrategia de vinculación con el sitio, como elemento compositivo y decorativo. Se hicieron estudios de asoleamiento para aplicar tecnologías pasivas y mejorar orientaciones y ventilaciones cruzadas. Se eligieron materiales térmicos para ahorrar energía y reutilizar recursos. La superficie plana y limpia de la azotea de 257 m² capta hasta 15m³ de agua en un solo evento pluvial. El equipo potabilizador limpia hasta 30 m³ de líquido en un día. La casa acumula agua potable hasta para 30 días y sólo utiliza la red en temporada de estiaje.

Distributed over an L-shape, the planes of the house are so aligned as to create an interplay of shifting recesses and transparencies. Concrete is the material, at one and the same time, of both structure and finish. Spaces are interconnected by means of latticework, panels, and sliding doors that provide as much or as little privacy as required. The palette of materials changes with the planes: concrete, glass, wood, and stone. The corridor is flanked by a terrace with a reflecting pool and a two-sided bookcase that allows the garden to be glimpsed from the study and vice versa. The space can be closed off and transformed by a sliding latticework. The house is open from one end to the other, with the terraces and garden areas linked up in a continuous flow. The landscaping is a strategy to connect the house to the site as a compositional and decorative element. Studies were made of the direction and intensity of sunlight, so that passive technologies could be applied to ensure the best orientations and cross ventilation. Energy-saving materials have be used and certain resources recycled. The clean, level surface of the rooftop (257 m²) captures up to 15 m³ of water in a single rainfall. The purifying equipment generates up to 30 m³ of drinking water in a day. The house accumulates enough drinking water for thirty days and uses the network only in the hot summer months.

RESIDENCIA BF

LUIS ALDRETE | ESTUDIO DE ARQUITECTURA

Proyecto arquitectónico **Architectural Design: LUIS ALDRETE | estudio de arquitectura** Superficie construida **Constructed Surface Area: 996 m²** Fotografía **Photography: Onnis Luque** Lugar **Location: Guadalajara, Jalisco** Año **Year: 2017**

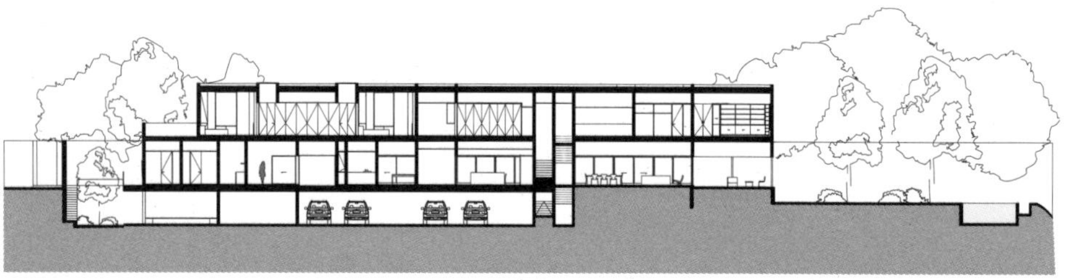

SECCIÓN **SECTION**

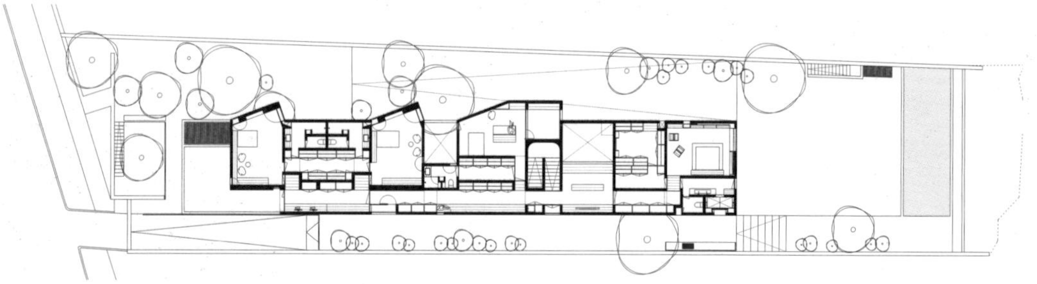

PLANTA ALTA **UPPER LEVEL PLAN**

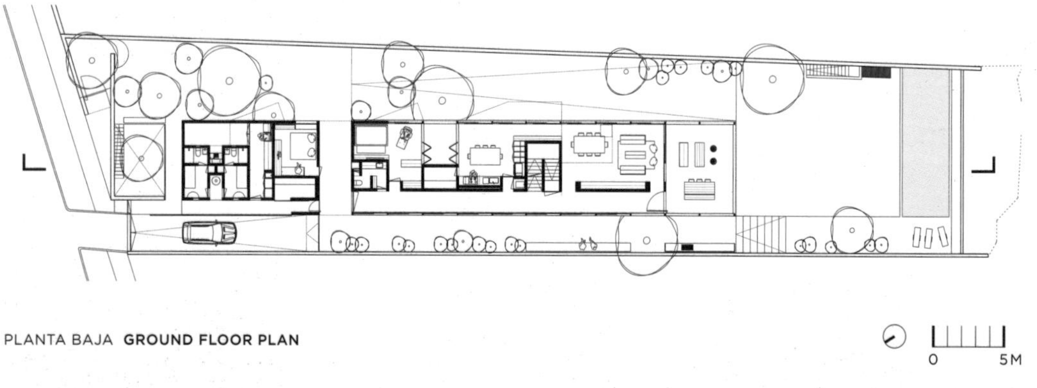

PLANTA BAJA **GROUND FLOOR PLAN**

Un volumen se abre por completo a los jardines y otro se cierra para permitir sólo algunas visuales. Estos cuerpos se relacionan entre sí por los pasillos que los atraviesan de manera opuesta, inspirados en las haciendas tradicionales mexicanas, uno se abre hacia un lado del terreno y el otro se divide para dar lugar a intersticios de alturas distintas que generan espacios entendidos por su intimidad.

One volume opens up completely onto the gardens, while another is closed, offering only select vistas. The two volumes are interconnected by means of corridors running through them in opposite directions (inspired by the design of traditional Mexican haciendas), one opening up onto the lot and the other dividing itself in order to generate separate spaces, of differing heights, that provide a degree of privacy.

CABO HOUSE

DELLEKAMP / SCHLEICH

Proyecto arquitectónico **Architectural Design: Dellekamp / Schleich | Derek Dellekamp, Jachen Schleich** Superficie construida **Constructed Surface Area: 1,000 m²** Fotografía **Photography: Sandra Pereznieto** Lugar **Location: San José del Cabo, Baja California Sur** Año **Year: 2018**

Es un refugio que invita a convivir con las condiciones particulares de un entorno árido, de temperaturas elevadas, vientos secos y vegetación endémica. La casa nace sobre unas plataformas hechas con la tierra del lugar, que bajan con suavidad junto a la pendiente del terreno. Los muros de tierra compactada emergen de la arena, las rocas y la vegetación, y soportan las armaduras de las techumbres para brindar privacidad al interior y enmarcar la vista hacia el mar. La cubierta de cuatro techos monumentales a dos aguas parece levitar. Es una pieza clave en la configuración de los cuatro programas de la casa, gracias a las alturas que determinan separaciones y jerarquías. Entre los volúmenes se tejen los jardines y pasillos que desembocan en un patio central interior que convierte el área publica en el corazón de la casa, rematada con la alberca que se une con el horizonte del mar.

The house is a refuge that invites users to enjoy the special conditions of the hot, arid location, with its dry winds and endemic vegetation. The structure rises from platforms constructed with local materials, which descend gently as they follow the inclination of the terrain. The walls of compacted earth emerge from the sand, rocks, and vegetation, supporting the roof structures that provide privacy on the interior even as they frame views of the sea. The structure of four monumental pitched roofs seems to levitate. This is a key element in the configuration of the four programs of the house, the different heights defining separations and hierarchies. The corridors and garden areas winding their way between the volumes all issue onto a central interior patio that constitutes the public area at the heart of the house, overlooking the swimming pool that blends into the ocean horizon.

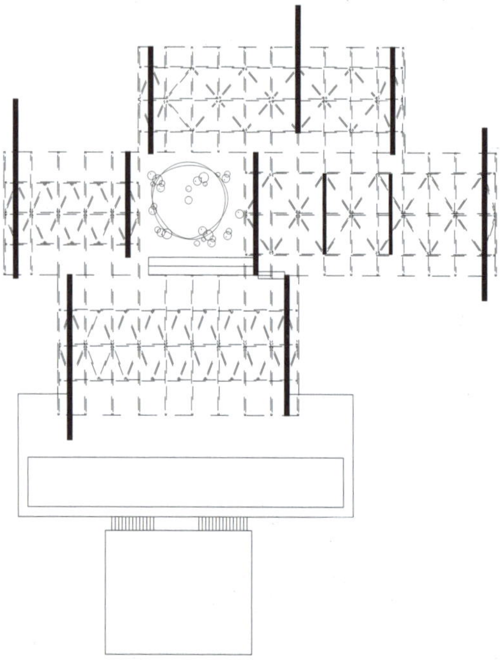

PLANTA DE ESTRUCTURAS **STRUCTURAL PLAN**

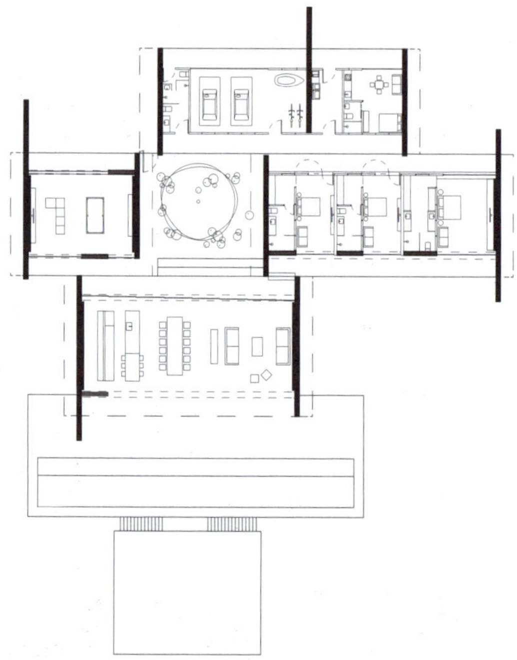

PLANTA **PLAN**

IZTA 54

REURBANO + LA METROPOLITANA

Proyecto arquitectónico **Architectural Design: Reurbano + La Metropolitana** Superficie construida **Constructed Surface Area: 1,160 m²** Fotografía **Photography: Reurbano, La Metropolitana, Maritza Lavín** Lugar **Location: Ciudad de México** Año **Year: 2018**

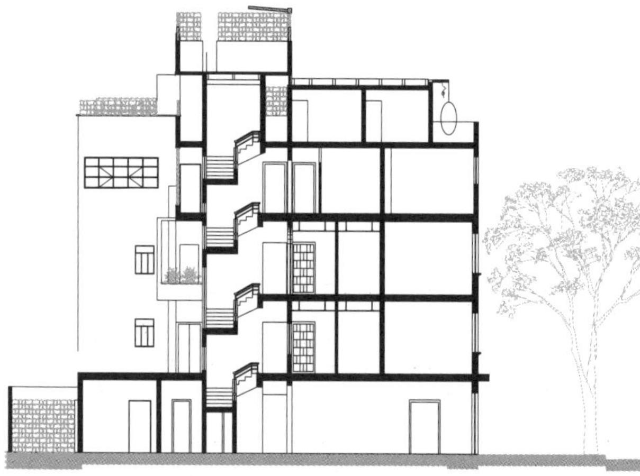

SECCIÓN **SECTION**

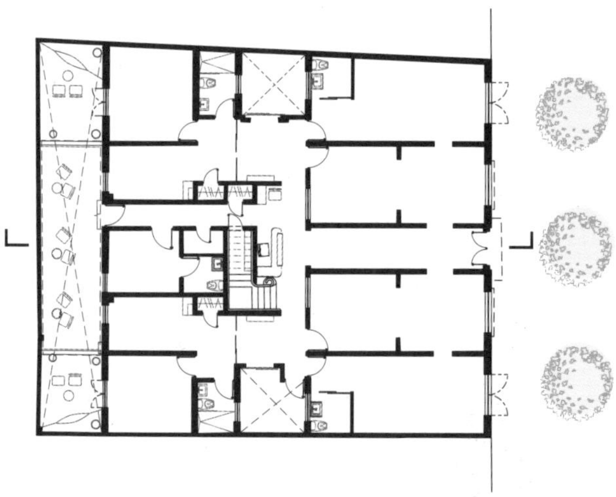

PLANTA BAJA **GROUND FLOOR PLAN**

Cuando se desarrolla en un contexto tan cambiante como la Ciudad de México, la responsabilidad y el reto del arquitecto es reconocerlo. Construir y no demoler. Crear espacios, respetar y entender el entorno por medio de la historia. Reconciliar pasado y presente con procesos de regeneración urbana auténticos y diferenciados. Iztaccíhuatl 54, en la colonia Condesa, es un proyecto de rescate patrimonial e histórico de un edificio *art déco* que respeta la preexistencia en su totalidad y concentra la intervención en el interior, el mobiliario y el diseño de elementos contemporáneos. Los detalles de diseño nuevos y originales conviven en armonía en la intervención. La ubicación privilegiada del inmueble dictó el programa arquitectónico de un edificio de uso mixto, con comercio en planta baja y alojamiento en los pisos superiores. Se entiende la importancia de la interacción social de la zona y se fomenta la vida urbana al responder a las necesidades actuales de la ciudad. Las ventanas de planta baja se transformaron en puertas, lo que da el proyecto un carácter público e invita al usuario a interactuar con el edificio.

When architecture is developed in a context as changing and changeable as that of Mexico City, one of the challenges and responsibilities of the architect is to acknowledge that fact. To build and not to demolish. To create spaces and to respect and understand the urban context and its history. To reconcile the past with the present through processes of genuine and sensitive urban regeneration. Iztaccíhuatl 54 in the Condesa neighborhood is a project that involves the conservation of a historic heritage site, an art deco building whose exterior was to be entirely respected, intervention being limited to the interior, the furnishings, and the design of contemporary elements. The details of new and preexisting designs coexist in harmony as part of the intervention. The choice location of the building determined a mixed-use program, with commercial spaces on the ground floor and housing on the upper floors. The importance of social interaction in the zone has been taken into account and the needs of present-day urban life in the city have been addressed. The ground-floor windows have been converted into doors, a change that gives the building a more public character and invites users to interact with it.

CHAI YÓ
THE WAY OF TEA
EDIFICIº
SAN FERNANDº
54

CASA WABI

KENGO KUMA + AMBROSI | ETCHEGARAY + ÁLVARO SIZA

Proyecto arquitectónico **Architectural Design: Kengo Kuma + AMBROSI | ETCHEGARAY + Álvaro Siza** Superficie construida **Constructed Surface Area: 1,166 m² (40 m² + 900 m² + 226 m²)** Fotografía **Photography: Sergio López, Jaime Navarro** Lugar **Location: Puerto Escondido, Oaxaca** Año **Year: 2017-2018**

La sede principal de Casa Wabi, ubicada en las costas de Oaxaca, fue diseñada en 2015 por el arquitecto Tadao Ando, ganador del premio Pritzker. En los últimos años se han construido proyectos alternos a su alrededor, como el jardín botánico de 27 ha, diseñado por Alberto Kalach. En el periodo de 2017 a 2018 se erigieron tres obras. El Gallinero, diseñado por Kengo Kuma, despliega una estructura permeable de tablas de madera previamente quemadas para crear una atmósfera descolorida y ascética. El sistema de maderas entrelazadas permite la ventilación, crea sombra y es habitable para las aves. El Vivero Guayacán, de Jorge Ambrosi y Gabriela Etchegaray, fue proyectado con la finalidad de proteger una especie endémica en peligro de extinción, el árbol *Guaiacum Sanctum L. Zygophyllaceae*, conocido como guayacán. El Pabellón de Barro, de Álvaro Siza, se construyó con la intención de albergar talleres para acercar a las nuevas generaciones al uso estético y artístico de las arcillas de la región. El ladrillo rojo es el material principal de las áreas de almacenamiento y un muro semicircular de 28 m de diámetro.

The headquarters of the Casa Wabi on the coast of Oaxaca was designed in 2015 by Pritzker Prize winner Tadao Ando. In recent years, several other projects have been built around it, including a 27-hectare botanical garden designed by Alberto Kalach. Three works were erected in the course of the 2017-2018 period. The Henhouse, designed by Kengo Kuma, is a permeable structure of pre-burnt wooden panels, which create a rather austere, ascetic atmosphere. The system of intertwined wood makes for excellent ventilation, provides plenty of shade, and is welcoming to the local bird population. The Vivero Guayacán, designed by Jorge Ambrosi and Gabriela Etchegaray, is a nursery designed to protect a species endemic to the region and in danger of extinction, the holywood tree (*Guaiacum Sanctum*, of the family of *Zygophyllaceae*), known in Spanish as the *guayacán*. The Clay Pavilion, designed by Álvaro Siza, was built to house workshops where young people could learn to use the local clays for artistic and esthetic purposes. Red brick is the principal material of the storage areas and the semi-circular wall, with a diameter of 28 meters.

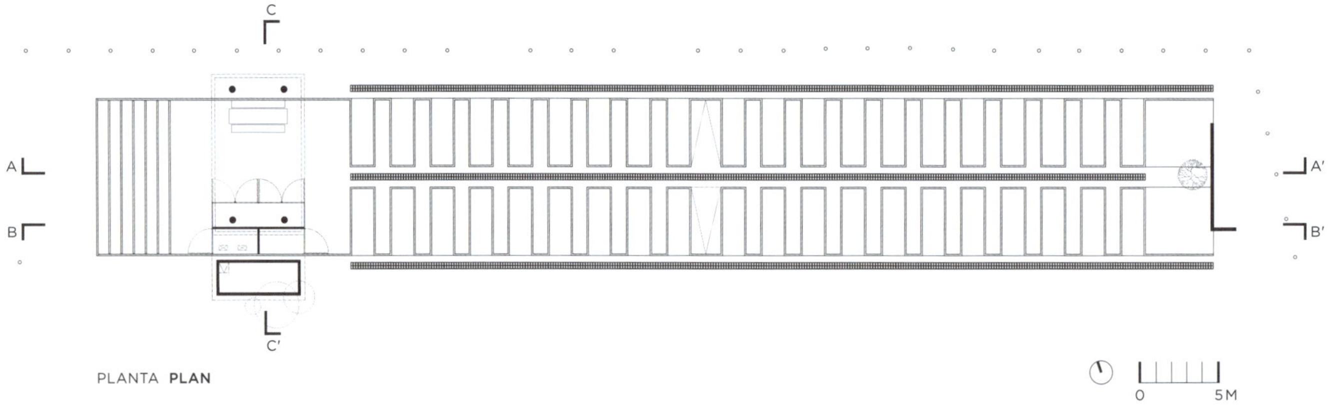

PLANTA **PLAN**

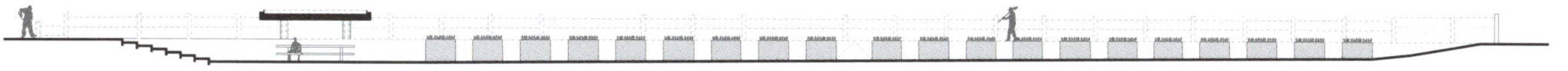

SECCIÓN A-A' **SECTION A-A'**

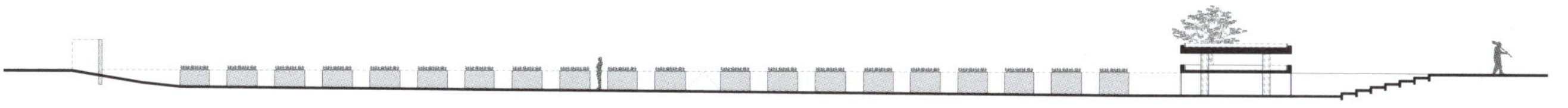

SECCIÓN B-B' **SECTION B-B'**

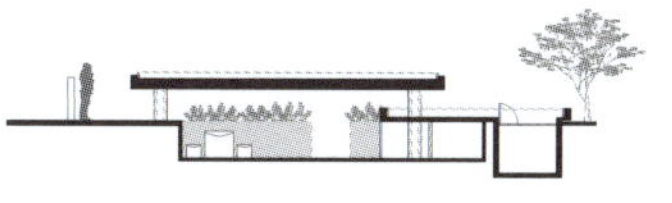

SECCIÓN C-C' **SECTION C-C'**

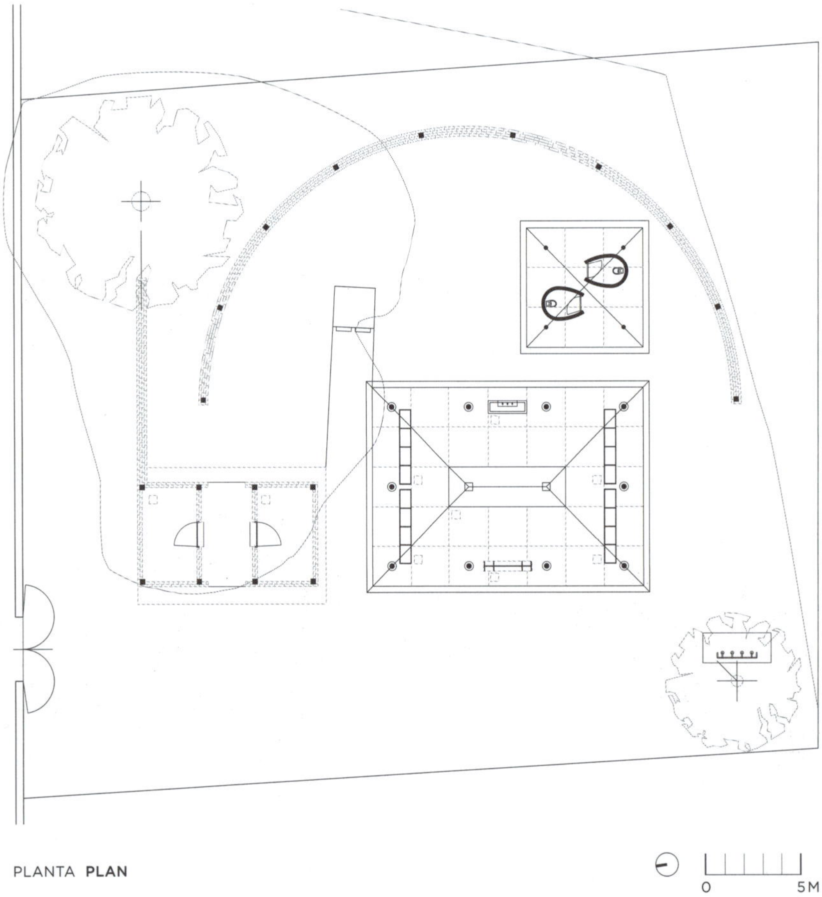

PLANTA **PLAN**

0 5M

ÁMSTERDAM 75

HERNÁNDEZDELAGARZA

Proyecto arquitectónico **Architectural Design: HERNÁNDEZDELAGARZA** Superficie construida **Constructed Surface Area: 1,187 m²** Fotografía **Photography: Jorge Hernández de la Garza** Lugar **Location: Ciudad de México** Año **Year: 2018**

Se ubica en la colonia Hipódromo, en la Ciudad de México, en un terreno rectangular. La intervención consistió en resolver cinco departamentos de diferentes tipologías y una vivienda adicional en el interior de una antigua casa catalogada por el Instituto Nacional de Bellas Artes. El programa arquitectónico propuso dos grandes volúmenes, a manera de cajas de concreto aparente, orientadas hacia la avenida arbolada para enmarcar las mejores vistas hacia el contexto inmediato. Un *penthouse* ocupa los dos últimos niveles. Su doble altura articula los espacios públicos. En la parte posterior del predio, el edificio se remete en su fachada poniente con terrazas que proveen protección solar y aprovechan las vistas hacia el Parque España.

The project is located on a rectangular lot in the Colonia Hipódromo in Mexico City. The intervention consists of five apartments of differing typologies, along with an additional residence, in an old building catalogued by the Instituto Nacional de Bellas Artes. Two large volumes in the form of exposed-concrete boxes are oriented toward the tree-lined avenue, framing excellent views of the immediate surroundings. There is a penthouse on the two upper levels, its double height articulating the public areas. Toward the back of the lot, the western façade of the building is recessed to generate terrace areas that provide protection from the sunlight and offer fine views of Parque España across the way.

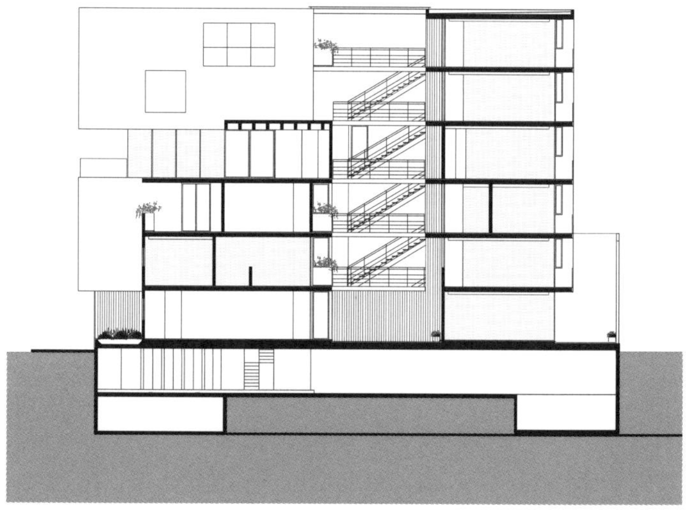

SECCIÓN **SECTION**

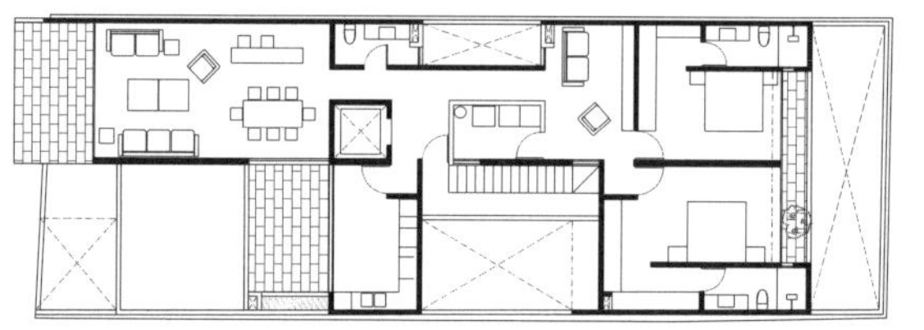

PLANTA NIVEL 4 **LEVEL 4 PLAN**

PLANTA NIVEL 2 **LEVEL 2 PLAN**

PLANTA BAJA **GROUND FLOOR PLAN**

0 5M

75

INSTITUTO ALUMNOS - COLECCIÓN MCE

ESTUDIO FI | ARQUITECTOS

Proyecto arquitectónico **Architectural Design: estudio fi | arquitectos** Superficie construida **Constructed Surface Area: 1,200 m²** Fotografía **Photography: Onnis Luque** Lugar **Location: Ciudad de México** Año **Year: 2018**

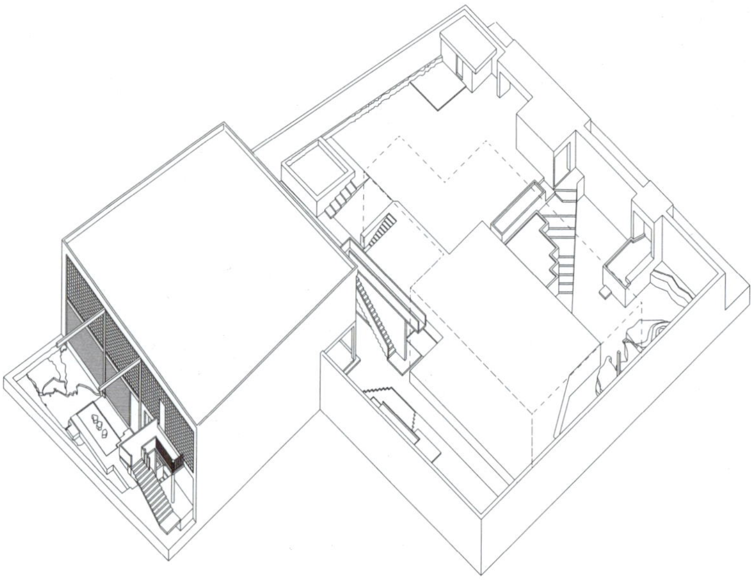

AXONOMÉTRICO **AXONOMETRIC**

La intención era recuperar una bodega en desuso al sur de la Ciudad de México para resguardar una colección privada de arte y organizar muestras de otros artistas. Mediante una secuencia de patios, pasa de ser una estructura industrial abandonada a convertirse en el cuerpo principal del predio. Una fachada flotada de *vitroblock* da la bienvenida y atenúa la luz natural para optimizar la experiencia de visualización de las obras. Esbeltos elementos de concreto con acabado aparente se integran en los nuevos patios, delimitan y enmarcan el área de recepción. El volumen bajo el espacio de exposiciones abierto concentra los servicios del programa y genera un área óptima para talleres, sala de proyecciones o exposiciones, al mismo tiempo que filtra las circulaciones y conduce al usuario al final del terreno. Los bastidores metálicos conforman el sistema de almacenaje de las obras y se deslizan para configurar la museografía. El estudio de la luz orienta su ubicación. Una crujía libre al poniente separa las obras de la fachada. Lo que parece un gesto para crear un área para actividades didácticas, es una manera de que la luz directa no incida sobre la colección.

The project involved salvaging an abandoned warehouse in the southern part of Mexico City to serve as a place for a private art collection and for exhibitions by other artists. By means of a sequence of patios, the abandoned industrial structure has been transformed into the main volume of the lot. A floating façade of glass blocks welcomes visitors and filters the natural light to optimize the experience of looking at the works of art. Slender exposed-concrete elements are integrated into the new patios, delimiting and framing the reception area. The volume beneath the open exhibition space concentrates the services of the program and generates an area that is perfect for workshops and a projection or exhibition room, even as it filters circulations and leads users to the back of the lot. The sliding metallic frames on which works can be hung can be moved around to configure different museum designs. A study of the light determined their placement. An open bay to the west separates the works from the façade. What seems to be a gesture to create an area for educational activities turns out also to be a way of protecting the collection from direct sunlight.

CASA VERTIENTES

JJRR/ARQUITECTURA

Proyecto arquitectónico **Architectural Design: JJRR/Arquitectura** Superficie construida **Constructed Surface Area: 1,200 m² Fotografía Photography: Jaime Navarro** Lugar **Location: Ciudad de México** Año **Year: 2018**

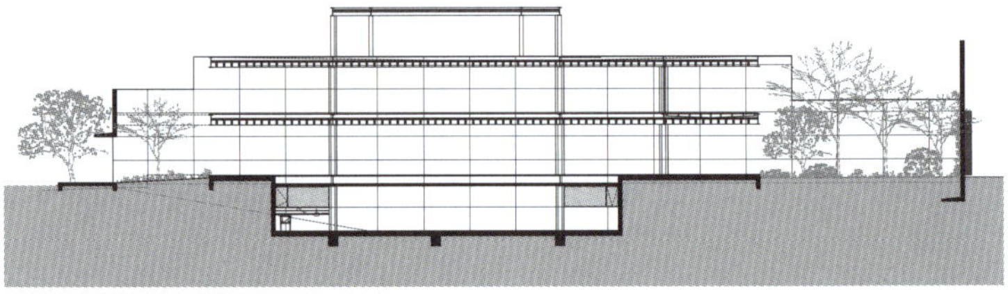

SECCIÓN **SECTION**

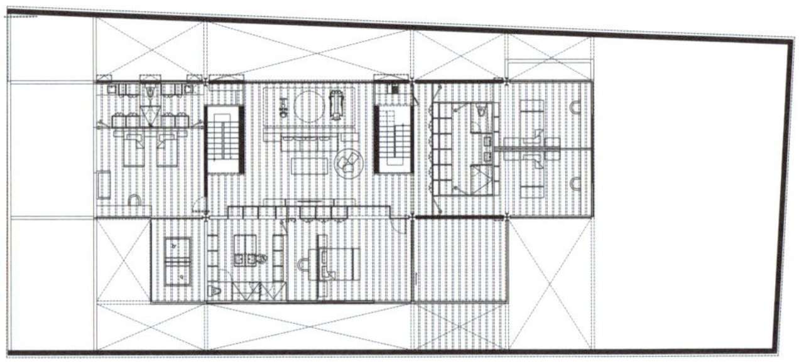

PLANTA NIVEL 1 **LEVEL 1 PLAN**

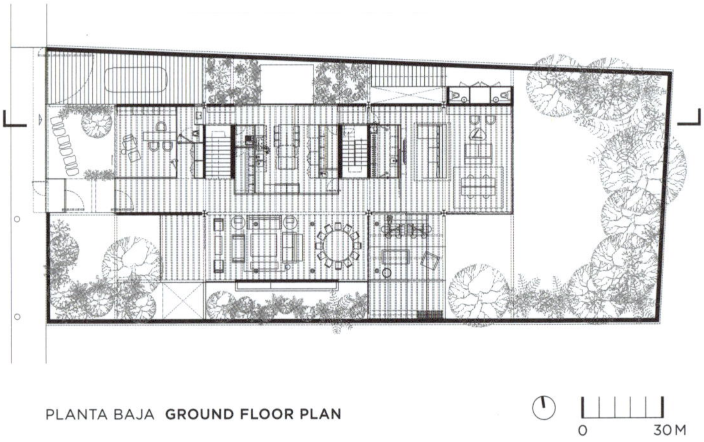

PLANTA BAJA **GROUND FLOOR PLAN**

Se trata de una casa unifamiliar en la Ciudad de México. La propuesta fue tener el menor número posible de muros de carga para lograr espacios amplios y abiertos hacia el exterior. Se diseñó una armadura metálica empotrada en los muros de colindancias laterales para integrarlos a la estructura aparente, como las fachadas, sin recubrimientos. La construcción es de forma reticular, como un tablero de ajedrez. Cada espacio conforma el programa de necesidades, lo que resulta en una mezcla interesante de espacios interiores y exteriores con gran transparencia entre sí. Los materiales principales son acero, madera, cristal y mármol. La casa se desarrolla en cuatro niveles. El primero se desplanta 2 m bajo el nivel medio de banqueta para resguardar estacionamientos y servicios. En el segundo encontramos las áreas sociales y jardines. El tercer nivel concentra las zonas privadas, como recámaras y estar familiar, y en el último está el estudio de música.

It is a single-family house in Mexico City. The proposal was to have the smallest possible number of structural walls to achieve wide open spaces. A metal reinforcement was designed embedded in the walls of lateral boundaries to integrate them into the apparent structure, like the facades, without coverings. The construction has a reticular shape, like a chessboard. Each space forms the program of needs, which results in an interesting mix of interior and exterior spaces with great transparency among themselves. The main materials are steel, wood, glass and marble. The house is developed on four levels. The first one moves 2 m below the middle level of the sidewalk to protect parking lots and services. In the second one we find the social areas and gardens. The third level concentrates the private areas, such as bedrooms and familiar salon, and in the last one there's a music studio.

CASA SALAZAR

MANUEL CERVANTES ESTUDIO

Proyecto arquitectónico **Architectural Design: Manuel Cervantes Estudio** Superficie construida **Constructed Surface Area: 1,200 m²** Fotografía **Photography: Rafael Gamo** Lugar **Location: Salazar, Estado de México** Año **Year: 2017**

Se ubica en una de las laderas boscosas de una cañada. Se aprovecharon las visuales del entorno y la orientación del predio para mejorar las condiciones climáticas de la vivienda, debido a la temperatura fría de gran parte del año. La casa parte de una plataforma semienterrada al norte y expuesta al sur, hacia donde se orientó la mayoría de las ventanas. Se accede por un patio vehicular semienterrado en un cuerpo rodeado por dos zonas interiores abiertas, que aseguran la iluminación de varios espacios. Una circulación lleva a la cocina, el cuarto de servicio y el área social. Un gran cancel en el mismo pasillo conduce a una alberca interior con sala de juegos, el *family room*, la recámara principal y una segunda comunicación con cuatro habitaciones más. Los muros son de mampostería, vigas metálicas y madera aparente. Los materiales de la región, aplanados rústicos y muros aparentes de concreto propician la integración a la naturaleza por la gama cromática similar a la del terreno. Las terrazas con muros de tecorral facilitan los recorridos. Los ríos secos canalizan el agua de lluvia y reducen la erosión que pueden causar los desniveles.

The house is located on one of the wooded slopes of a ravine. The surrounding views and the orientation of the lot contribute to improving climatic conditions, since cool temperatures prevail most of the year. The house, with most of its windows facing south, rises from a platform that is partially buried on the opposite northern side. The vehicular entrance is semi-underground, by way of a volume flanked by two open interior spaces that ensure plentiful natural light. One circulation route leads to the kitchen, service room, and common area. A glazed doorway along this corridor leads to an interior swimming pool, a games room, the family room, the master bedroom, and a second circulation that leads to four more bedrooms. The walls are of rubblework, metallic beams, and exposed wood. The local materials, rustic finishes, and exposed concrete all contributed to integrating the house with its natural surroundings and their chromatic spectrum. The dry-stone walls along the terraces help orient the user, while dry riverbeds channel off rainwater and help to check the erosion provoked by the sloping terrain.

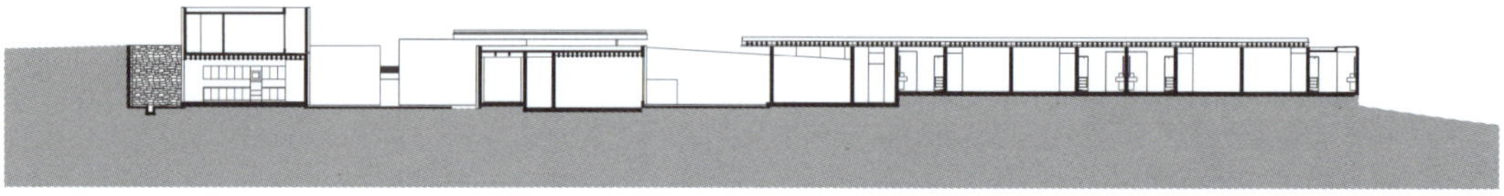

SECCIÓN LONGITUDINAL **LONGITUDINAL SECTION**

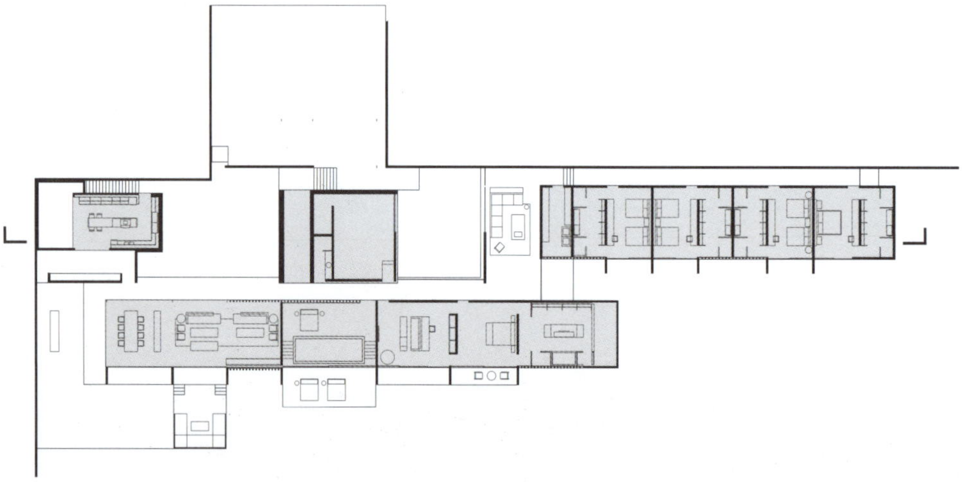

PLANTA **PLAN**

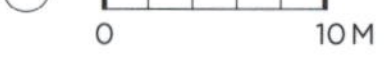

LA QUEMADA 309

TALLER CAPITAL

Proyecto arquitectónico **Architectural Design: Taller Capital** Superficie construida **Constructed Surface Area: 1,200 m²** Fotografía **Photography: Onnis Luque** Lugar **Location: Ciudad de México** Año **Year: 2018**

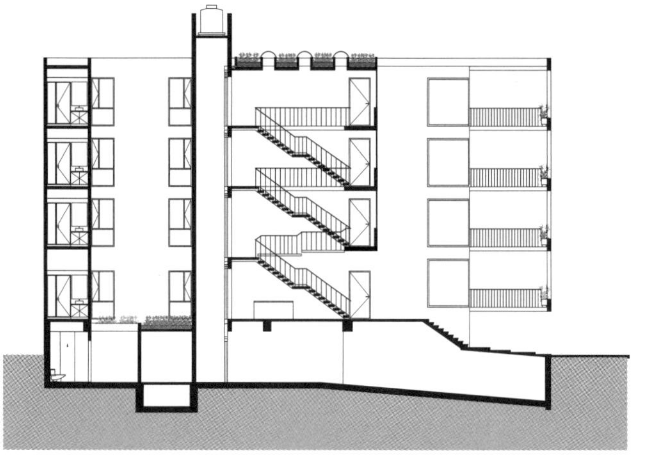

SECCIÓN A-A' **SECTION A-A'**

SECCIÓN B-B' **SECTION B-B'**

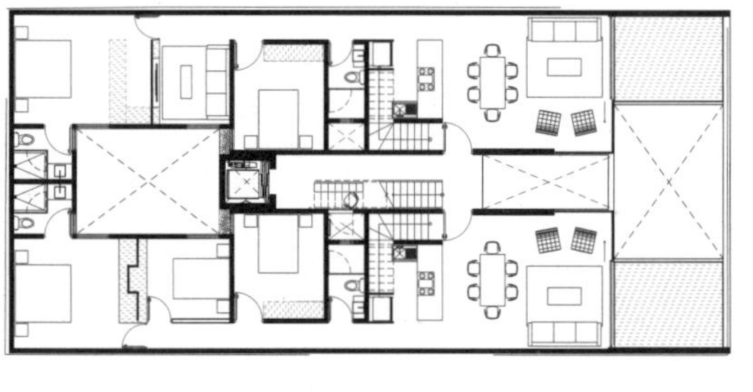

PLANTA NIVEL 4 **LEVEL 4 PLAN**

PLANTA NIVEL 1 **LEVEL 1 PLAN**

El predio de 312 m², en el número 309 de la calle La Quemada, en la colonia Narvarte Oriente, alberga ocho departamentos de 120 m². Una solución estructural franca, elemento plástico que dialoga con el programa arquitectónico, permite controlar el intercambio de información con la ciudad. En las fachadas se aprecian los marcos estructurales que albergan terrazas habitables que conducen al interior de los departamentos. Todos tienen áreas abiertas con jardineras, muros de cristal y sombras, para regular el grado de privacidad de los espacios. Para dotar de luz a todas las viviendas se optó por un partido de patio interior en la parte posterior del predio, lo que deja en el centro dos volúmenes comunicados por el núcleo de circulaciones comunes: elevador, pasillos y escaleras. Cada departamento cuenta con un área común amplia y flexible para el salón y el comedor, adjunta a la cocina, dos recámaras y un estudio. Tanto las azoteas como las terrazas y el patio interior tienen vegetación, lo que otorga a los habitantes espacios en los que pueden disfrutar de la naturaleza.

Located at La Quemada 309 in the Colonia Narvarte Oriente in Mexico City, the lot measures 312 m² and is occupied by eight apartments with dimensions of 120 m² each. An honest structural solution—a plastic element that dialogues with the architectural program—makes it possible to control the interchange of information with the surrounding city. The façade consists of structural frames containing terrace-like living areas that lead into the apartments proper. All of the apartments have open areas with planters, glazed walls, and shaded areas, whereby the degree of privacy required in the different spaces can be regulated. An interior patio at the back of the lot supplies all of the apartments with plenty of natural light. The two volumes that flank this space are communicated by a common circulation core: elevators, stairs, and hallways. Each apartment has a spacious, flexible common space, adjacent to the kitchen, which can serve as living room and dining room, as well as two bedrooms and a studio. Both the rooftop and the terrace areas are well supplied with greenery, as is the interior patio, giving all the living spaces a touch of nature to enjoy.

CENTRO MUNICIPAL DE APOYO INTEGRAL

ORIGEN 19° 41′ 53′′ N

Proyecto arquitectónico **Architectural Design: ORIGEN 19° 41′ 53″ N | Omar González Pérez, Hugo González Pérez** Superficie construida **Constructed Surface Area: 1,226 m²** Fotografía **Photography: Luis Gordoa, Francisco Méndez** Año **Year: 2017**

Construido en una sola planta de 1,226 m², su rigor y mutismo formal caracterizan su apariencia exterior y establecen su significación y función protectora. Un sistema de tres crujías ortogonales dispuestas en paralelo, divididas por jardines longitudinales de 4.5 m de ancho —de tratamiento endémico, espíritu liberal y bajo mantenimiento—, garantiza la plena funcionalidad del recinto al contener la mayor parte de los elementos del programa. Las crujías son interceptadas por otro sistema en zigzag, derivado del alineamiento, con un ángulo de 15° respecto de la ortogonal, que se convierte en el eje vertebral del edificio. La arquitectura se diluye, deja de ser la protagonista y se transforma en el marco para la introspección al privilegiar la relación entre usuario y naturaleza. El diseño de paisaje se abre con el sol, el cielo, el aire y la lluvia, para formar el verdadero núcleo del edificio.

With a single storey measuring 1,226 m², the structure has an exterior appearance whose formal rigor and stylistic laconism expresses its meaning and function as refuge and protection. A system of three orthogonal bays, laid out in parallel lines and divided by longitudinal green areas 4.5 meters wide (local vegetation, free-spirited and easy to maintain), ensures the complete functionality of the project, containing as it does the greater part of the elements of the program. The bays are intercepted by another zigzagging system, based on the orthogonal alignment, but at a 15° angle, which constitutes the spinal axis of the building. The architecture withdraws, ceases to project itself, and is transformed into a setting for introspection that favors the communion of the users with the natural surroundings. The landscape design opens up to the sun, the sky, the air, and rain, finally constituting the genuine core of the building.

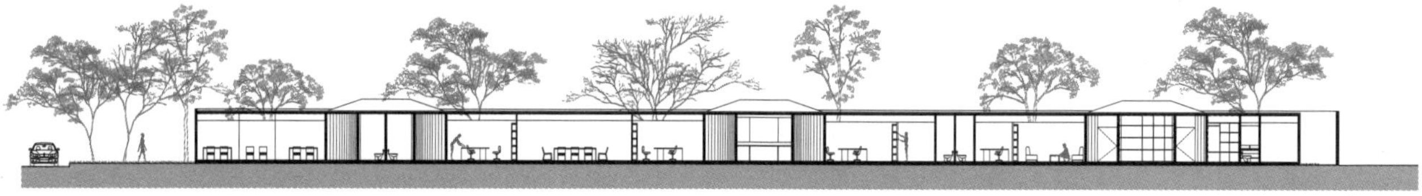

SECCIÓN LONGITUDINAL **LONGITUDINAL SECTION**

SECCIÓN TRANSVERSAL **TRANSVERSAL SECTION**

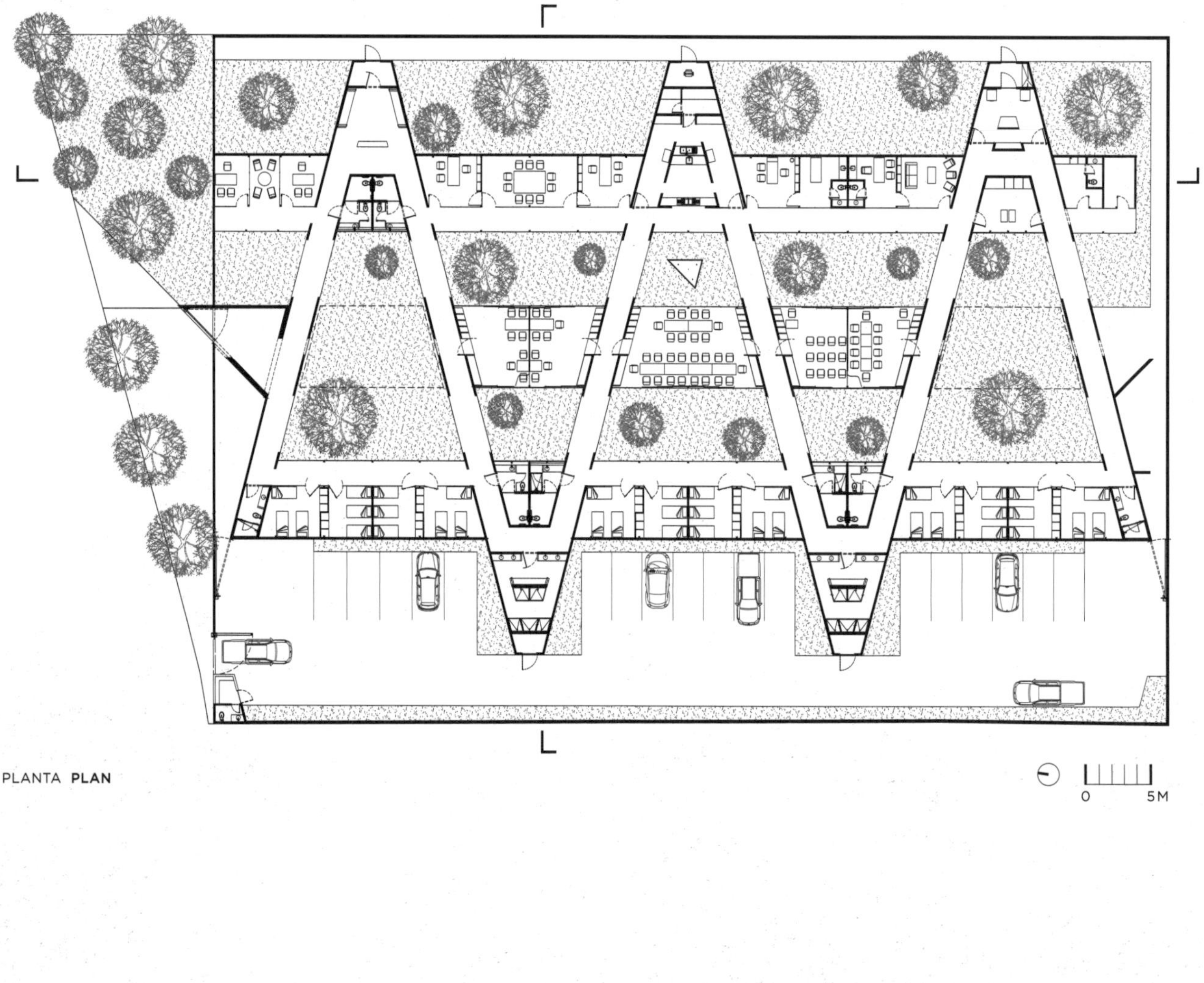

PLANTA **PLAN**

DEPARTAMENTOS DGB

ESTUDIO MMX

Proyecto arquitectónico **Architectural Design: Estudio MMX | Jorge Arvizu, Ignacio del Río, Emmanuel Ramírez, Diego Ricalde** Superficie construida **Constructed Surface Area: 1,237 m²** Fotografía **Photography: Rafael Gamo, Dane Alonso** Lugar **Location: Ciudad de México** Año **Year: 2018**

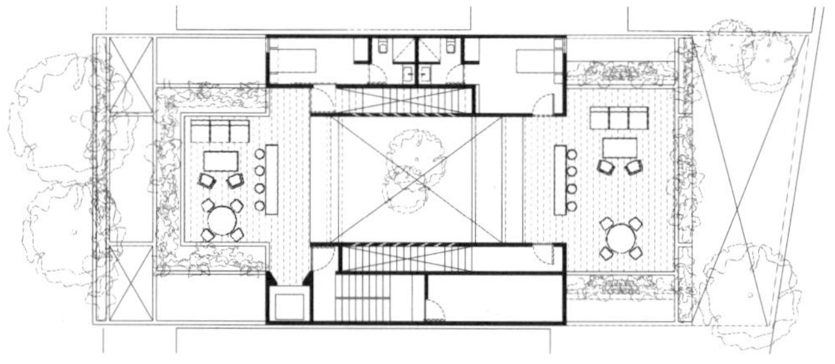

PLANTA TERRAZA **TERRACE LEVEL PLAN**

PLANTA NIVEL 1 **LEVEL 1 PLAN**

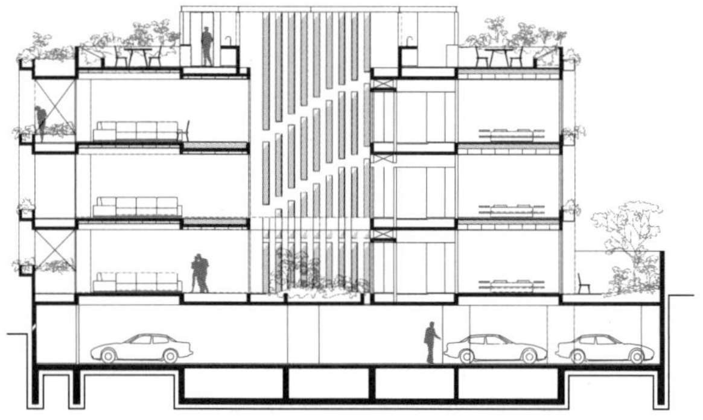

SECCIÓN **SECTION**

PLANTA DE ACCESO **ACCESS FLOOR PLAN**

El edificio se ubica a 300 m del Bosque de Chapultepec, en un entorno urbano y tranquilo. Consta de un semisótano y tres niveles habitables que alojan tres residencias de 320 m². Las premisas principales de diseño fueron privacidad, flexibilidad, independencia, áreas verdes y zonas exteriores generosas. Los espacios públicos y privados de cada departamento están ligados con terrazas y un patio central, lo que les confiere mayor amplitud espacial. El proyecto explora la idea de entrelazar unidades que aprovechen las particularidades del sitio para garantizar que todas tengan acceso a espacios exteriores y frentes públicos con gran amplitud en fachada y jardines. Con base en el esquema de patio central tradicional, el edificio integra el vacío como un jardín que enlaza las áreas públicas. El patio y las terrazas exteriores hacia el frente crean una secuencia de espacios continuos y abiertos, así como vistas en todas las direcciones.

The building is located three hundred meters from Chapultepec Park, in a tranquil urban setting. It has a semi-basement level and three stories of apartments, each one occupied by a single unit of 320 m². The main goals of the design were privacy, flexibility, independence, and ample exterior green areas. The public and private spaces of each apartment are interconnected by means of terraces and a central patio, making for a sense of greater spaciousness. The design explores the idea of interlinking the units, making the most of the particularities of the site and guaranteeing all residents access to the exterior spaces and broad public façades overlooking the garden areas. Based on the traditional Mexican typology of constructing around a central patio, the building integrates this space as a garden that interlinks the public areas. Together, the central patio and the exterior terraces, which look outward, create a sequence of continuous open spaces that provide vistas in all directions.

JARDÍN LA FÁBRICA

PHILIPPE PASCAL

Proyecto arquitectónico **Architectural Design: Philippe Pascal** Superficie construida **Constructed Surface Area: 1,310 m²** Fotografía **Photography: Camila Cossio** Lugar **Location: Oaxaca** Año **Year: 2018**

Es el primer espacio abierto en el centro histórico de Oaxaca propicio para la congregación social y la contemplación. La propuesta rescata un inmueble y abre el diálogo entre vestigios, paisajes e intervenciones arquitectónicas. A nivel de calle, muros restaurados de piedra, cal y tierra envuelven un jardín semiárido y una explanada de cantera rosa. Sobre ésta, a 7 m de altura, un marco de metal oxidado soporta la infraestructura para techar, iluminar y sonorizar al espacio. Un pirul y una jacaranda preexistentes enmarcan la recepción del jardín. Al fondo, guajes y truenos anteceden a un entresuelo rodeado de tierra y columnas metálicas discretas. Ambas estructuras tienen pisos y bóvedas de barro blanco, y escaleras colgantes de acero que llevan a las terrazas. En el centro, un guayacán amarillo, un mural de ladrillo y un sistema de escaleras sugieren que el programa continúa bajo tierra. Ahí, bóvedas de concreto aparente y muros con pintura de cal forman una galería con iluminación y ventilación naturales, que se distribuye hacia los espacios operativos. Los elementos antiguos y contemporáneos, térreos e industriales, se enaltecen y dotan de elegancia su propio envejecimiento.

This garden is the first open space in the historic downtown of Oaxaca that is suitable for both social congregation and contemplation. The project salvages a building and establishes a dialogue among historical vestiges, landscapes, and architectural interventions. At street level, restored stone-and-rubblework walls surround a semi-arid garden and an esplanade paved in pink-tinged stone. Seven meters above this, a rusted metal frame supports the infrastructure for roofing, lighting, and soundproofing the space. A preexisting *pirul* and a jacaranda frame the reception of the garden. Toward the back, tamarinds and privets precede a mezzanine level surrounded by earthworks and discreet metallic columns. Both structures have floors and vaulted roofs of white clay, with hanging steel stairs that lead to the terraces. There is a yellow *guayacán* in the middle, a brick mural, and stairs that suggest a continuation of the program below. There, exposed concrete vaults and whitewashed walls form a gallery, with natural lighting and ventilation, which distributes the operational spaces. The combination of old and new elements, of natural and industrial materials, makes for a space that will age with dignity and elegance.

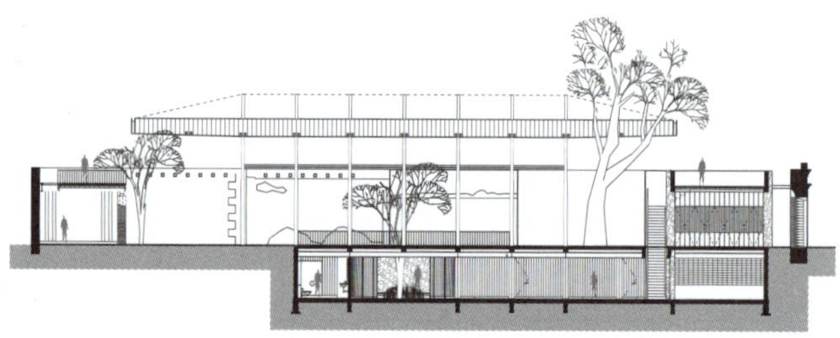

SECCIÓN **SECTION**

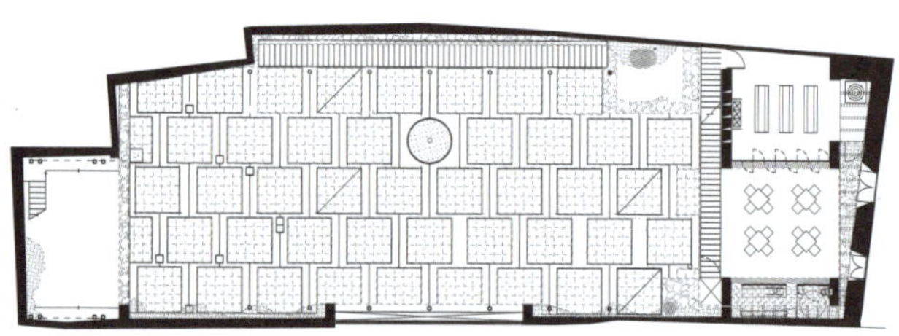

PLANTA BAJA **GROUND FLOOR PLAN**

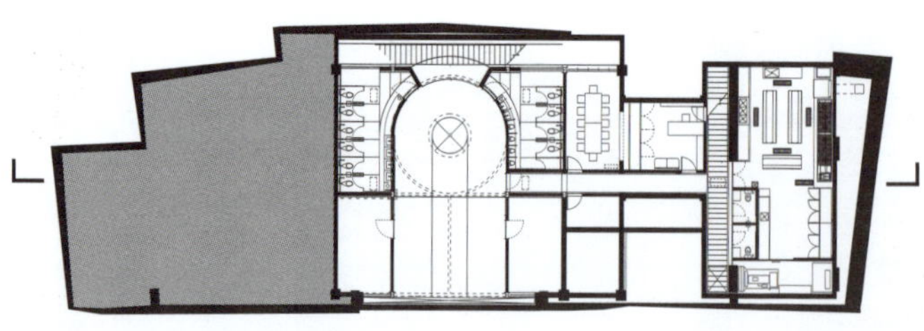

PLANTA SÓTANO **BASEMENT PLAN**

0 5M

ESTACIÓN DE BOMBEROS BOCA

TALLER DIEZ 05

Proyecto arquitectónico **Architectural Design: Taller DIEZ 05** Superficie construida **Constructed Surface Area: 1,310 m²** Fotografía **Photography: Luis Gordoa, Manuel Herrera** Lugar **Location: Boca del Río, Veracruz** Año **Year: 2017**

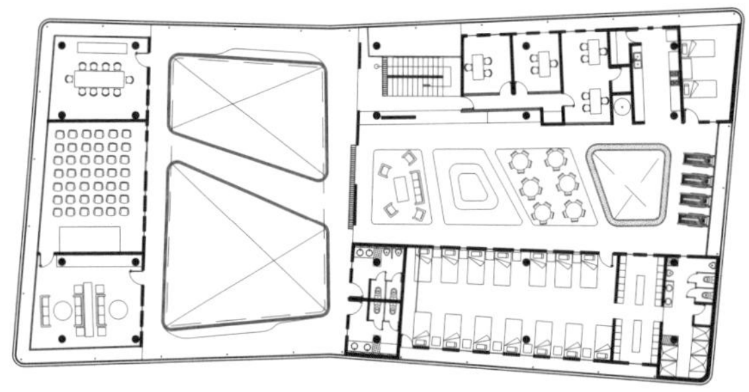

PLANTA ALTA **UPPER LEVEL PLAN**

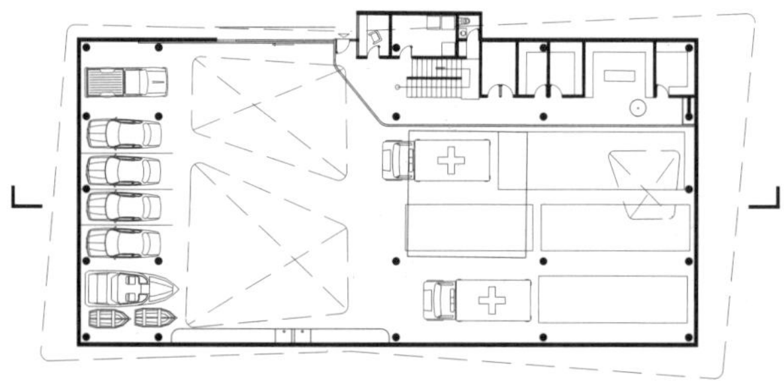

PLANTA BAJA **GROUND FLOOR PLAN**

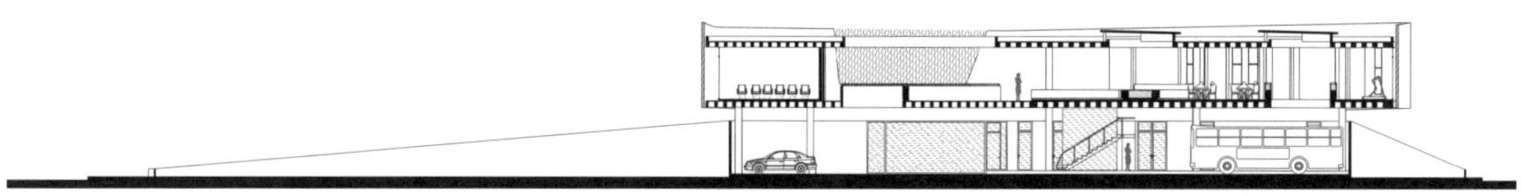

SECCIÓN **SECTION**

Los flujos y tiempos de operación son la base del diseño de la Estación de Bomberos Boca, que atiende la necesidad de disminuir los tiempos de respuesta a las emergencias terrestres y marítimas en la zona conurbada de Veracruz y Boca del Río. La estrategia principal del proyecto, ubicada en un predio irregular, es organizar las actividades. Se libera casi toda la planta baja para permitir las maniobras de los vehículos de servicio y se eleva una especie de caja programática, lo que provoca un patio abierto, que sirve de vestíbulo y da ventilación a las áreas de trabajo, descanso y espera. Una celosía prefabricada forma una envolvente a gran escala que matiza las condiciones de asoleamiento y ventilación. La propuesta retoma la idea del oasis urbano en un entorno heterogéneo, debido a sus características de escala y uso. La zona de operación y acceso es cubierta con un talud vegetal en todo el perímetro para crear una especie de parque inclinado que amortigua la escala del edificio respecto a la calle. Este gesto libera la planta superior y da lugar a un elemento suspendido, una embarcación que flota en medio del mar urbano.

Efficient flows and operating times are the basic desiderata of the design of the Boca Fire Station, which addresses the need to shorten response times to land and sea emergencies in the metropolitan area of Veracruz and Boca del Río. The principal strategy of the project, which is located on an irregular lot, is aimed at organizing the different activities involved. Almost the entire ground floor has been freed up to allow for the maneuvers of the service vehicles, above which a sort of programmatic box has been erected, generating an open patio that serves as a vestibule and provides plenty of ventilation to the work, rest, and waiting areas. A prefabricated latticework structure forms an enormous wrapper that also ventilates and provides protection from the sunlight. The design draws on the idea of the urban oasis in a heterogeneous environment, given its characteristics of scale and use. The operating zone and entrance are covered by a grassy mound that runs all around the perimeter, creating a sort of sloping park that mitigates the scale of the building vis-à-vis the street. This gesture frees up the upper level and gives way to the suspended element, a vessel floating in the middle of the urban sea.

EDIFICIO QUETZAL

CANO | VERA ARQUITECTURA

Proyecto arquitectónico **Architectural Design: CANO | VERA arquitectura | Juan Carlos Cano, Paloma Vera** Superficie construida **Constructed Surface Area: 1,650 m²** Fotografía **Photography: Camila Cossío** Lugar **Location: Ciudad de México** Año **Year: 2018**

SECCIÓN TRANSVERSAL **TRANSVERSAL SECTION**

La idea principal fue lograr un equilibrio entre las áreas abiertas y cerradas de los 12 departamentos. Las viviendas crecen visualmente hacia un jardín interior mediante ventanales y terrazas. Un desnivel muy pronunciado en la calle ayudó a mitigar el impacto de la fachada-cochera, los autos entran por la parte baja del terreno y los peatones por un nivel más alto, que relaciona la planta baja con la calle. Hay dos departamentos de dos pisos, cada uno con un espacio independiente en la azotea. Una de ellas tiene un patio privado en el nivel de los usos públicos. Otras viviendas tienen patios y salidas a la calle o al jardín. Todas siguen las premisas de diversidad espacial, flexibilidad y variedad de usos y usuarios. El edificio es un volumen sólido, de piedra caliza dorada, al que se le excavaron ventanas y terrazas, y al que se le incrustará la vegetación a lo largo del tiempo. Se integra al contexto por la altura y cierta referencia a la volumetría de las construcciones cercanas. Hacia el exterior, juega con su inserción urbana para crear una presencia notoria y a la vez discreta, pero su vocación es más introspectiva, concentrada en generar un pequeño paraíso doméstico.

The main idea was to achieve a balance between the closed and open areas of the twelve apartments, which grow visibly as they move to embrace an interior garden by means of large windows and terraces. The steeply sloping street helps to mitigate the impact of the garage-façade, as vehicles enter from the lowest part of the lot and pedestrians from higher up, so that the ground floor seems to be associated with street level. There are two two-storey apartments, each one with its independent rooftop space. One of the apartments has a private patio on the public area level. Others have patios and varied access to street or garden. All of the apartments offer spatial diversity, flexibility, and a variety of uses and users. The building is a solid volume of gold-tinged limestone from which windows and terraces seem to have been carved out and which will gradually be enveloped in greenery. It is integrated into its context by its height and by a certain affinity with the volumetric projection of the neighboring buildings. Toward the exterior, it plays with its insertion in the urban setting to generate a discreet but striking presence, though its true vocation is more introspective, concentrated on creating a modest domestic paradise.

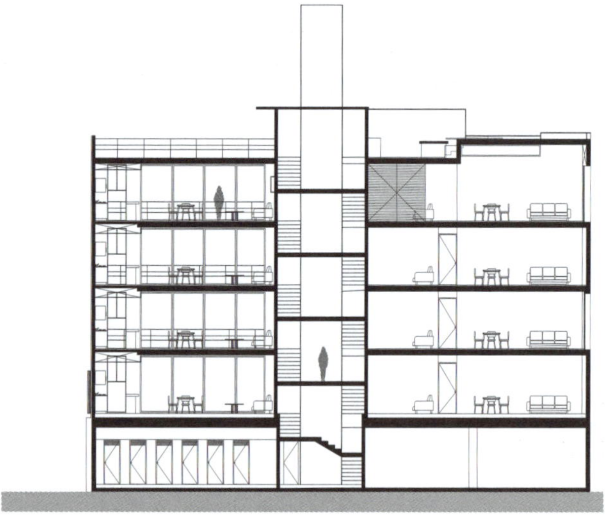

SECCIÓN LONGITUDINAL **LONGITUDINAL SECTION**

PLANTA BAJA **GROUND FLOOR PLAN**

MAR TIRRENO

FRIDA ESCOBEDO

Proyecto arquitectónico **Architectural Design: Frida Escobedo** Superficie construida **Constructed Surface Area: 1,700 m^2** Fotografía **Photography: Rafael Gamo** Lugar **Location: Ciudad de México** Año **Year: 2018**

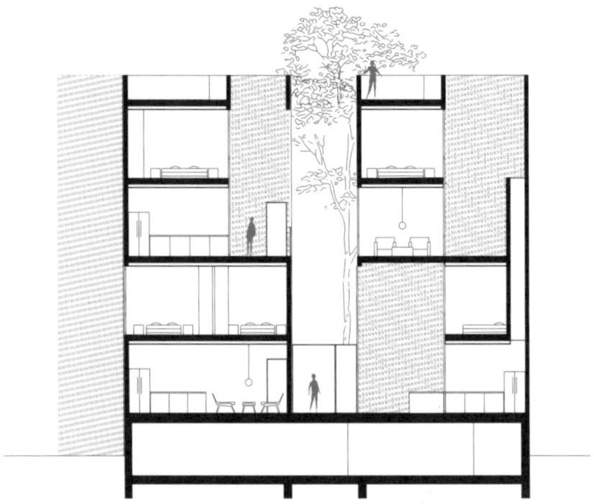

SECCIÓN TRANSVERSAL **TRANSVERSAL SECTION**

PRIMER NIVEL **FIRST LEVEL PLAN**

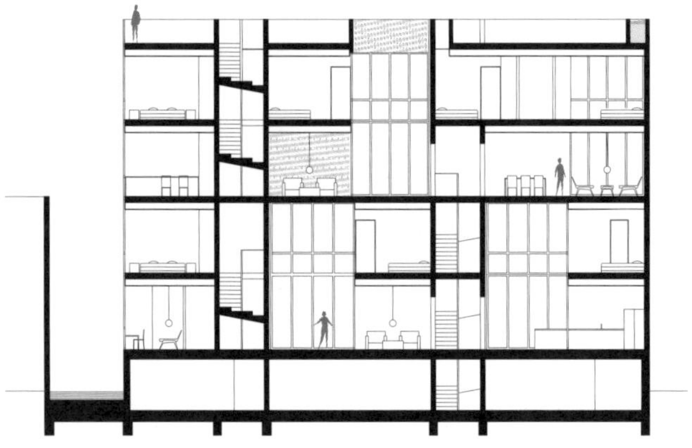

SECCIÓN LONGITUDINAL **LONGITUDINAL SECTION**

PLANTA BAJA **GROUND FLOOR PLAN**

En respuesta al proyecto típico de vivienda vertical basado en balcones estrechos e ineficaces como extensión de la vivienda, el proyecto los pliega hacia dentro en patios privados, para dar como resultado una serie de casas de patio verticales, que juegan con grados de intimidad con la celosía de la fachada. Los departamentos se entrelazan tanto en plan como en sección para lograr la mejor iluminación natural y privacidad. Esto produce un conjunto de casas individuales distintas, unificadas por la serie de patios privados y el corredor de entrada principal. La fachada de bloques de hormigón es como un velo que cubre y unifica, y hace las veces de celosía. El corredor de la entrada principal, que evoca las vecindades mexicanas, crea una zona de interacción para los habitantes del edificio. El conjunto funciona como la casa-patio tradicional, con la actividad concentrada en el interior, en lugar de hacia la calle, para lograr hogares íntimos e introspectivos.

In contrast to the typical vertical housing development, with narrow, inefficient balconies functioning as extensions of the living spaces, this project folds these spaces back in, onto private patios. The result is a series of houses with vertical patios, given varying degrees of intimacy by the latticework of the façade. The apartments are intertwined in terms of both plan and section, generating for both better natural light and greater privacy. This produces a group of distinct individual dwellings, unified by the series of private patios and the corridor running from the principal entrance. The façade of concrete blocks acts as a sort of veil that both covers and unifies, serving as a latticework. The corridor running from the main entry, which recalls the design of traditional Mexican urban housing, generates a zone of interaction for the residents of the building. The building functions as a traditional patio-house, with the activity concentrated in the interior, rather than on the streets around it, making for sheltered, introspective homes.

MERIDIES

MANADA ARCHITECTURAL BOUNDARIES

Proyecto arquitectónico **Architectural Design: MANADA Architectural Boundariess** Superficie construida **Constructed Surface Area: 1,700 m²** Fotografía **Photography: Jaime Navarro** Lugar **Location: Ciudad de México** Año **Year: 2018**

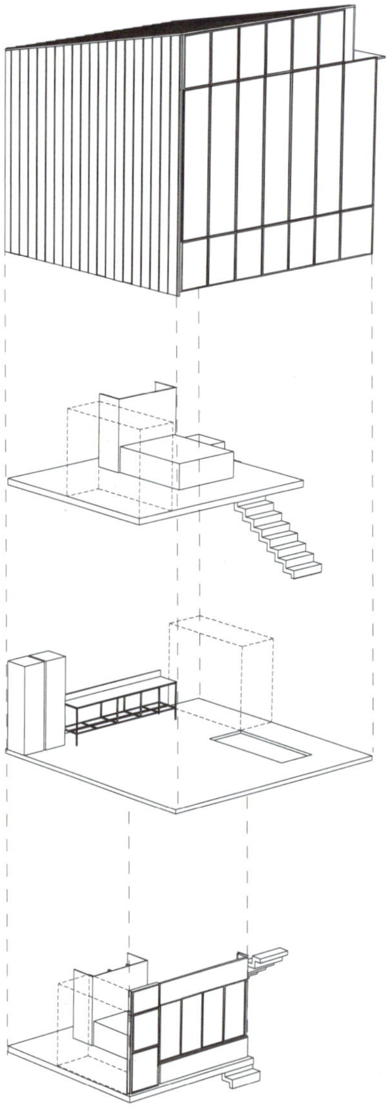

DEPARTAMENTO TIPO 1 **APARTMENT TYPE 1**

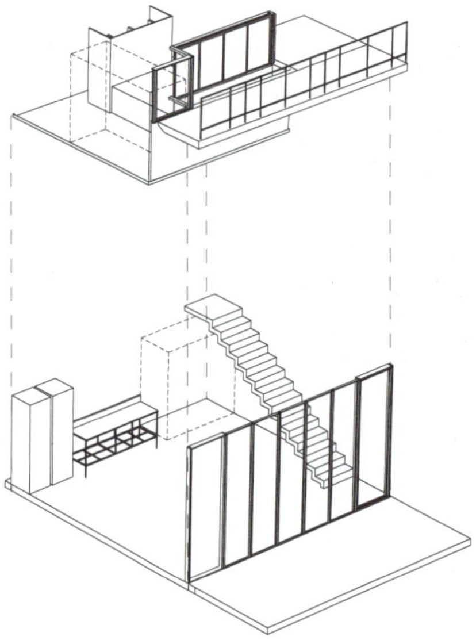

DEPARTAMENTO TIPO 2 **APARTMENT TYPE 2**

Se diseñó como una propiedad para el sistema de alojamiento de Airbnb, una tipología relativamente nueva en la ciudad. Primero se diseñaron y construyeron las particiones estructurales en concreto. Después se pensó en acabados, plomería y la ubicación exacta de las habitaciones. El sistema estructural se rige por un único pasillo que termina de manera abrupta en el límite trasero del terreno. Su dureza absoluta y claridad brutal se combina con la despreocupación intuitiva de resolver los detalles más adelante. La generosidad y presencia de un arquitecto son notorias en elementos como la solución arriesgada del desnivel, el ventanaje, la posición de los interruptores y los cortineros. Los materiales se colocan uno sobre otro, a veces sin lógica evidente, sin embargo, en armonía total. En eso reside la belleza de un proyecto arquitectónico que no se limita a construir y es más una actitud de diseño dispuesta a repensar y desafiar la metodología consecutiva de la disciplina, y a buscar fisuras y rupturas en el sistema, para dejar que la improvisación y la espontaneidad se infiltren en el proceso de construcción.

The building is conceived as a property for Airbnb rentals, a relatively new typology in the city. First the concrete structural partitions were designed and constructed, before any thought was given to the plumbing installations, finishes, or exact location of the rooms. The structural system consists of a single corridor that ends abruptly at the back of the lot. Its brutal clarity and hardness combine with an intuitive insouciance about resolving the details later on. The generosity and aplomb of an architect are well-known qualities when dealing with the risky questions of where to put windows, light switches, and steps. Materials are placed one on top of another, sometimes with no apparent logic, but in complete harmony. Therein resides the beauty of an architectural design not limited by the demands of construction: rather a design attitude, willing to rethink and challenge the consecutive methodology of the discipline, and to seek out fissures and ruptures in the system, in order to allow improvisation and spontaneity to filter into the construction process.

CENTRO DE DESARROLLO COMUNITARIO LOS CHOCOLATES

TALLER | MAURICIO ROCHA + GABRIELA CARRILLO

Proyecto arquitectónico **Architectural Design: TALLER | Mauricio Rocha + Gabriela Carrillo** Superficie construida **Constructed Surface Area: 1,763 m²** Fotografía **Photography: Jaime Navarro, Luis Gordoa** Lugar **Location: Cuernavaca, Morelos** Año **Year: 2018**

Se pensó en un edificio pérgola, que creara una sombra de buena altura para la planta baja y multiplicara el tamaño de los talleres. Se abrieron ventanales totales a las fachadas hacia el norte y se cerraron las que dan al sur para lograr una iluminación correcta y evitar el asoleamiento. Una muralla absorbe las diferencias topográficas en el exterior y aloja las áreas administrativas y la biblioteca, que conecta de manera visual con el oasis, el segundo gran vacío del proyecto. Esta etapa fue concebida como oposición del primer patio, un gran jardín en el que los árboles dan sombra y los muros colindantes funcionan como pantalla para proyectar cine de noche o desarrollar actividades recreativas y lúdicas. El espacio se cierra en su contexto, pero en su esquina se abre a la colonia para llenarla de actividades, talleres y eventos participativos. La inspiración para Los Chocolates fue la posibilidad de dotar a La Carolina de un lugar de uso múltiple, flexible y versátil, que respeta la memoria y reconoce las necesidades de la zona, el clima y su paisaje.

The idea of the design is a pergola building that will generate plenty of shade for the ground floor and expand the size of the existing workshops. Floor-to-ceiling windows open up the façade toward the north and close it to the south, ensuring adequate natural light but keeping the interior cool. A thick wall absorbs the topographical variations on the outside and contains the administrative areas and the library, which is connected visually with the oasis, the second major void of the design. This stage was conceived in contrast to the first patio, a large green area where trees provide shade and the adjacent walls function as a screen for nighttime cinema projections or delimit a space for play and recreational activities. The space closes up within its context, but on one corner it opens up to the surrounding neighborhood, offering activities, workshops, and participative events. The inspiration for Los Chocolates was the desire to provide La Carolina with a flexible, versatile, multiuse space that respects local memory while at the same time acknowledging the needs of the zone, its climate, and its landscape.

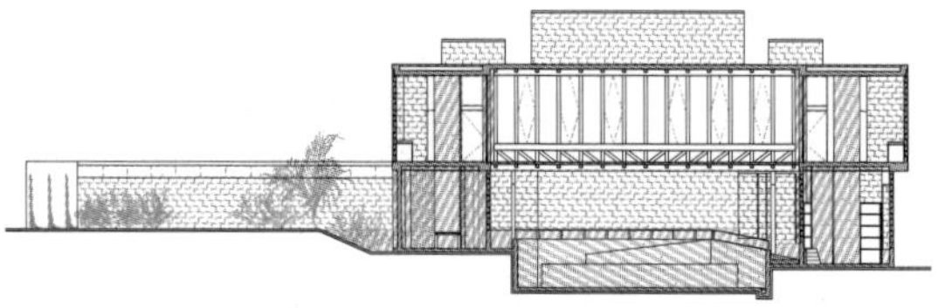

SECCIÓN A-A' **SECTION A-A'**

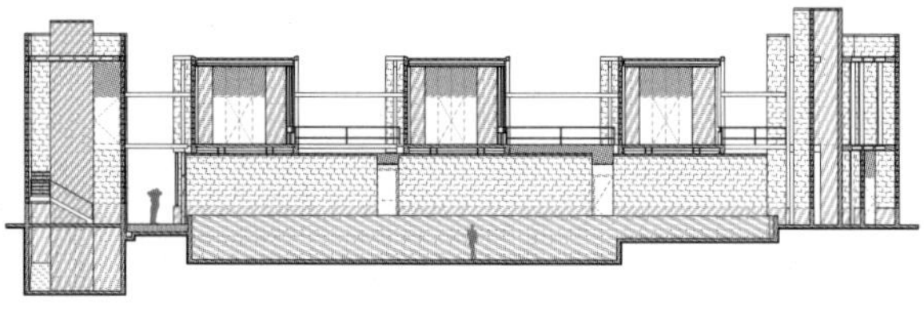

SECCIÓN B-B' **SECTION B-B'**

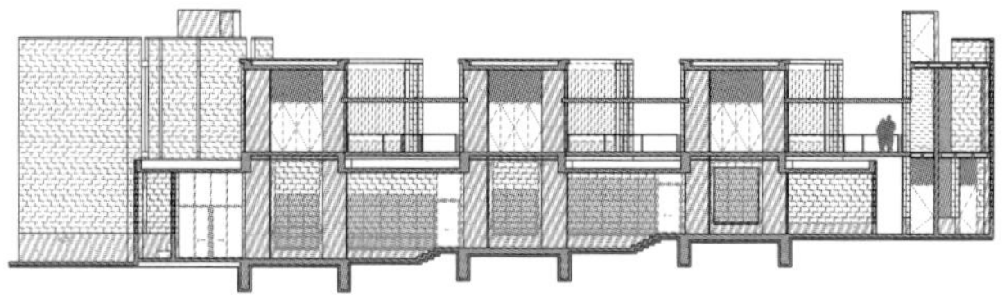

SECCIÓN C-C' **SECTION C-C'**

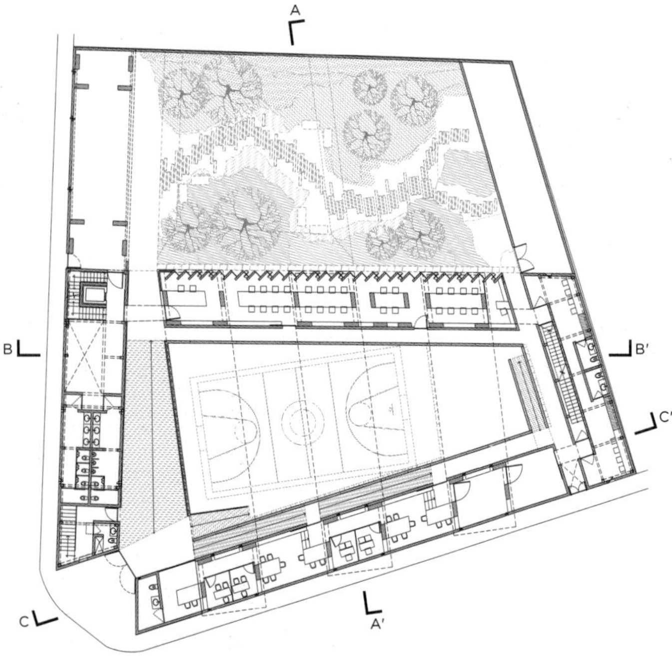

PLANTA BAJA **GROUND FLOOR PLAN**

PLANTA ALTA **UPPER LEVEL PLAN**

SKATEPARK PARQUE LA MEXICANA

ANÓNIMA

Proyecto arquitectónico **Architectural Design: Anónima | Erik Alfonso Carranza López, Sindy Martínez Lortia** Superficie construida **Constructed Surface Area: 2,100 m² ** Fotografía **Photography: Anónima, Grupo Danhos** Lugar **Location: Ciudad de México** Año **Year: 2017**

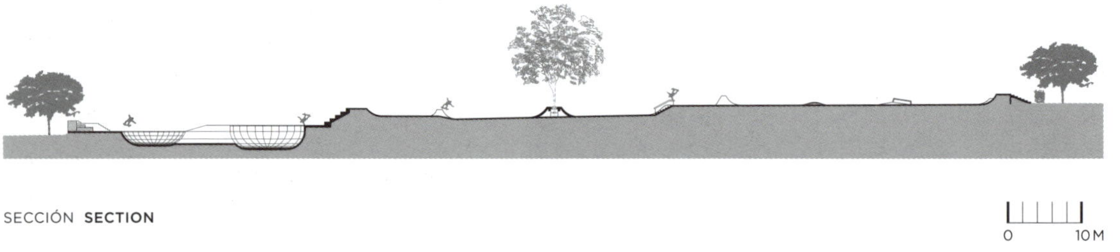

SECCIÓN **SECTION**

Es el primero en la Ciudad de México con área de *street* y *bowl*, certificado por la Street League Skateboarding para competencias internacionales. Se busca establecer un hito en el desarrollo de infraestructura deportiva para esta práctica espacial y encaminar a los patinadores mexicanos a los Juegos Olímpicos de Tokio 2020, en los que figurará por primera vez. El *skateboarding* tiene en común con la arquitectura de paisaje: la superficie, el terreno, el lugar; los materiales, concreto, acero, madera, y lo público del espacio, la calle, la banqueta, la contención de lo privado. La visión de ciudad de la arquitectura y el *skateboarding* es similar, tiene que gestionar, negociar y aprovechar el espacio. Un truco y un croquis son un proceso creativo, representaciones gráficas en tiempo y espacio, trabajan con datos básicos que se reinterpretan para generar algo, una línea, por ejemplo. El *skateboarding* es un dibujo, es la figura que utiliza la arquitectura como fondo. La ciudad se construye en el tiempo y el espacio, con el público. El *skatepark* es el resumen de 17 años de trabajo, de pensar y reflexionar sobre este deporte, el paisaje y la ciudad.

This is the first skate park in Mexico City with a street plaza and bowl certified by Street League Skateboarding for international competitions. The aim is to set a benchmark for the development of infrastructure for this activity and to put Mexican skateboarders on their way to the 2020 Olympic Games in Tokyo, where skateboarding will be included as a sport for the first time. The design of a skate park has much in common with landscape architecture: the surface, the terrain, the site; the materials (concrete, steel, and wood); and the public aspects of the space, such as the street, the sidewalk, and the containment of private space. The architect's and the skateboarder's vision of the city is similar: a space to be handled, negotiated, and made the most of. A trick and a sketch are both the result of a creative process: graphic representations in time and space. They both work with basic givens that are reinterpreted to generate something: a line, for example. Skateboarding is drawing, just as architecture uses background shapes. The city is constructed in time and space, with the public. This skate park sums up seventeen years of work, of thinking about and reflecting on this sport, the city, and landscape.

PARQUE FRESNILLO

ROZANA MONTIEL | ESTUDIO DE ARQUITECTURA + ALIN V. WALLACH

Proyecto arquitectónico **Architectural Design: Rozana Montiel | Estudio de Arquitectura + Alin V. Wallach** Superficie construida **Constructed Surface Area: 2,260 m²** Fotografía **Photography: Sandra Pereznieto, Jaime Navarro** Lugar **Location: Fresnillo, Zacatecas** Año **Year: 2017**

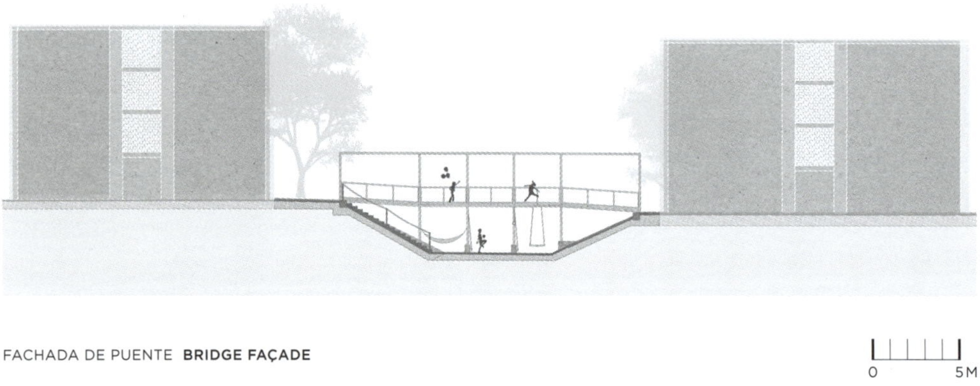

FACHADA DE PUENTE **BRIDGE FAÇADE**

Reciclamos un canal pavimentado de aguas negras bloqueado por un puente y lo transformamos en un patio de juegos dentro de una unidad habitacional en Fresnillo, Zacatecas. El resultado es una conexión accesible con juegos integrados y una explanada debajo, un lugar de reunión, habitable, con iluminación durante la noche. Reconstruimos las laderas del canal para que funcionaran como un área de descanso, un foro y un área de juegos con escaleras y toboganes. El puente, el piso y las pendientes están equipados con un programa multifuncional. El nuevo espacio mejoró la calidad de vida en el complejo de viviendas. Se cambió el color de los edificios y los residentes sintieron que se habían mudado, al mismo tiempo que estaban en casa. Reciclar la infraestructura existente transformó una cicatriz urbana en un horizonte atractivo: el paisaje urbano se convirtió en el programa.

A paved-over drainage canal, blocked by a bridge, has been recycled and transformed into a playground in this housing development in Fresnillo, Zacatecas. The result is an accessible connecting element, with integrated playground equipment and an esplanade below: a livable meeting place, with illumination at night. The banks of the canal have been reconstructed to function as a rest area, a small forum, and a play area, with slides and ladders. The bridge, the floor, and the slopes are equipped with a multifunctional program. The new space has improved the quality of life in the development. The color of the buildings has been changed, and residents feel as if they have moved, without having to leave their homes. The recycling of existing infrastructure has transformed an urban scar into an appealing prospect: the urban landscape itself was turned into the program.

TOLSÁ 61

CPDA ARQUITECTOS

Proyecto arquitectónico **Architectural Design: CPDA Arquitectos** Superficie construida **Constructed Surface Area: 2,500 m²** Fotografía **Photography: Jaime Navarro** Lugar **Location: Ciudad de México** Año **Year: 2017**

PLANTA TIPO 1 **TYPICAL 1 PLAN**

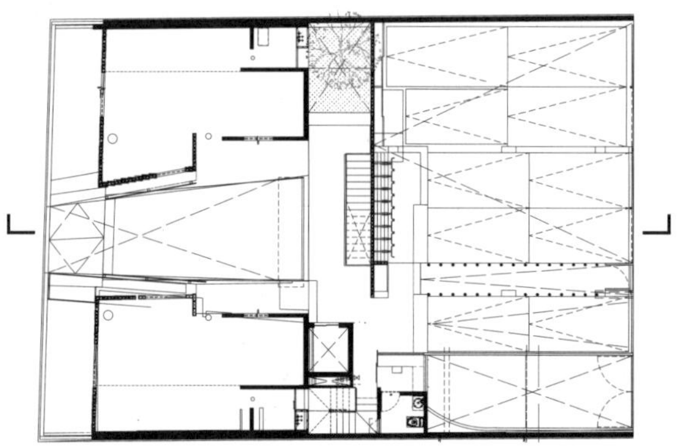

PLANTA BAJA **GROUND FLOOR PLAN** 0 5M

SECCIÓN **SECTION**

Se encuentra a un costado de la Biblioteca José Vasconcelos y la Plaza de la Ciudadela, en el Centro Histórico de la Ciudad de México. Inspirado en el modelo de vecindad porfiriana, con un patio longitudinal al centro, busca desafiar la vida de los apartamentos tradicionales con espacios que fomenten relaciones significativas. En los seis niveles se combinan varias tipologías de vivienda, de 40 a 70 m², que suman 25 unidades residenciales. El vestíbulo de acceso peatonal se conecta con el patio mediante una escalera. Cada estudio tiene un balcón, que genera amplitud del espacio y fluidez entre interior y exterior. Los árboles localizados en las terrazas protegen del asoleamiento la fachada principal orientada al sur, reciclan el aire y garantizan la privacidad. El frente es de tabique vidriado blanco, que reduce el costo de mantenimiento a futuro por la capa de esmalte que repele la degradación por suciedad e intemperie. En el interior, los muros son de tabique blanco, colocados como tejidos acabados encalados. Los pisos son de porcelanato tipo madera; las puertas, armarios y cocinas son de madera de OSB, y las baldosas de los baños son de porcelana blanca.

Located to one side of the Plaza de la Ciudadela and the Biblioteca José Vasconcelos, close to Mexico City's historic downtown, this apartment building, inspired by the rental housing constructions of the Porfirian era, with their long central patios, seeks to offer spaces that foster meaningful interrelationships, in contrast to the compartmentalized life of traditional apartment houses. Several different apartment typologies, ranging in size from 40 to 70 m², are combined over the six levels, which contain a total of twenty-five units. The pedestrian entrance lobby is connected to the patio by means of a stairway. Every studio has its own balcony, generating a feeling of spaciousness and of fluidity between inside and outside. The trees on the terraces protect the main façade, which looks south, from direct sunlight, while at the same time refreshing the air and guaranteeing privacy. The façade is of white glazed brick with a layer of enamel that provides protection from dirt and weathering. Inside, the walls are of white brick, with a finish of whitewash. The floors of are wood-style porcelain tiles, the doors, closets, and kitchen cupboards are of OSB, and the bathroom floors of white porcelain tiles.

VASCONCELOS 146

TALLER 6A

Proyecto arquitectónico **Architectural Design: Taller 6A | Alejandro Sánchez García** Superficie construida **Constructed Surface Area: 2,530 m²** Fotografía **Photography: Lorena Darquea** Lugar **Location: Ciudad de México** Año **Year: 2017**

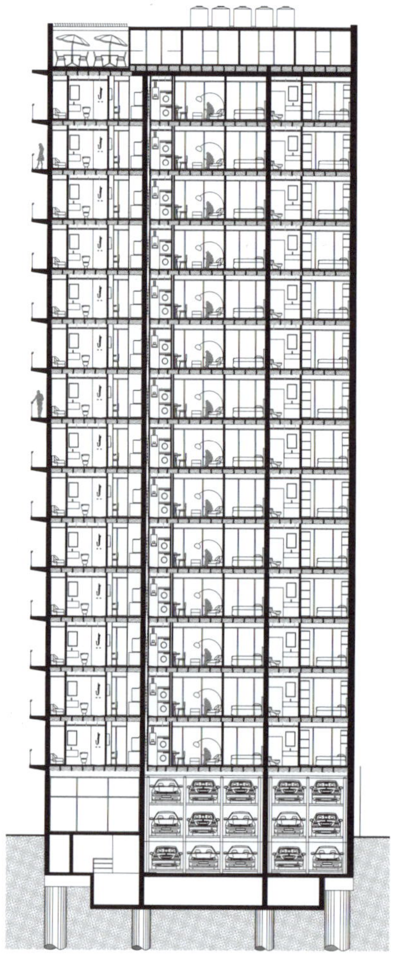

SECCIÓN LONGITUDINAL
LONGITUDINAL SECTION

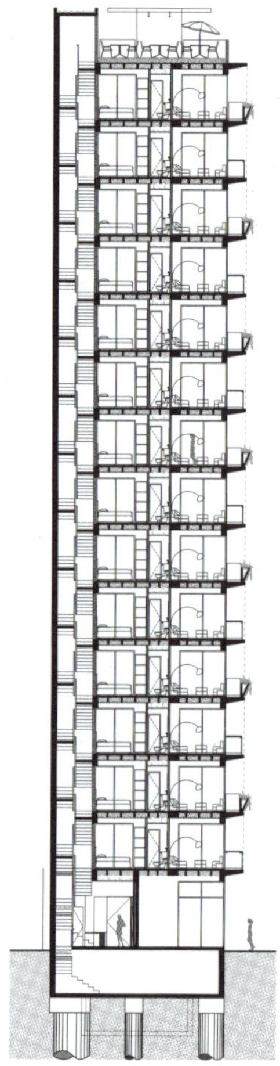

SECCIÓN TRANSVERSAL
TRANSVERSAL SECTION

En un predio en esquina de 200 m², al borde de la colonia Condesa, se levanta una torre de 15 niveles, con dos departamentos por piso de 65 y 40 m², estacionamiento y acceso en planta baja: 24 unidades en total, con una vista insuperable hacia el Castillo y el Bosque de Chapultepec, y al fondo casi toda la Ciudad de México. La estructura es de concreto armado a partir de muros y trabes, que se expresa en la fachada con un juego de balcones y jardineras. El edificio se distingue por su esbeltez y posición en el contexto urbano.

This fifteen-storey apartment tower is located on a corner lot measuring 200 m² on the edge of the Condesa neighborhood. There are two apartments per floor (65 m² and 40 m²), with parking and the entry on the ground floor: 24 units in all, with matchless views of Chapultepec Park and the castle, and almost all of Mexico City forming the backdrop. The structure is of reinforced concrete walls and beams, expressed on the façade as an interplay of balconies and planters. The building is characterized by its svelteness and its position in the urban context.

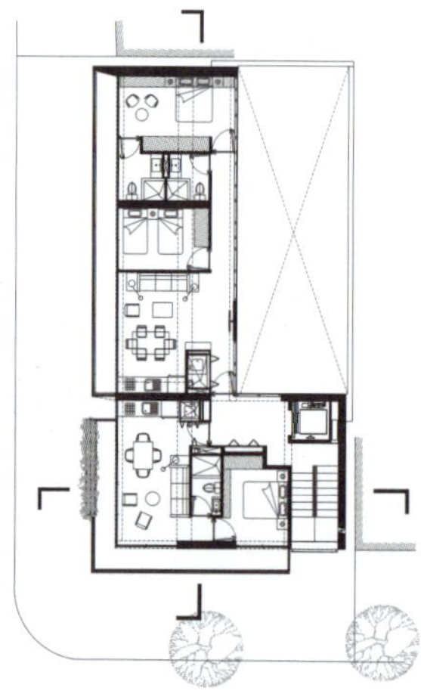

PLANTA TIPO 1
TYPICAL 1 PLAN

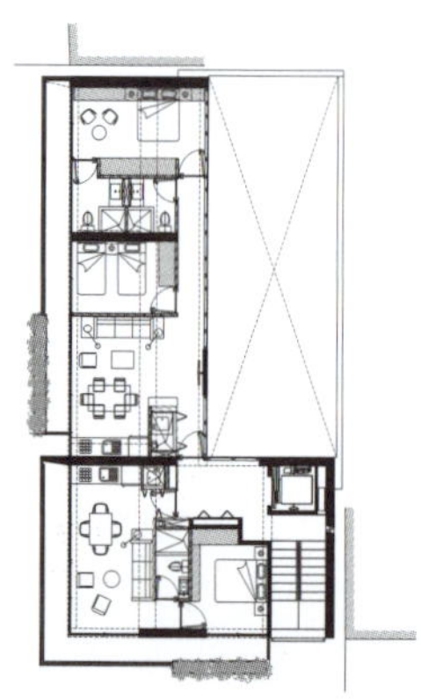

PLANTA TIPO 2
TYPICAL 2 PLAN

CASO DE ESTUDIO 58 (MATERIAL ART FAIR 2018)

APRDELESP

Proyecto arquitectónico **Architectural Design: APRDELESP | Guillermo González Ceballos, Rodrigo Escandón Cesarman, Ricardo Roxo Matias, Manuel Bueno Botello** Superficie construida **Constructed Surface Area: 2,600 m²** Fotografía **Photography: PJ Rountree** Lugar **Location: Ciudad de México** Año **Year: 2018**

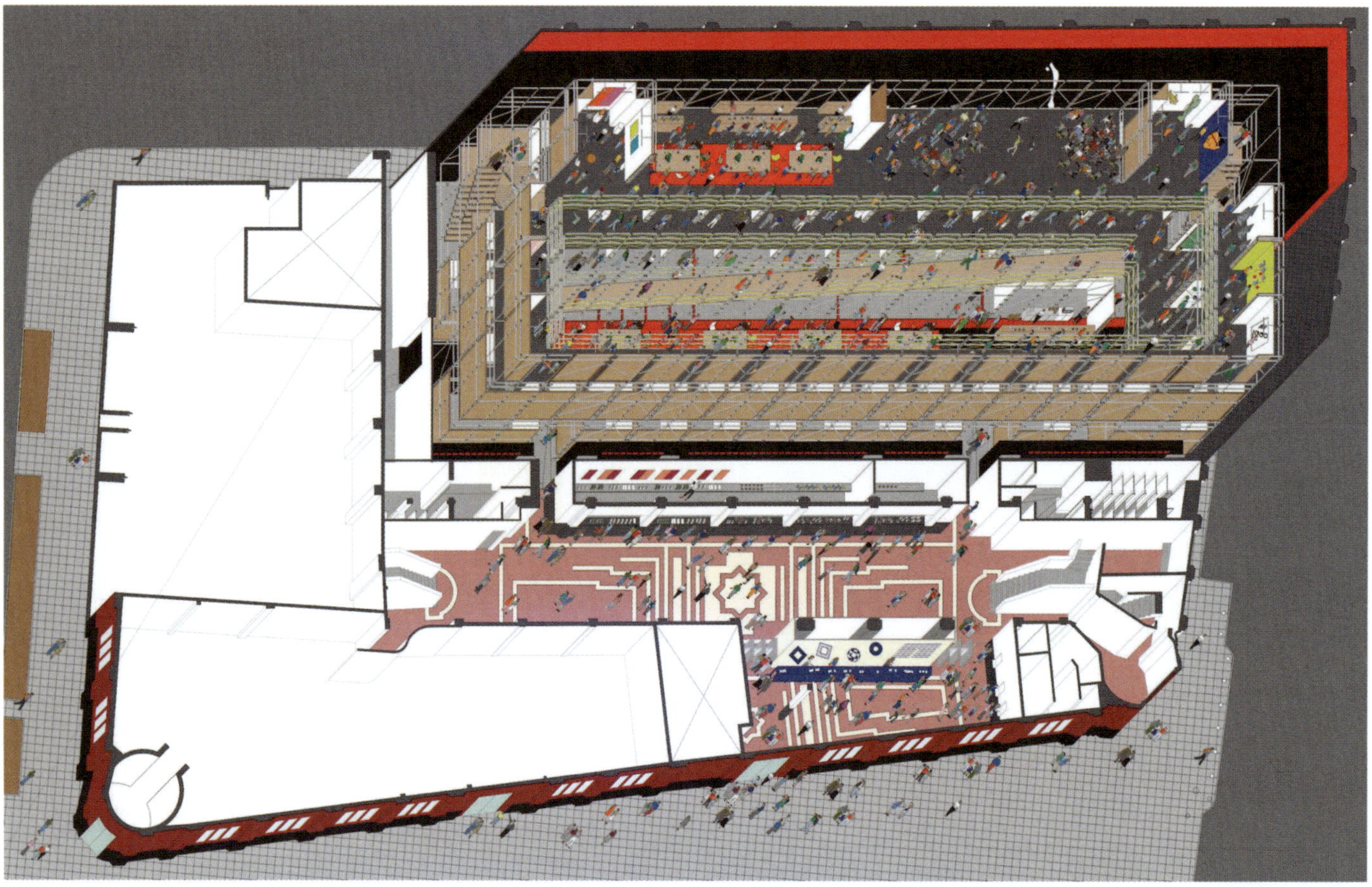

Feria de Arte Material 2018 fue la quinta edición de un evento anual de arte contemporáneo en la Ciudad de México. Este año, en colaboración con Fabien Cappello y Carla Valdivia, diseñamos un edificio de andamios de tres niveles que se construye y desmonta en la cancha de *jai alai* del Frontón México. La disposición alrededor de un patio central permite que los visitantes vean casi toda la feria desde cualquier punto, lo que elimina las jerarquías entre las galerías. La instalación era un mapa de sí misma: el edificio se convertía en su herramienta de comunicación sin un recorrido predeterminado. Este proceso iterativo, más común en el diseño de un automóvil, por ejemplo, que en el de un edificio, hace posible actualizar, modificar y perfeccionar el diseño. El proyecto también explora la diferencia entre trabajar en un terreno sin intervención y dentro de un edificio existente, no como categorías distintas, que radica sólo en la cantidad y características de los objetos que hay en cada sitio: la decisión de construir un edificio de tres pisos dentro de la cancha de *jai alai* es producto de concebir este contenedor como un terreno.

The Material Art Fair 2018 was the fifth edition of an annual contemporary art event in Mexico City. For the fair that year, we designed, in collaboration with Fabien Cappello and Carla Valdivia, a three-level scaffold structure that was set up and dismounted on the jai-alai court of Frontón México. The arrangement of the scaffolding around a central patio allowed visitors to see the entire fair from any point, eliminating all sense of hierarchy in the stands. The installation was a map of itself: the building was transformed into its communication tool without a predetermined route for a visit. This iterative process, more common in the design of an automobile, for example, than in that of a building, makes it possible to update, modify, and perfect the design. The project also explores the difference between working on a site that has not been intervened and inside a preexisting building, though not as distinct categories, which are determined solely by the quantity and characteristics of the objects existing in either site: the decision to construct a three-storey building on a jai-alai court is a result of conceiving this container as a site.

CASA AP

ELÍAS RIZO ARQUITECTOS

Proyecto arquitectónico **Architectural Design: ELÍAS RIZO ARQUITECTOS | Elías Rizo Suárez, Alejandro Rizo Suárez** Superficie construida **Constructed Surface Area: 2,748 m²** Fotografía **Photography: Onnis Luque, Fernanda Leonel de Cervantes** Lugar **Location: Zapopan, Jalisco** Año **Year: 2018**

Diseñada dentro de un fraccionamiento privado, para una familia joven, nace del diálogo con el cliente para resolver el programa de necesidades. El concepto se desarrolla a partir de un vestíbulo de ingreso en el que destaca un estanque lineal arbolado que dirige la vista al jardín, a la vez delimita y segrega el uso público del privado al asignar a cada uno un volumen lateral, con basamento de piedra de la región. El ala izquierda de la casa alberga el área privada. Las habitaciones se vinculan mediante una sala de estar de doble altura con un gran librero y entradas de luz. El ala derecha contiene el área social, incluye un segundo *family room*, cocina con ingreso secundario, sala, comedor, terraza y área de alberca. Una escalera lleva al sótano, donde se encuentra el estacionamiento, un estudio privado y el área de servicio. En la parte posterior y más accidentada de la propiedad, se concentran las funciones complementarias, como una cancha de *paddle* y una terraza para eventos, con cocina y baños independientes. Piedra, acero fondeado, madera y concreto constituyen el lenguaje plástico de la casa.

Designed for a young family living in a gated community, the house is the result of a dialogue with the clients aimed at addressing their specific needs. The design unfolds from an entrance vestibule with a linear tree-lined pool that directs the gaze toward the garden, both delimiting and segregating the public areas from the private ones, each sector contained in a lateral volume resting on a base of local stone. The left wing of the house contains the private areas. The bedrooms are articulated around a double-height family room lined with shelving for books and supplied with plenty of natural light. The right wing contains the social areas, including a second family room, a kitchen with a secondary entrance, a living room, a dining room, a terrace, and a swimming pool area. A stairway leads down to the basement level, where there is a private studio, a service area, and space for parking. Grouped at the back of the lot, where the terrain is more irregular, are some complementary functions such as a paddleball court and a terrace for social events, with independent kitchen and bathrooms. Stone, cast steel, wood, and concrete constitute the material language of the house.

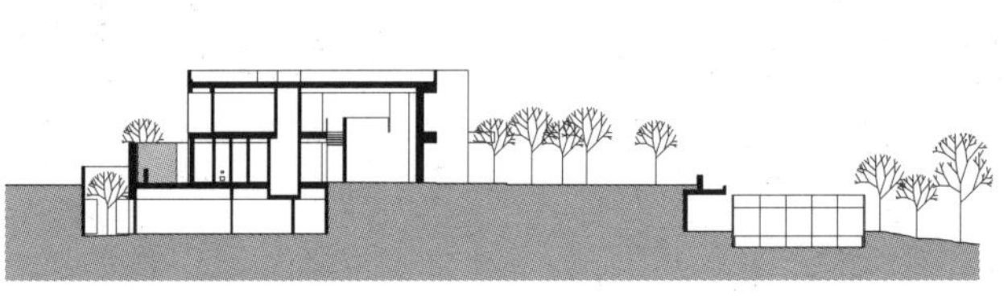

SECCIÓN **SECTION**

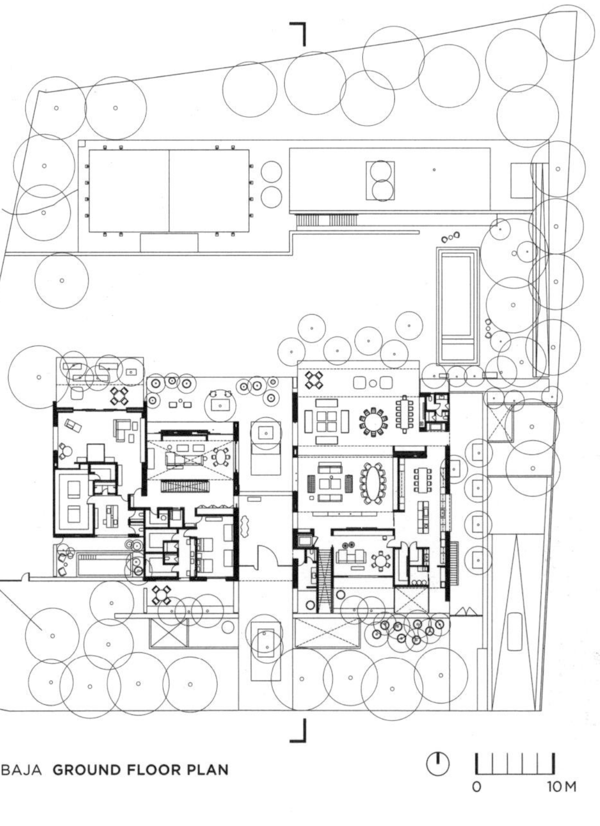

PLANTA BAJA **GROUND FLOOR PLAN**

CLUB DE MAR

128 ARQUITECTURA Y DISEÑO URBANO + KONTRAST

Proyecto arquitectónico **Architectural Design: 128 Arquitectura y Diseño Urbano + Kontrast | Fernando Tepichín, Alejandro Polo, Jorge Herrera** Superficie construida **Constructed Surface Area: 2,800 m²** Fotografía **Photography: Alejandro Gutiérrez** Lugar **Location: Acapulco, Guerrero** Año **Year: 2017**

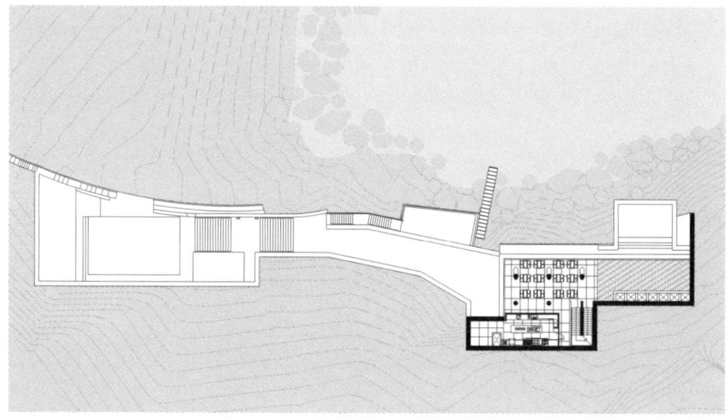

PLANTA NIVEL 1 **LEVEL 1 PLAN**

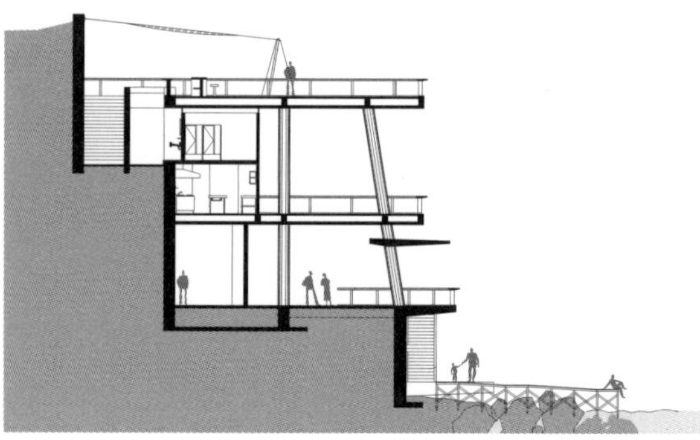

SECCIÓN **SECTION** — 0 5M

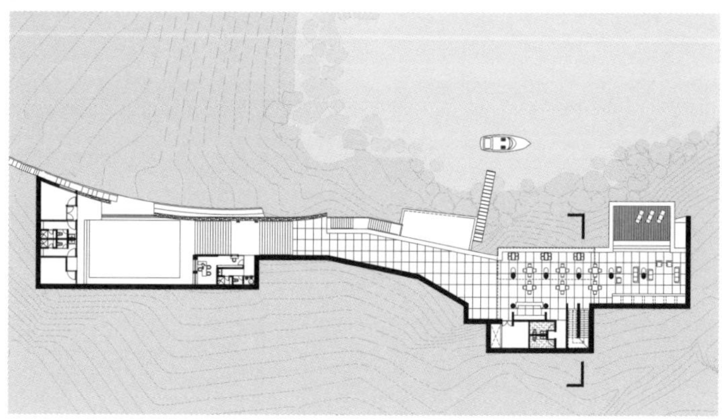

PLANTA BAJA **GROUND FLOOR PLAN** — 0 10M

Acapulco fue unos de los primeros puertos de México. De ahí partieron expediciones navales a Filipinas, Baja California y Perú. Durante la segunda mitad del siglo XX se convirtió en una de las mecas turísticas del *jet set* mundial. La bahía de Acapulco y la de Puerto Marqués conforman el frente hacia el Pacífico. El proyecto se ubica donde confluyen, en cabo Punta Marqués. El edificio recuerda una fortificación naval que se protege del viento y mantiene una visual integral del encuentro de la bahía con el océano, un baluarte abierto. La superficie de construcción es de 2,800 m², distribuidos en tres niveles, que albergan un *juice bar*, el restaurante y la terraza bar, agrupados con el asoleadero principal. La obra se adapta a las rocas monumentales y respeta los límites ambientales de ocupación, se tornea desde el andador de acceso hasta la terraza de la punta, rematada por la alberca *infinity*. El proyecto pretende contrarrestar el periodo difícil causado por la violencia por el que atraviesan los puertos del estado de Guerrero. El espíritu es revitalizar este sitio turístico.

Acapulco was one of the first ports in Mexico, from which naval expeditions to Lower California, the Philippines, and Peru used to depart. In the second half of the twentieth century it became a mecca of the global jet set. The Acapulco and Marqués bays form a front looking out over the Pacific. The project is located at Punta Marqués, the cape where the two bays meet. The building recalls a naval fortification, protected from the high winds and offering a panoramic vista of the encounter of the bays with the ocean: an open bulwark. The constructed surface area is 2,800 m², distributed over three levels, including a juice bar, the restaurant, and the terrace bar, grouped around the main sun deck. The project takes into account the imposing rocky landscape around it and respects the environmental limits of occupation, winding from the entrance walkway to the terrace at the farther point, and closing out with an infinity pool. In a spirit of seeking to revitalize this traditional tourist destination, the project is a response to the difficult period caused by the violence experienced in recent years in the port towns of the state of Guerrero.

MX581

HGR ARQUITECTOS

Proyecto arquitectónico **Architectural Design: HGR Arquitectos | Marcos Hagerman** Superficie construida **Constructed Surface Area: 3,149 m²** Fotografía **Photography: Diana Arnau** Lugar **Location: Ciudad de México** Año **Year: 2018**

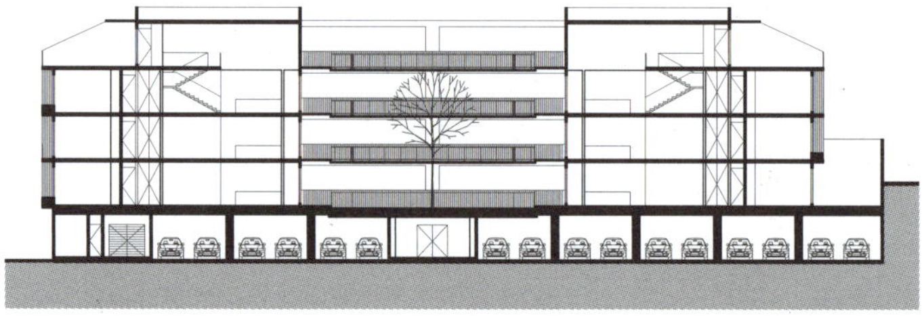

SECCIÓN **SECTION**

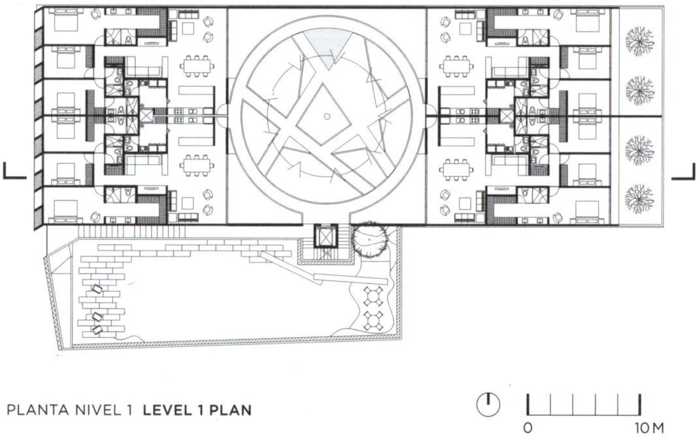

PLANTA NIVEL 1 **LEVEL 1 PLAN**

Es un edificio habitacional de tres niveles y 12 departamentos. Por el terreno en forma de L y para que el desplante fuera rectangular de oriente a poniente, se dejó un jardín lateral a 3 m sobre el nivel de la calle por el que acceden los peatones. Dos volúmenes, cada uno con seis departamentos de 150 a 212 m², se conectan por un patio central. Un *deck* circular de madera define los recorridos en cada nivel y genera terrazas triangulares, que se vinculan a las viviendas. Un muro de celosía prefabricada de concreto las separa de las colindancias y el jardín, y brinda ventilación cruzada. Un guayabo japonés de 9 m de altura se sembró en el centro del patio y alrededor se colocaron jardineras con bancas. En el sótano a nivel de calle están el estacionamiento y el *lobby*. El área común de cada departamento colinda con el patio central. Las zonas privadas dan hacia alguna de las fachadas de las calles que limitan el proyecto, con muros inclinados que proveen iluminación y privacidad. Dos unidades en planta baja tienen un patio que separa el edificio de la calle posterior. Los cuatro departamentos del último nivel cuentan con *roof garden* privado y doble altura en la estancia y el comedor.

This three-storey building, which contains twelve apartments, is constructed on an L-shaped lot. Owing to the east-west rectangular orientation, it was possible to leave a lateral garden area three meters above street level as a pedestrian entrance. The two volumes, each one containing six apartments and 212 m² of surface area, are connected by means of a central patio. A circular wooden deck defines the circulations on each level, generating triangular terraces that are connected to the apartments. A prefabricated concrete latticework wall separates the garden area from the surrounding properties and provides plenty of cross ventilation. A Japanese guava tree, nine meters high, has been planted in the middle of the patio, surrounded by planters and benches. The parking area and a lobby are located in the basement, which is actually at street level. The common area of each apartment borders on the central patio. The private zones all give onto one of the façades along the streets that delimit the project, with their slanting walls, which provide both natural light and privacy. Two units on the ground floor have a patio that separates the building from the street at the back. The four apartments on the top level have a private roof garden and double-height living and dining rooms.

NOVASEM

ATELIER ARS

Proyecto arquitectónico **Architectural Design: ATELIER ARS | Alejandro Guerrero, Andrea Soto** Superficie construida **Constructed Surface Area: 3,500 m²** Fotografía **Photography: César Béjar** Lugar **Location: Acatlán de Juárez, Jalisco** Año **Year: 2017**

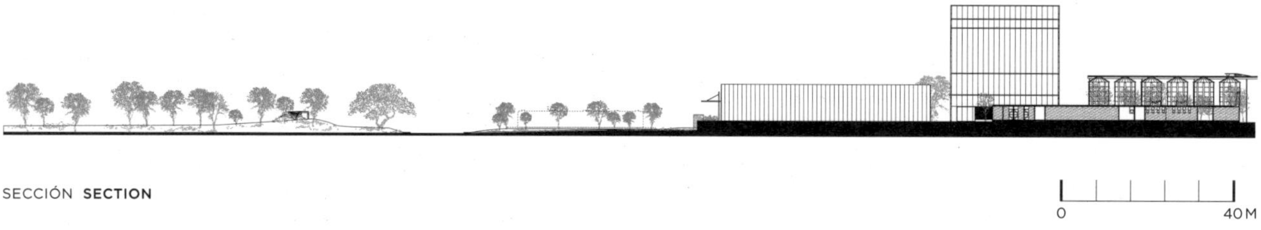

SECCIÓN **SECTION**

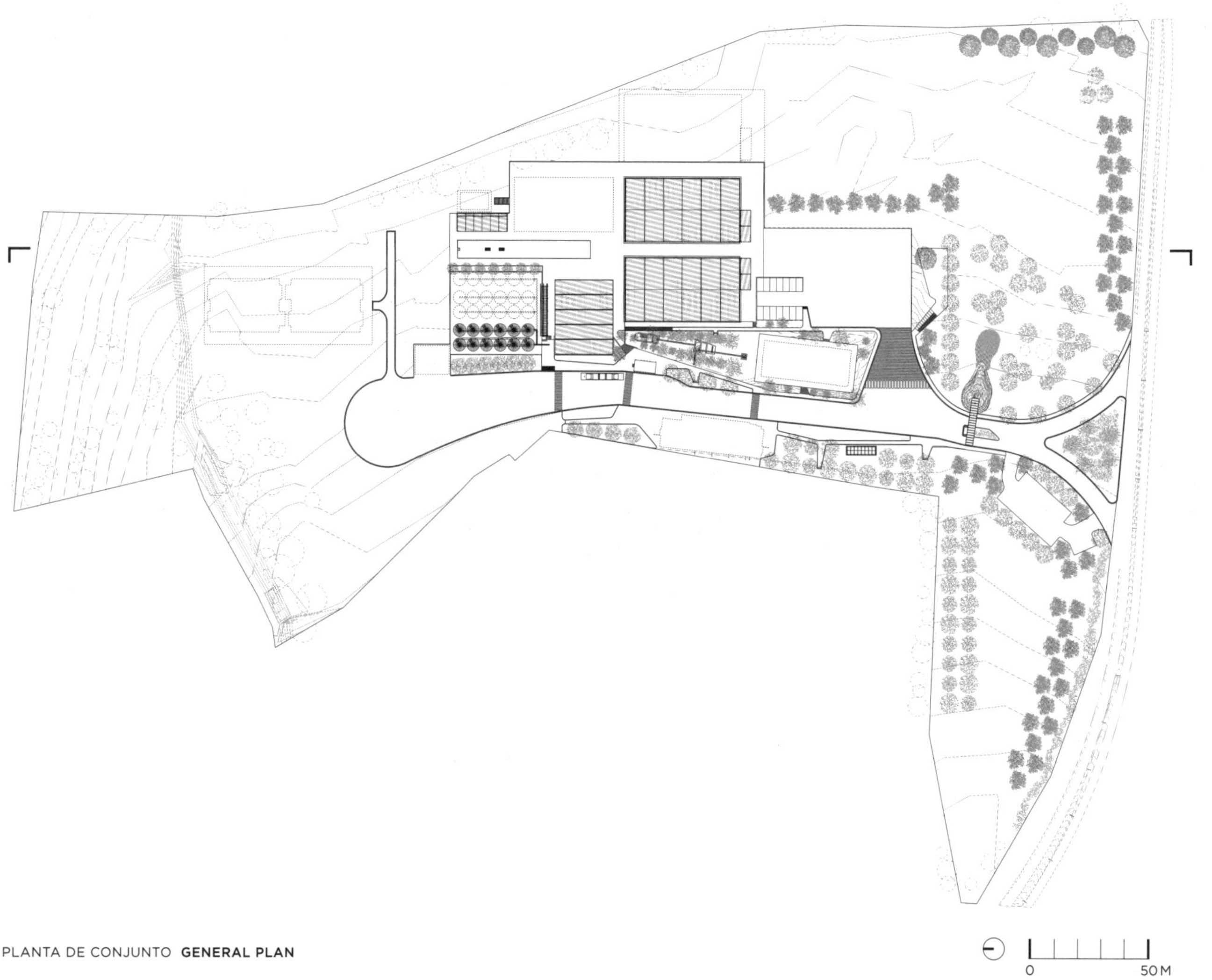

PLANTA DE CONJUNTO **GENERAL PLAN**

Se trata del desarrollo de un campus industrial para una empresa productora y comercializadora de granos de maíz. El terreno de 8 ha se localiza en un entorno extraurbano. Su tamaño nos hizo entender el proyecto como un paisaje en una zona con actividad agrícola históricamente importante. Una vez resuelta la organización de los edificios, se procuró que el emplazamiento estableciera relaciones memorables con el paisaje inmediato y lejano. Se creó una serie de plataformas que siguen la topografía para dividir las áreas vehiculares de las peatonales y el tipo de actividades. Era importante separar las labores en edificios independientes porque el proyecto se ejecutará por etapas. En la primera se construirán las estructuras para almacenaje, torre de producción, laboratorio, un memorial y el ingreso al campus. En la segunda etapa se erigirán oficinas, dos plantas de secado de maíz y un edificio de viviendas temporales, comedor y aseos para los empleados.

This industrial park has been designed for a company and produces and markets corn in the form of kernels. The eight-hectare lot is located outside of the city. The size of the complex made it natural for it to be conceived as a landscaping project in a zone where agriculture has traditionally been an important activity. Once the organization of the buildings was determined, the objective was to generate striking relations with the adjacent and more distant surroundings through their placement in the landscape. A series of platforms, which follow the nature of the topography, divides vehicular areas from pedestrian ones and organizes the project in accordance with type of activity. It was important to put different activities in separate buildings, since the project is to be executed in stages. The first stage consists of storage facilities, a production tower, a laboratory, a memorial, and an entrance to the complex. The second stage consists of offices, two corn-drying plants, and a building that contains temporary housing, a dining area, and restrooms for the employees.

CLUB DE NIÑOS Y NIÑAS

CCA | CENTRO DE COLABORACIÓN ARQUITECTÓNICA

Proyecto arquitectónico **Architectural Design: CCA | Centro de Colaboración Arquitectónica** Superficie construida **Constructed Surface Area: 3,500 m²** Fotografía **Photography: Jaime Navarro, Onnis Luque** Lugar **Location: Ecatepec, Estado de México** Año **Year: 2018**

La fundación brinda un espacio sano y seguro a niños y jóvenes en situación de riesgo, entre 6 y 18 años de edad, con actividades extracurriculares formativas, artísticas y recreativas. Se buscó una locación dentro de un polígono de prevención delictiva contemplado por la Subsecretaría de Gobernación. Se hizo una investigación profunda para comprender los problemas y las limitaciones de la zona. Se puso atención especial en la relación fallida entre el crecimiento de la ciudad y el bienestar de la comunidad, y en la urbanización masiva de las zonas de escasos recursos que no poseen las condiciones para generar el desarrollo sano de sus habitantes, en particular de niños y jóvenes. El campus Tecámac cuenta con tres edificios principales: el primero con aulas, biblioteca y espacios administrativos; otro para actividades como danza, artes marciales, artes escénicas y exhibición de artes visuales, y uno más con un gimnasio techado, equipado para actividades físicas. Los une un pasillo que representa la idea de la educación como columna vertebral del desarrollo de la sociedad, compuesto por 24 arcos que representan cada una de las vértebras humanas.

The foundation offers a safe, healthy space for children and young people (from six to eighteen years old) in situation of risk, providing a range of formative artistic and recreational activities. The location for the club was selected from among options within a polygon of crime prevention defined by a department of the Interior Ministry. A thorough study was made of the problems and limitations of the zone, with special attention paid to the failed relationship between urban growth and community welfare and to processes of mass urbanization of low-income zones, which do not have the resources to foster the healthy development of their residents, and particularly of children and young people. The Tecámac campus has three main buildings: one with classrooms, a library, and administrative spaces; another for activities such as dance, martial arts, performing arts, and exhibitions; and a roofed gymnasium for physical activities. They are joined by a corridor that embodies the idea of education as the spinal column of the development of society, composed of twenty-four arches that that represent each one of the human vertebrae.

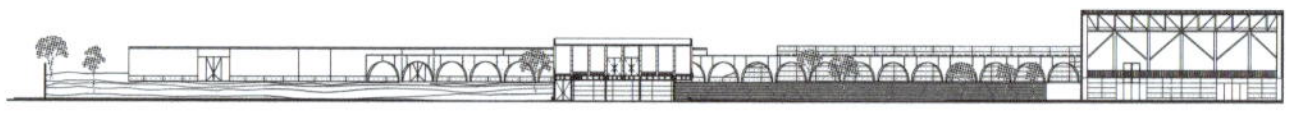

SECCIÓN **SECTION**

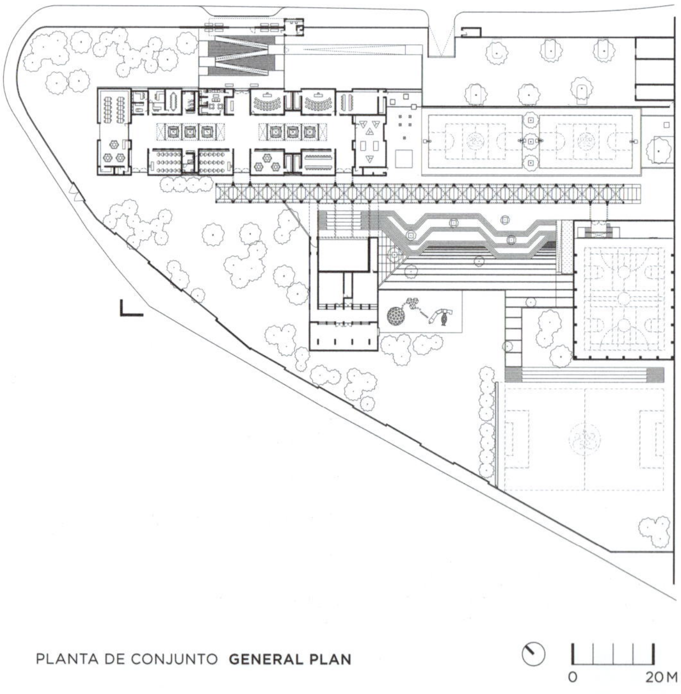

PLANTA DE CONJUNTO **GENERAL PLAN**

RANCHO CEBÚ

ROOTSTUDIO

Proyecto arquitectónico **Architectural Design: Rootstudio** Superficie construida **Constructed Surface Area: 3,500 m²** Fotografía **Photography: Joao Boto Caeiro, HS Fotografía** Lugar **Location: Tlacolula de Matamoros, Oaxaca** Año **Year: 2017**

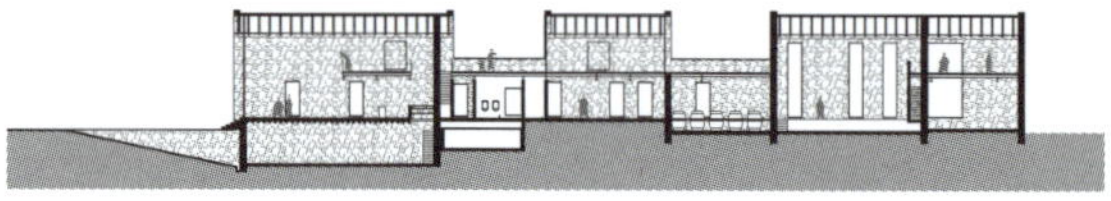

SECCIÓN **SECTION**

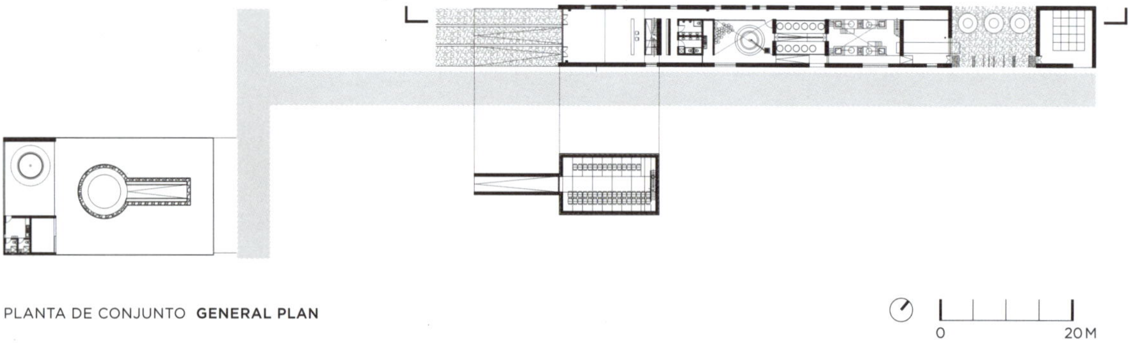

PLANTA DE CONJUNTO **GENERAL PLAN**

Se localiza en Tlacolula de Matamoros, en 10 ha de los valles centrales de Oaxaca. Se eligieron materiales naturales, como piedra, madera, bambú y barro cocido, y procesos vernáculos que dialogaran con materiales industriales, como concreto y acero. Se redujo al máximo el impacto ambiental, desde la construcción hasta la producción de mezcal, mediante la captación de agua pluvial, el tratamiento de vinazas con biodigestores y energía solar. El sistema de bóvedas del horno permite controlar el calor y ahorrar hasta 50% de leña. Con muros de 70 cm de cantera labrada a mano se obtiene control térmico. La construcción de 3,500 m² se distribuye en tres niveles. El sótano alberga la cava de añejamiento. El piso 0 aloja recepción, *lobby*, biblioteca de mezcales y proceso de producción. El recorrido por la destilería es museográfico y didáctico. Afuera está el jardín de cactáceas endémicas de Oaxaca, rescatadas de la construcción de una carretera a 30 km. Un tanque elevado de 75 toneladas enmarca el paisaje. Una greca zapoteca envuelta en agua se alinea con el pozo del terreno y el depósito de agua de Tlacolula para indicar que el líquido los une.

Located in Tlacolula de Matamoros, on a ten-hectare property in one of the central valleys of Oaxaca, the project uses natural materials, such as stone, wood, bamboo, and fired clay, along with vernacular processes, in a dialogue with industrial materials such as concrete and steel. The environmental impact of the project has been reduced to a minimum, from the actual construction stage to the ensuing mezcal production (for which rainwater is collected), including the treatment of the vinasse with biodigesters and solar energy. The system of the vaulted oven makes it possible to control the heat and save up to 50% of the firewood consumed. Additional thermal control is provided by the 70-centimeter-thick walls of hand-quarried stone. The 3,500 m² of constructed surface area are distributed over three levels. The basement level contains the cellar for aging the mezcal. The ground floor is occupied by the reception area, lobby, mezcal library, and production process area. Just walking through the distillery is an educational experience, as in a museum. Outside is the cactus garden, with species endemic to Oaxaca, some of them salvaged from the construction of a highway thirty kilometers away. A raised 75-ton tank stands out in the landscape. A Zapotec decorative element surrounded by water is aligned with the well on the property and the Tlacolula reservoir, in an image of how the same liquid unites them all.

TEMPLO

CHEREM ARQUITECTOS

Proyecto arquitectónico **Architectural Design: Cherem Arquitectos | Abraham Cherem, José Antonio Aguilar** Iluminación **Lighting Design: artec3 Studio** Superficie construida **Constructed Surface Area: 4,110 m²** Fotografía **Photography: Enrique Macías, Jaime Navarro** Lugar **Location: Huixquilucán, Estado de México** Año **Year: 2017**

Ubicado en Lomas del Chamizal, Huixquilucan, el Templo aparece en una estrecha avenida como un bloque sólido e introvertido de 30 × 20 × 19 m. Su partido arquitectónico nace con la intención de contener todos los espacios necesarios en un bloque de mármol y acero. Dentro de esta envolvente hay varias cajas de madera de menor escala que generan espacios de doble altura. El sistema estructural consta de acero, columnas y losas de concreto. A lo largo del edificio predomina el uso de materiales nobles y aparentes, como la madera y la piedra. Cada uno de los cuatro niveles cumple una función específica respecto al que le sucede.

Located in Lomas del Chamizal, Huixquilucan, the church stands on a narrow avenue: a solid, introverted block measuring 20 × 20 × 19 meters. The design seeks to contain all the necessary spaces within a block of marble and steel. Within this envelope there are several layers of wood, on a lesser scale, which generate double-height spaces. The structural system is of steel, concrete columns, and concrete floor slabs. The use of noble, exposed materials, such as wood and stone, is the keynote. Each one of the four levels performs a specific function that differs from all the others.

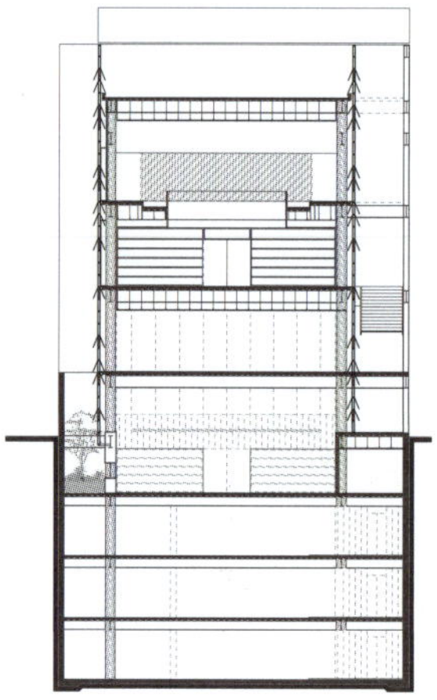

SECCIÓN **SECTION**

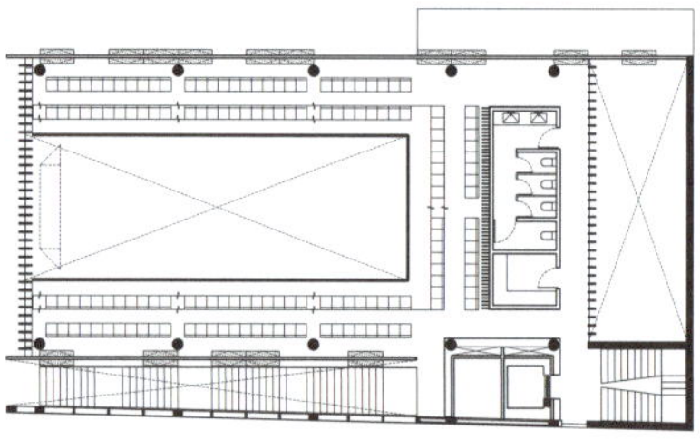

PLANTA NIVEL 3 **LEVEL 3 PLAN**

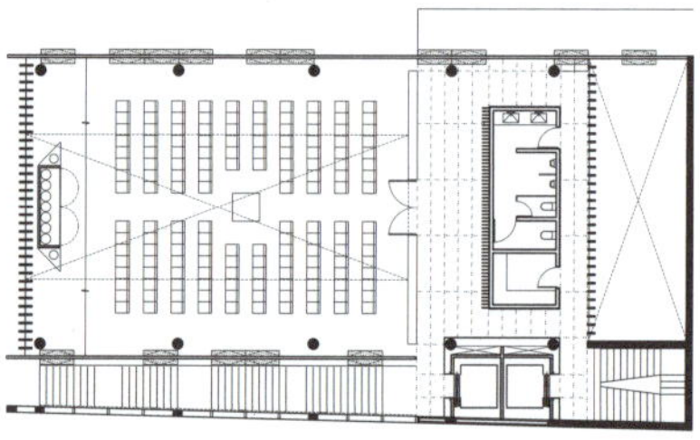

PLANTA NIVEL 2 **LEVEL 2 PLAN**

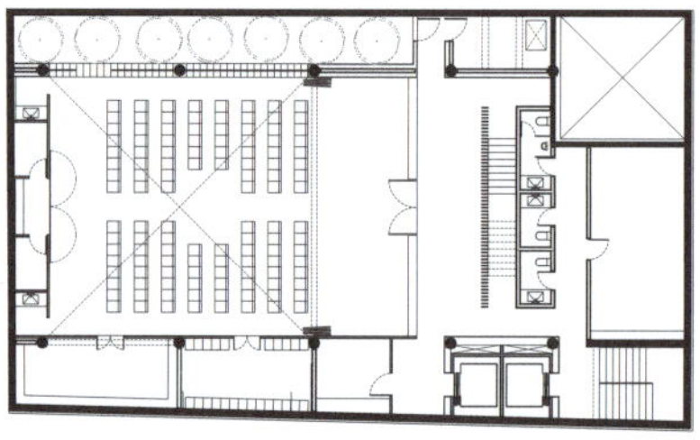

PLANTA NIVEL 1 **LEVEL 1 PLAN**

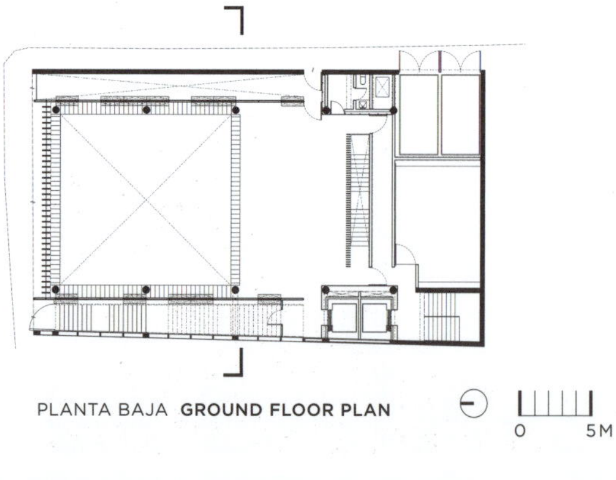

PLANTA BAJA **GROUND FLOOR PLAN**

HOMERO 1205 - GOLDSMITH 306

GRUPO ARQUITECH | JUAN JOSÉ SÁNCHEZ-AEDO L.
+ MIQUEL ADRIÀ

Proyecto arquitectónico **Architectural Design: GRUPO ARQUITECH | Juan José Sánchez-Aedo L. + Miquel Adrià** Superficie construida **Constructed Surface Area: 4,329 m²** Fotografía **Photography: Jaime Navarro** Lugar **Location: Ciudad de México** Año **Year: 2018**

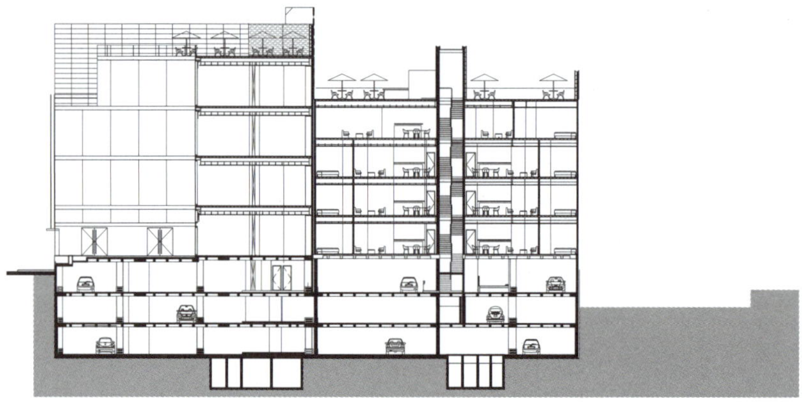

SECCIÓN A-A' **SECTION A-A'**

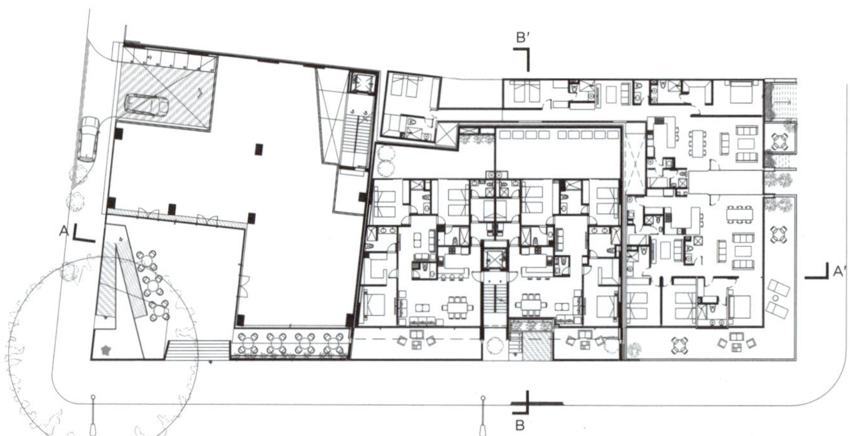

PLANTA BAJA **GROUND FLOOR PLAN**

El conjunto ofrece un concepto residencial con un componente de oficinas y comercio. Homero 1205 Work ocupa la esquina de las calles de Molière y Homero, donde se forma una plaza elevada con un magnífico árbol preexistente, antesala para una planta baja comercial de 370 m² con terrazas al aire libre. Tres plantas diáfanas ofrecen en suma 1,200 m² de oficinas, con un *roof garden* de 300 m². Homero 1205 Live, orientado al sur, y Goldsmith 306, hacia el este, tienen seis departamentos cada uno, dos por nivel, y un *penthouse*. En las fachadas están las salas, comedores y recámaras principales. El edificio se remete para ganar privacidad y ofrecer terrazas a los departamentos del primer nivel. Un muro bajo de concreto macizo actúa como basamento y da unidad al conjunto. En las plantas superiores, la fachada se organiza por la horizontalidad de las entrecalles metálicas en balcones, combinada con la verticalidad de los muros de las escaleras y colindancias, forrados con cerámica técnica. En el edificio de oficinas, dos placas perforadas por grandes ventanales protegen a sus ocupantes de la radiación directa y las molestias de la calle. Sus fachadas a la plaza elevada son de cristal.

The complex offers a residential concept with a component of offices and commercial spaces. Homero 1205 Work is located at the corner of Molière and Homero, where a raised plaza spreads out around a magnificent preexisting tree, leading into a commercial ground floor measuring 370 m², with open-air terraces. Three diaphanous floors provide 1,200 m² of office space, with a roof garden measuring 300 m² above them. Homero 1205 Live, oriented southward, and Goldsmith 306, which looks east, have six apartments each, two per floor, and a penthouse. The living rooms, dining rooms, and master bedrooms are distributed along the façades. The building is set back to generate privacy and to provide the ground-floor apartments with terraces. A thick, low concrete wall acts as a base and lends unity to the complex. On the upper floors, the façade is characterized by the horizontal lines of the metallic balcony frames, combined with the verticality of the walls of the circulation cores and the neighboring buildings, clad in technical ceramics. In the office building, two surfaces perforated by large windows protect the occupants from the direct sunlight and street noise. The façades overlooking the plaza are of glass.

SANTA CLARA
DENTIMEX

FERIA INTERNACIONAL DE LAS CULTURAS AMIGAS 2018

TO

Proyecto arquitectónico **Architectural Design: TO | José G. Amozurrutia, Carlos Facio** Superficie construida **Constructed Surface Area: 5,300 m²** Fotografía **Photography: Rafael Gamo, Onnis Luque** Lugar **Location: Ciudad de México** Año **Year: 2018**

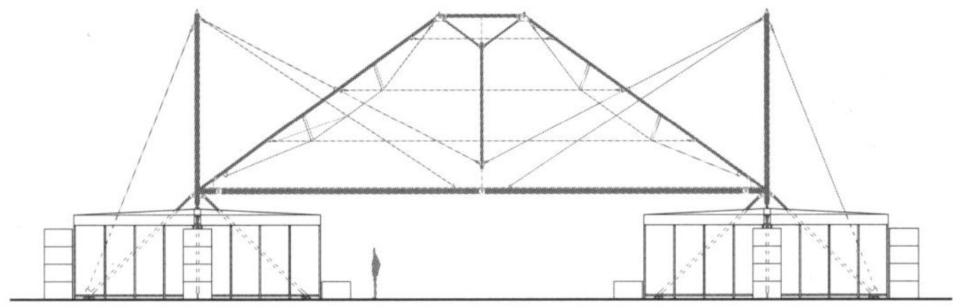

SECCIÓN **SECTION**

0 5M

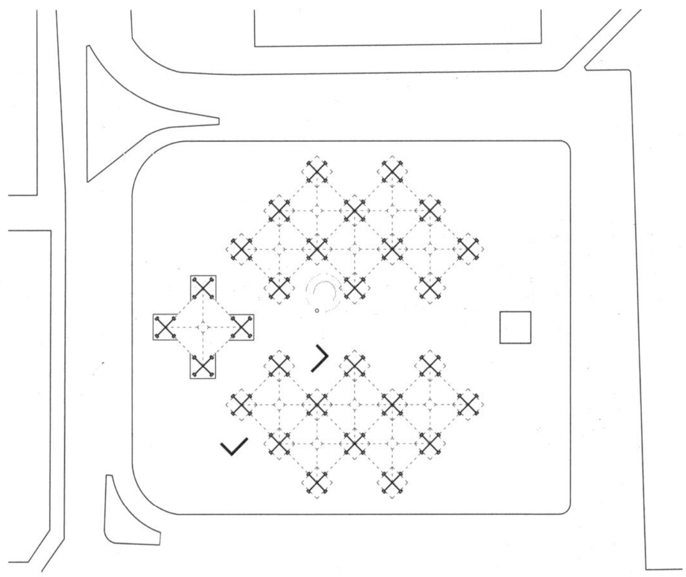

PLANTA **PLAN**

0 50M

Once cubiertas de 400 m², de estructura metálica, cables y mallasombra color tezontle, albergaron cada una cuatro módulos para cuatro *stands* de 4 × 4 m, con corredores de 12 m de ancho entre ellos. Es un sistema modular fácil de montar, aliado del viento y la lluvia, que aporta sombra y disipa el calor. Los retos que enfrentamos fueron las multitudes, el sol intenso, la economía de recursos, el montaje ágil y el diálogo con un espacio de gran escala e historia. El proyecto nació unas semanas después de los sismos de septiembre de 2017, con la intención de promover la reutilización de recursos. Partimos de tres ideas: enfatizar el papel del individuo que adquiere fuerza en colectivo, atender los flujos multitudinarios y responder a la naturaleza efímera del pabellón. Nos remitimos al origen de nuestro territorio, un centro urbano con calzadas, plazas y templos. La *tensegrity* economizó recursos: por primera vez en la historia de la feria los elementos se fabricaron, no se rentaron, y se donaron para fines sociales. Una cubierta ya se instaló en la Fábrica de Artes y Oficios de Tláhuac, donde se usa para proyectar cine, hacer torneos de ajedrez, dar clases de baile y talleres.

Each one of the eleven 400-square-meters roofs, with metallic structures, cables, and *tezontle*-colored sunlight-protection mesh, shelters four modules for 4-×-4-meter stands, with aisles twelve meters wide running between them. It is a modular system that is easy to set up, an ally to the wind and the rain, providing shade and dissipating the heat. The challenges were the crowds, the intense sunlight, the limited resources, the question of easy setup, and the dialogue to be established with a space conceived on a large scale and endowed with a great deal of history. The project originated a few weeks after the September 2017 earthquakes, in the aim of promoting the recycling of resources. It was based on three premises: emphasizing the role of the individual who becomes stronger through collective action; attending the steady flow of visitors; and addressing the ephemeral nature of the pavilion. The design returns to origins of the territory, an urban center with causeways, plazas, and temples. Tensegrity helped to economize on resources: for the first time in the history of the fair, the construction elements were manufactured (rather than leased) and then donated out of charity. A roof was also installed over the Tláhuac Arts and Crafts Factory, used for film screenings, chess tournaments, dance classes, and workshops.

FORO BOCA

ROJKIND ARQUITECTOS

Proyecto arquitectónico **Architectural Design: rojkind arquitectos** Iluminación **Lighting design: artec3 Studio** Superficie construida **Constructed Surface Area: 5,410 m²** Fotografía **Photography: Jaime Navarro, Paul Rivera** Lugar **Location: Boca del Río, Veracruz** Año **Year: 2017**

Debido al éxito de la Orquesta Filarmónica de Boca del Río, fundada en 2014, se erigió un nuevo recinto cultural que será su sede, como parte de un plan maestro para revitalizar una zona en deterioro. El predio se ubica en una escollera que divide el río y el mar. El proyecto es un instrumento para construir y renovar la infraestructura y la imagen urbana. Varios volúmenes de concreto aparente se organizan de forma aleatoria para contener un programa que contempla una sala de conciertos de música clásica, con la capacidad de presentar espectáculos de teatro, danza y cine, y otra para conciertos de cámara, funciones de teatro, proyección de películas y danza contemporánea. El edificio responde a las necesidades de la orquesta con salones de ensayos, estudios de grabación, camerinos, oficinas y biblioteca. El área pública se compone de un vestíbulo con triple altura que combina los niveles de losas con el vacío y los accesos a la sala para crear espacios para activaciones culturales. En el exterior, el Foro Boca construye espacio público, extiende la plaza de acceso por la escollera y crea varios puntos de entretenimiento que fortalecen la vida pública de toda la zona.

In the wake of the success of the Boca del Río Philharmonic Orchestra, founded in 2014, this new cultural center has been built to serve as its headquarters, and as part of a master plan designed to revitalize a deteriorated zone. The lot is located on a breakwater that divides the river from the sea. The project is a tool for constructing and renovating infrastructure and for refurbishing the local urban image. Exposed concrete columns are arranged as if at random to contain a program that includes a concert hall for classical music, with capacity also for theater, dance, and cinematic performances, as well as one for chamber music, which can also serve for theater, film projections, and contemporary dance. The building meets the needs of a symphony orchestra, with rehearsal rooms, recording studios, dressing rooms, offices, and a library. The public area consists of a triple-height lobby in which glimpses of the upper floors combine with void spaces and the entrances to the concert hall to create a variety of spaces for cultural activities. On the outside, the Foro Boca constructs public space, extending the entrance plaza along the breakwater and generating several points of encounter that enhance the public life of the entire zone.

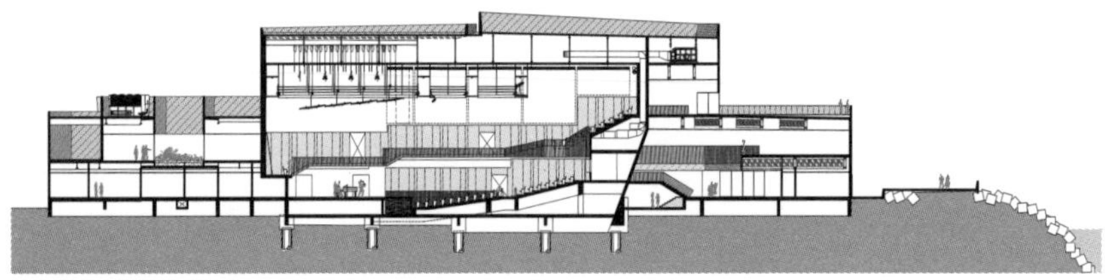

SECCIÓN **SECTION**

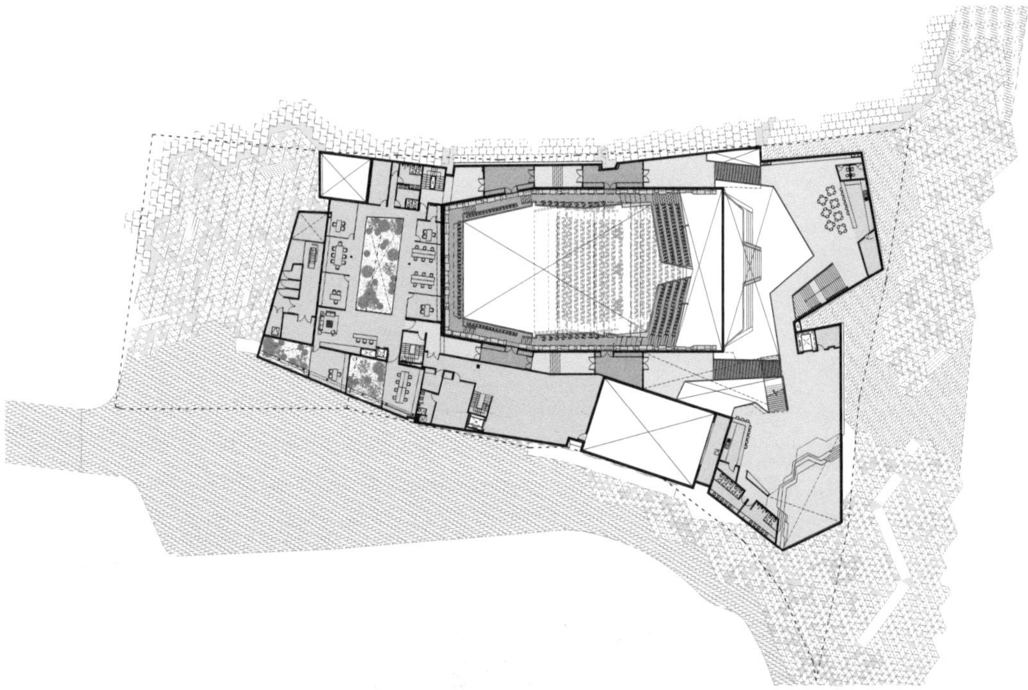

PLANTA NIVEL 1 **LEVEL 1 PLAN**

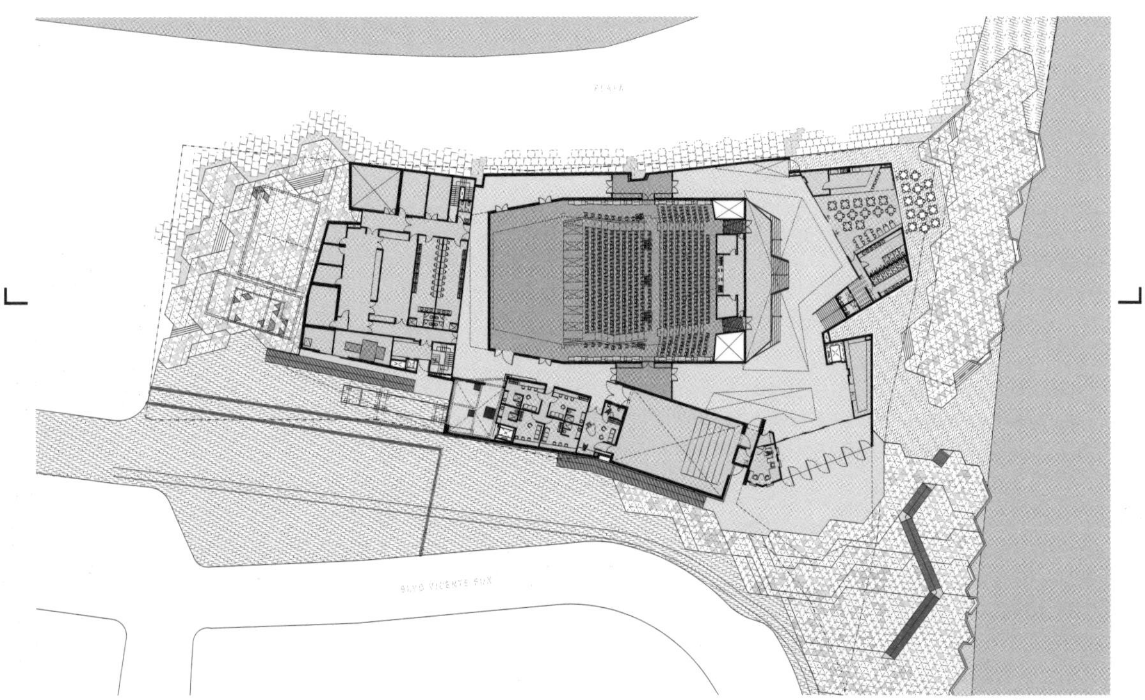

PLANTA BAJA **GROUND FLOOR PLAN**

0 15M

PUERTA 1

FERIA INTERNACIONAL DE LAS CULTURAS AMIGAS 2017 - PASEO PARIÁN

Proyecto arquitectónico **Architectural Design: Colectivo de UNO | Jimena Hogrebe, Roberto Michelsen, Nicolás Vazquéz, Helmut Balle, Sebastián Gnaedig** Superficie construida **Constructed Surface Area: 6,063 m²** Fotografía **Photography: Rafael Gamo** Lugar **Location: Ciudad de México** Año **Year: 2017**

COLECTIVO DE UNO

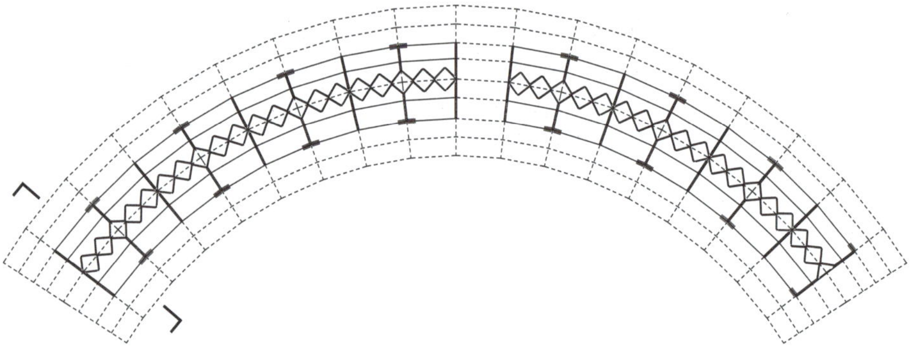

PLANTA **PLAN**

0 10M

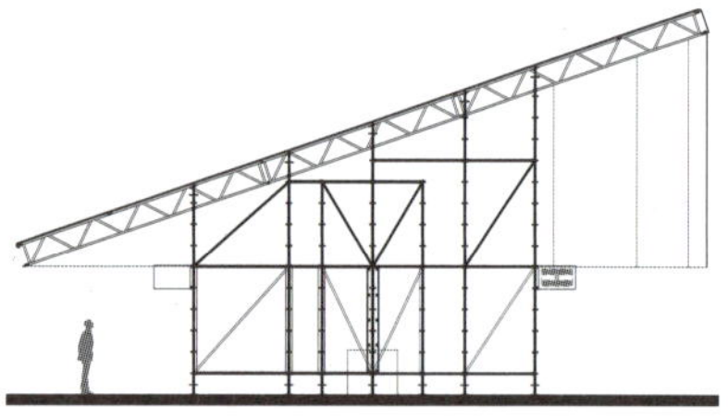

SECCIÓN **SECTION**

0 5M

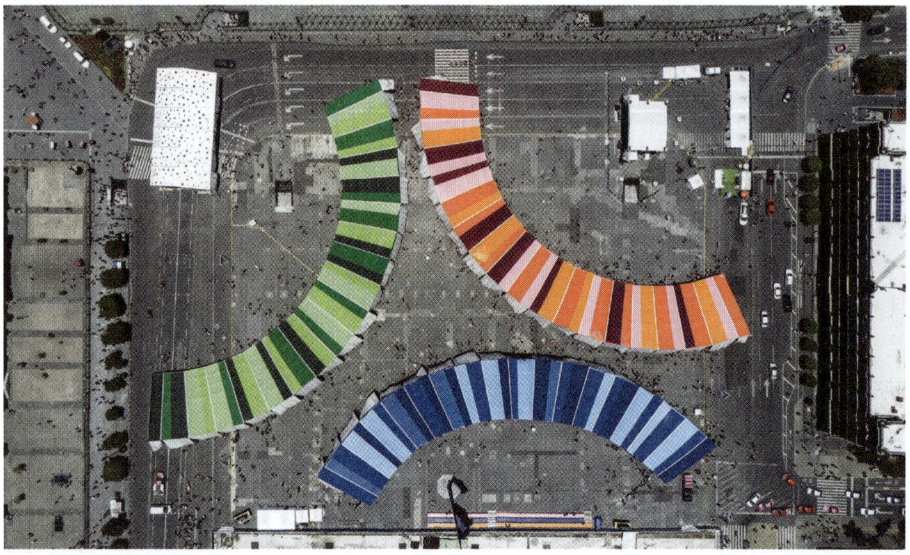

La arquitectura del Paseo Parián partió del interés por crear un espacio hospitalario que impulsara la apertura a la diversidad y sostuviera un diálogo con las ediciones anteriores de la Feria Internacional de las Culturas Amigas y la carga histórica y simbólica del lugar. Se buscó responder a las múltiples escalas que ha tenido el Zócalo a lo largo de la historia, su configuración actual y los usos que ha tenido la plaza, en especial los relacionados con el paseo y el comercio. El proyecto reinterpretó la configuración, la materialidad y los colores de los mercados mexicanos, tan cotidianos y familiares para nosotros, y muy atractivos para los turistas extranjeros. Paseo Parián se compuso por pórticos sin columnas para que los visitantes deambularan, que atendieron los problemas recurrentes de flujos y temperatura en este evento. Con los pórticos y la disposición de los tres cuerpos curvos, el proyecto generaba paralaje, experiencias múltiples y una vivencia rica, variada y amable para el peatón.

The architecture of the Paseo Parián was born out of an interest in creating a hospitable space that would foster openness to diversity and enter into dialogue with the previous editions of the International Friendly Cultures Fair, while at the same time remaining sensitive to the historical and symbolic resonances of the site. The aim was to respond to the different scales of the Zócalo throughout its history, to its present configuration, and to the different uses to which it has put, especially those related to commerce and the enjoyment of the promenade. The project reinterpreted the configuration, materials, and colors of the country's traditional markets, so commonplace and familiar to Mexicans, and so attractive to foreign visitors. Paseo Parián consisted of porticoes without columns, so that visitors could walk around freely, and the usual problems of overcrowding and stifling heat at the event could be avoided. The porticoes and the placement of the three curved volumes provided visitors with a sense of parallelism, a range of different experiences, and a rich, varied, and welcoming ambience for pedestrians.

CENTRO CULTURAL TEOPANZOLCO

ISAAC BROID + PRODUCTORA

Proyecto arquitectónico **Architectural Design: Isaac Broid + PRODUCTORA | Carlos Bedoya, Víctor Jaime, Wonne Ickx, Abel Perles** Superficie construida **Constructed Surface Area: 7,000 m²** Fotografía **Photography: Onnis Luque** Lugar **Location: Cuernavaca, Morelos** Año **Year: 2017**

El predio está frente a la Zona Arqueológica Teopanzolco. Dos estrategias guiaron la propuesta: potenciar la relación con los edificios prehispánicos y generar espacio público significativo. Se aprovechó la pendiente del terreno para que la cubierta del auditorio para 900 personas sirviera como foro adicional, con vista a la zona arqueológica. El proyecto se organiza como los centros ceremoniales prehispánicos, con plataforma, talud y tablero. La planta se resuelve con triángulos puros que dialogan con los edificios preexistentes y contienen los programas públicos del edificio —vestíbulos, servicios, taquillas y el auditorio—. Una plataforma alberga las zonas de servicio y operación, resuelve los accesos secundarios y es un mirador hacia la zona arqueológica y la ciudad. Uno de los patios del basamento se hunde frente al acceso secundario del auditorio, que es otro teatro pequeño al aire libre. El vestíbulo principal, cuyo eje de composición coincide con el de la pirámide principal de Teopanzolco, es el único espacio techado sobre la plataforma. Sus grandes puertas abatibles permiten la circulación libre del viento para evitar el uso de elementos mecánicos de ventilación.

The lot is located across from the Teopanzolco archaeological zone. Two strategies guided the design: to bring out the relation with the pre-Hispanic constructions and to generate a meaningful public space. The inclination of the lot was turned to account so that the rooftop of the auditorium (with capacity for 900) might also serve to provide seating that overlooks the archaeological zone. The project is organized in the manner of pre-Hispanic ceremonial centers, with platform, slope, and panel. The plan is resolved by means of pure triangles that dialogue with the preexisting buildings and contain the public program: vestibules, services, box office, and auditorium. A platform houses the services and operation areas, providing secondary access and constituting a mirador over the archaeological zone and the city. One of the patios of the base is sunken across from the secondary entrance to the auditorium, generating a little open-air theater. The main vestibule, whose compositional axis corresponds to that of the main pyramid of Teopanzolco, is the only roofed space on the platform. The large removable doors allow for free circulation of the wind and render the use of mechanical ventilation unnecessary.

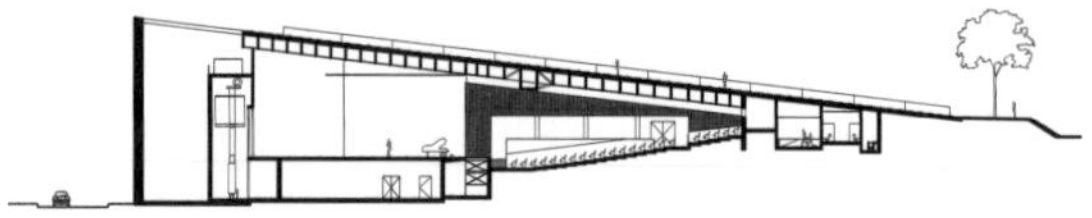

SECCIÓN A-A' **A-A' SECTION**

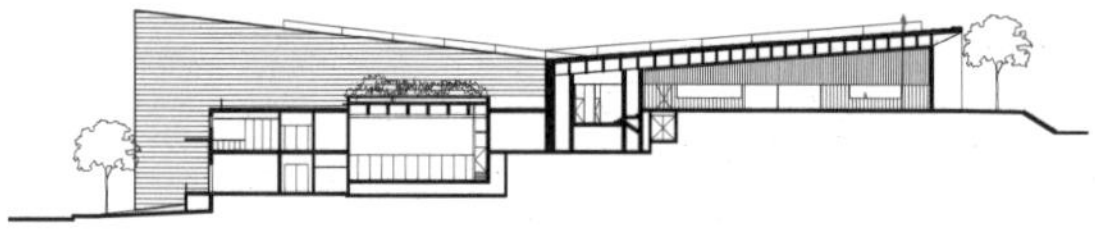

SECCIÓN B-B' **B-B' SECTION**

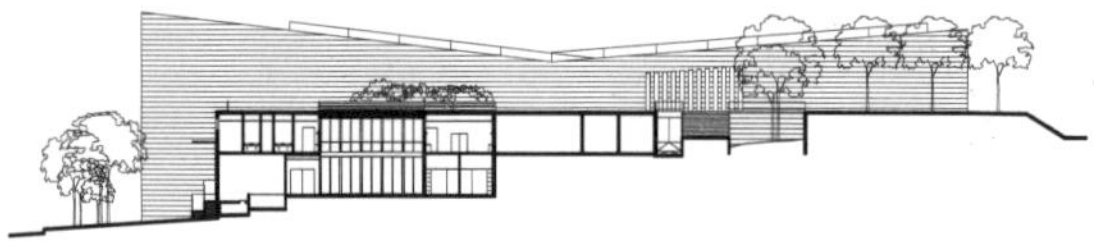

SECCIÓN C-C' **C-C' SECTION**

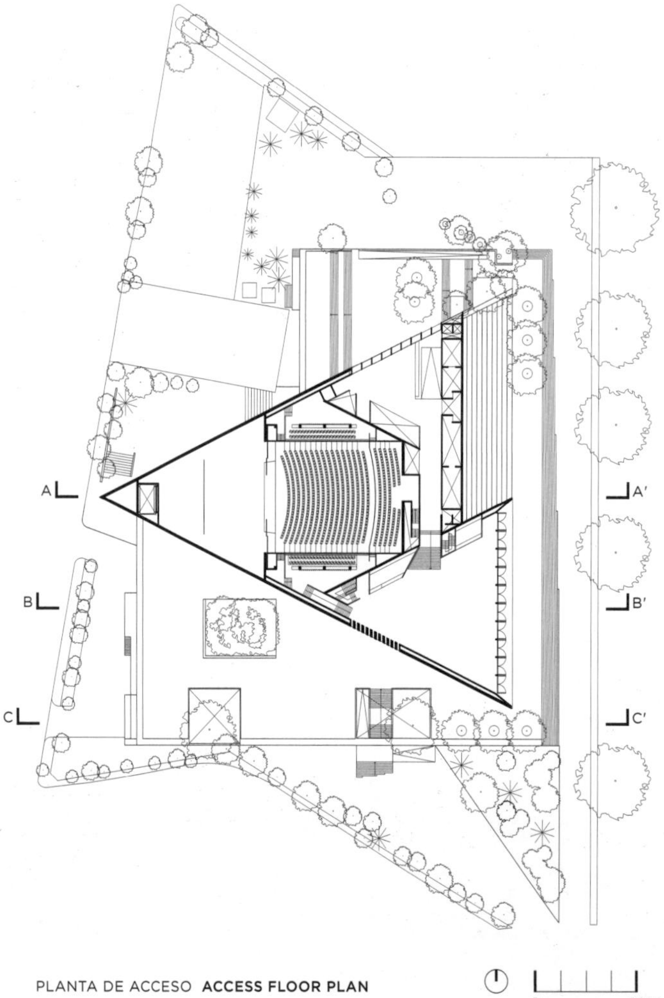

PLANTA DE ACCESO **ACCESS FLOOR PLAN**

MUSEO MORELENSE DE ARTE CONTEMPORÁNEO JUAN SORIANO

JSa

Proyecto arquitectónico **Architectural Design: JSa | Javier Sánchez + Aisha Ballesteros** Superficie construida **Constructed Surface Area: 7,013 m²** Fotografía **Photography: Rafael Gamo, Onnis Luque, Jaime Navarro** Lugar **Location: Cuernavaca, Morelos** Año **Year: 2018**

El jardín del museo abarca 80% del predio. La obra es un atajo hacia la equidad por medio del paisaje, la arquitectura y el arte. El Museo muestra una aproximación en dos tiempos sincrónicos: integración plástica y espacio colectivo. Producto de un concurso por invitación, el proyecto aporta urbanidad y empatía local. Un pasaje conecta dos puntos y crea un circuito entre las calles del Centro Histórico y el barrio de Amatitlán. Un umbral apela a una narrativa construida que reúne momentos, secuencias espaciales, vanos, encuadres, trayectos, plazas, esculturas, espejos de agua, jardines y árboles frondosos. En 6,000 m², el centro cultural ensambla museo, talleres, biblioteca, salas de exposición y restaurante. Respeta la vegetación preexistente de amates, ceibas, casahuates y guajes, y enaltece el acueducto que cruza el predio. La colección del museo se compone de 150 esculturas de gran formato, además de más de mil obras en óleo, tapices y cerámica de la autoría de Soriano. Es un refugio urbano de cierres y aperturas de contenedores y envolventes en concreto blanco aparente, que figuran como lienzos para acercar el arte a la ciudad y viceversa.

The grounds of the museum take up 80% of the entire lot. The work as a whole is a shortcut to equality through landscape, architecture, and art. The museum displays an approach carried out along two simultaneous timelines: visual integration and collective space. The result of a competition by invitation, the project offers urbanity and empathy with local circumstances. A passageway connects two points and creates a circuit between the streets of the historic downtown and the neighborhood of Amatitlán. A threshold welcomes visitors to a constructive narrative that combines moments, spatial sequences, voids, frames, trajectories, plazas, sculptures, reflecting pools, gardens, and leafy trees. With its 6,000 m² of constructed surface area, the cultural center contains a museum, workshops, a library, exhibition halls, and a restaurant. The preexisting vegetation (amate trees, ceibas, morning glories, and river tamarinds) has been preserved, and it enhances the aqueduct that crosses the lot. The museum collection consists of 150 large-format sculptures, along with more than a thousand oil paintings, tapestries, and ceramic works by Soriano. It is an urban refuge of opening and closing containers and wrappings of white exposed concrete: blank canvases that bring art to the city and vice versa.

MMAC
MUSEO MORELENSE
DE ARTE CONTEMPORÁNEO
JUAN SORIANO

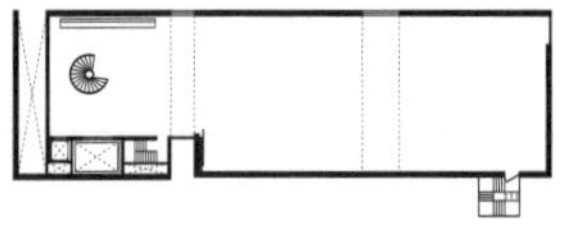

PLANTA NIVEL 1 **LEVEL 1 PLAN**

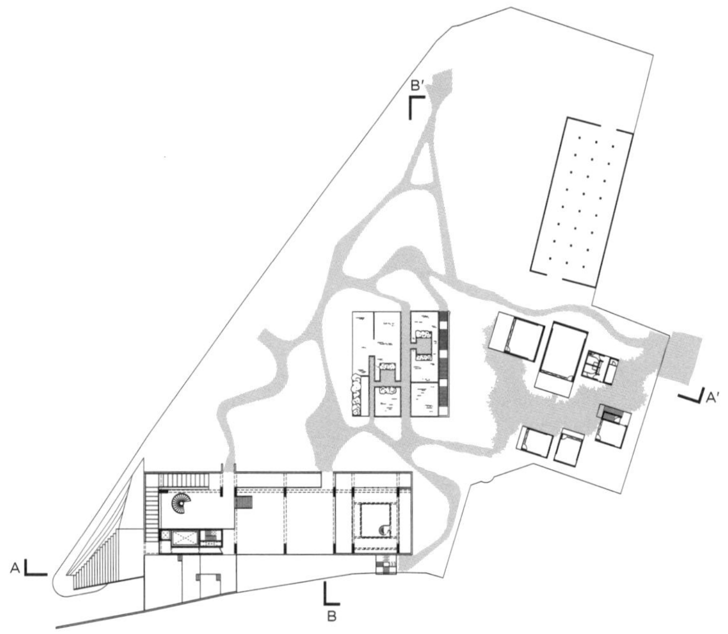

ENTRESUELO **MEZZANINE**

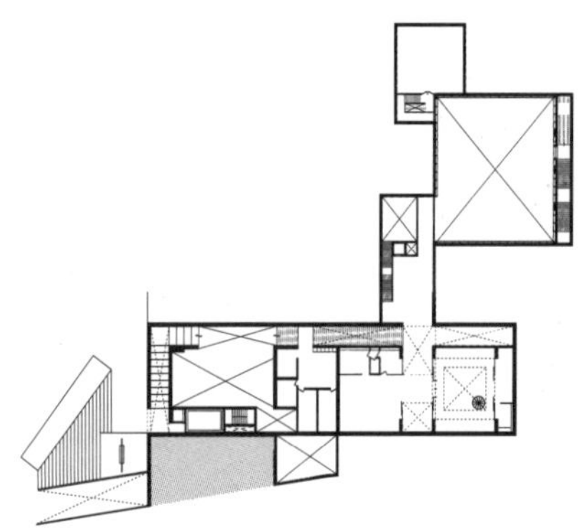

PLANTA BAJA **GROUND FLOOR PLAN**

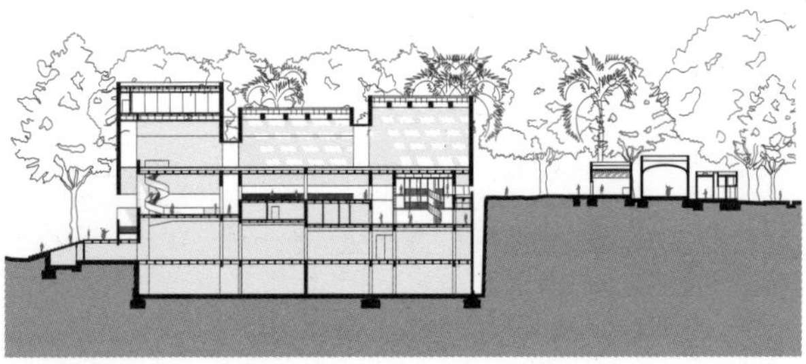

SECCIÓN A-A' **SECTION A-A'**

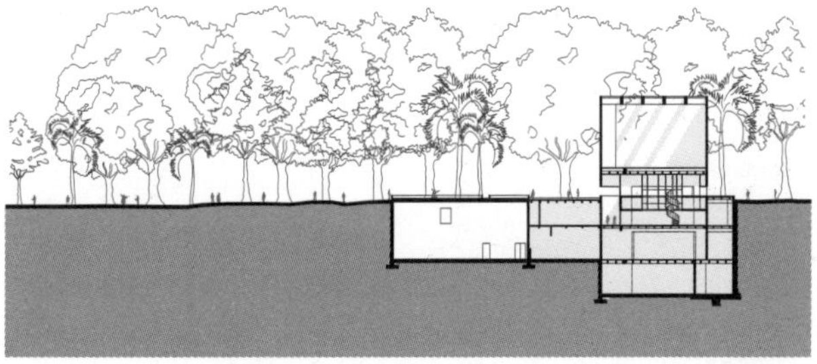

SECCIÓN B-B' **SECTION B-B'**

EVEREST 635

ZD+A

Proyecto arquitectónico **Architectural Design: ZD+A | Yuri Zagorin** Superficie construida **Constructed Surface Area: 7,858 m²** Fotografía **Photography: Jaime Navarro** Lugar **Location: Ciudad de México** Año **Year: 2018**

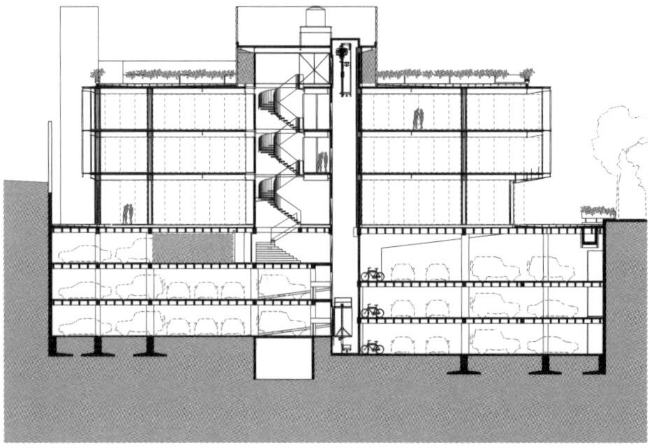

SECCIÓN **SECTION**

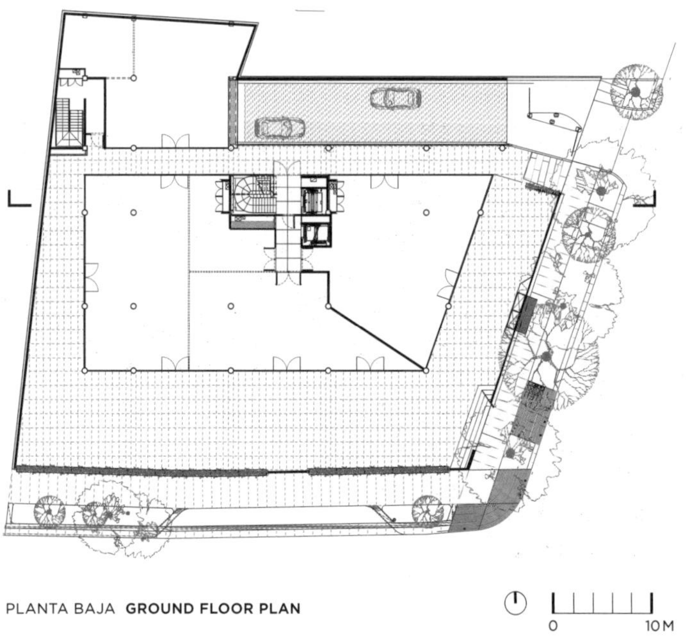

PLANTA BAJA **GROUND FLOOR PLAN**

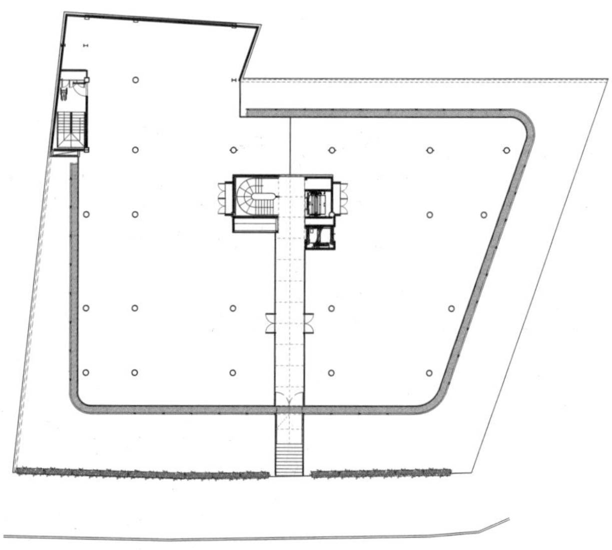

PLANTA NIVEL 1 **LEVEL 1 PLAN**

Ubicado en la colonia Lomas de Chapultepec, se plantea una obra transparente que se integra con respeto a su contexto para promover la inclusión e interacción de los habitantes inmediatos del área. Se desarrolló un edificio con un lenguaje contemporáneo que simula desvanecerse con la vegetación pronunciada del sitio. Su proceso constructivo consistió en la liberación de la planta baja sobre pilotes y el remetimiento respecto a los niveles superiores, lo que genera un espacio abierto y permite una atmósfera contenida por un patio, debido a su depresión en relación con el nivel de la calle. La particularidad de su planta libre en todos los pisos se pensó para que el espacio fuera multifuncional y dinámico. La tectónica del edificio crea un lenguaje sincero que resulta de los métodos constructivos empleados. La transparencia y carácter de sus materiales permiten el diálogo y la integración adecuada con el entorno.

Located in the Lomas de Chapultepec neighborhood, this project has a transparent quality vis-à-vis its context, even as it fosters the inclusion and interaction of nearby residents. The building has been designed in a contemporary language that makes it seem to blend in with the lush vegetation of the site. The constructive system, with piers and recessed fenestration on the upper levels, frees up the ground floor and generates an open ambience, contained by a patio, slightly sunken with respect to street level. The free plans on all levels make for dynamic, multifunctional spaces. The tectonics of the building projects a sincere language that results from the constructive methods employed. The transparent quality of the materials allows for dialogue and proper integration with the surroundings.

GIORGETTI

baxter
MADE IN ITALY

PALACIO DE LA MÚSICA

ALEJANDRO MEDINA ARQUITECTURA + MUÑOZ ARQUITECTOS + REYES RÍOS + LARRAIN ARQUITECTOS + QUESNEL ARQUITECTOS

Proyecto arquitectónico **Architectural Design: Alejandro Medina Arquitectura + Muñoz arquitectos + Reyes Ríos + Larrain arquitectos + Quesnel arquitectos** Superficie construida **Constructed Surface Area: 8,840 m²** Fotografía **Photography: Onnis Luque, Pim Schalkwijk, Cielito Drone** Lugar **Location: Mérida, Yucatán** Año **Year: 2018**

Se define como la inserción de un edificio moderno y sensible a su contexto físico de gran valor histórico. Desde su concepción como edificio público, representa una oportunidad para revitalizar y regenerar la zona del centro histórico de Mérida. Su valor agregado es haber introducido en su programa plazas y corredores peatonales de libre circulación, que se han convertido en una extensión del espacio público de la ciudad. Se propuso hundir el Museo de la Música Popular Mexicana y elevar la sala de conciertos respecto al nivel de calle, para crear un patio abierto y una terraza techada de escala urbana. Su implantación en el sitio busca ser al mismo tiempo un catalizador del espacio público y un medio para la puesta en valor del patrimonio arquitectónico circundante. Se pretende fortalecer el sentido de pertenencia de la ciudadanía no sólo con el Palacio de la Música Mexicana, sino también con el corazón de la ciudad, al inyectar vida pública al proyecto con una experiencia democrática a favor del ciudadano.

The project consists of the sensitive insertion of a modern building into a physical context of great historical value. Since its conception as a public building, the Palace has represented an opportunity to revitalize and regenerate the historic downtown of Mérida. The added value is the addition to its program of plazas and pedestrian corridors with free circulation, a welcome extension of the city's public space. The idea was to sink the Museum of Mexican Popular Music and to raise the concert hall above street level, creating an open patio and roofed, urban-scale terrace. The insertion of the project into the site seeks to be at once a catalyst of public space and a means of highlighting the surrounding architectural heritage. The aim is to strengthen residents' identification not only with the Palace of Mexican Music, but with the city core itself, injecting new public life into a project with a democratic impulse in favor of ordinary citizens.

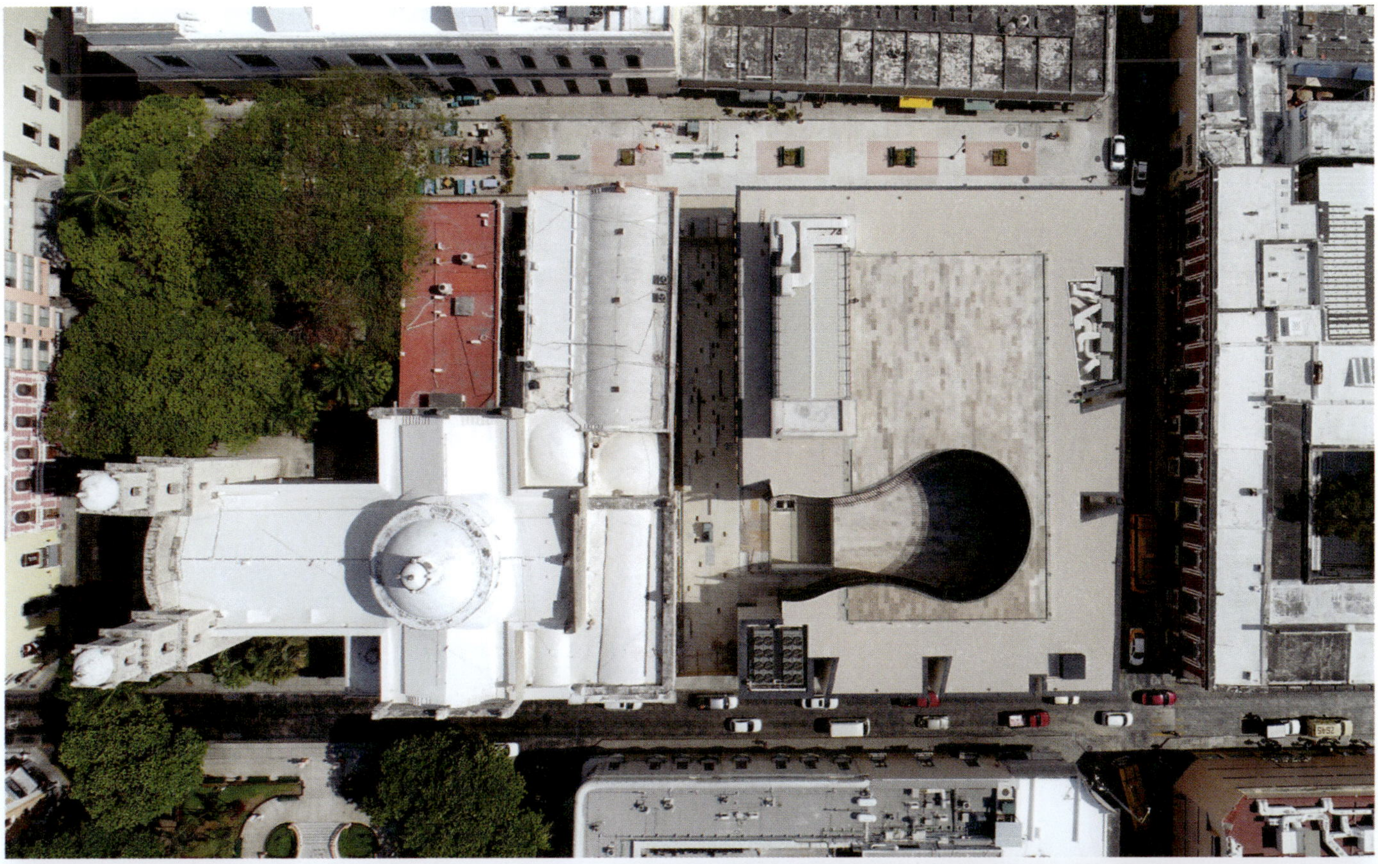

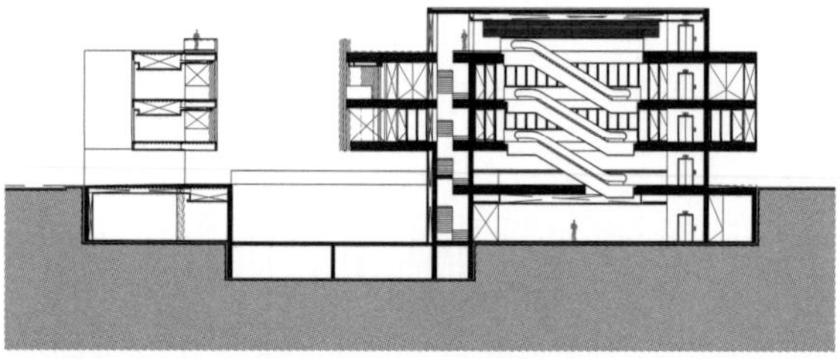

SECCIÓN A-A' **SECTION A-A'**

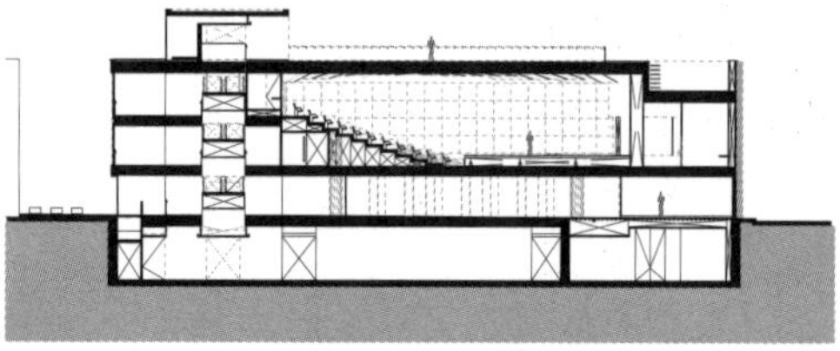

SECCIÓN B-B' **SECTION B-B'**

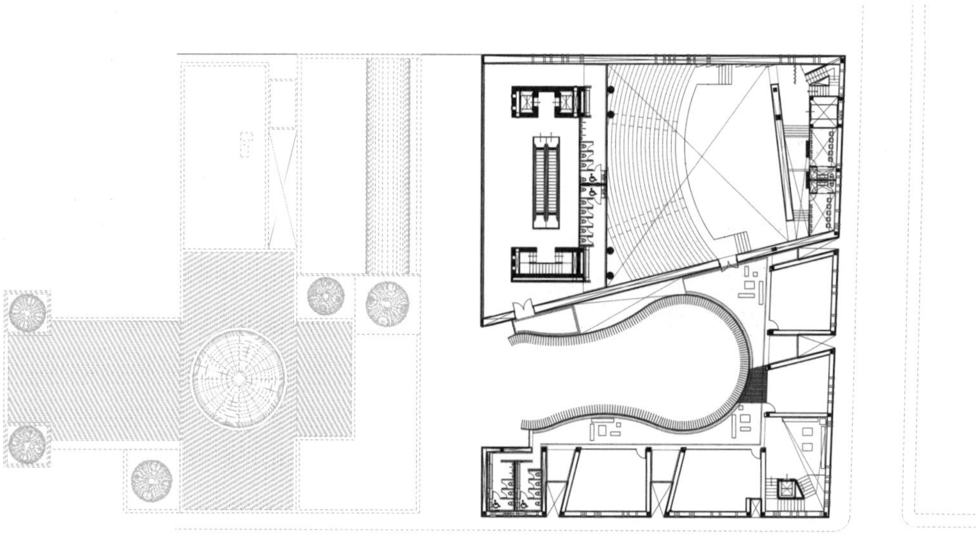

PLANTA NIVEL 1 **LEVEL 1 PLAN**

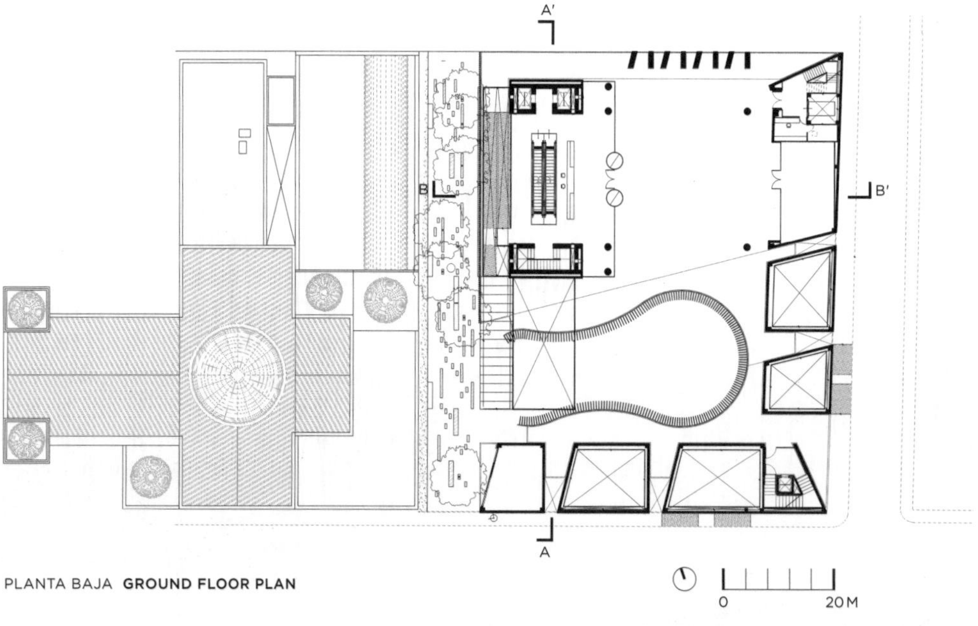

PLANTA BAJA **GROUND FLOOR PLAN**

AIRA

ANONIMOUS

Proyecto arquitectónico **Architectural Design: ANONIMOUS** Superficie construida **Constructed Surface Area: 10,382 m²** Fotografía **Photography: Zolezzi Uribe, Yoshiro Koitani** Lugar **Location: Querétaro** Año **Year: 2018**

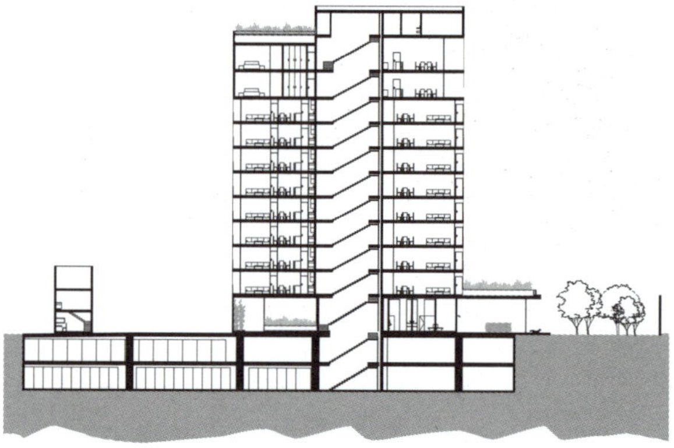

SECCIÓN **SECTION**

En una de las zonas con más desarrollo de la ciudad de Querétaro, se erige una torre de 35 departamentos, que se desplanta en un área angosta y profunda. Su volumetría compacta es una respuesta vertical contundente a una zona dominada por la horizontalidad, que busca incorporar espacios abiertos y áreas verdes. Se desarrollaron siete prototipos de departamentos, distribuidos en cuatro viviendas por nivel. Su disposición da dinamismo a la fachada mediante sus vanos y brinda vistas interesantes del paisaje queretano. El proyecto integra espacios públicos y de convivencia, como la plaza, terrazas, jardines y amenidades. Se optó por emplazar la construcción en el centro del predio para dar lugar a una plaza arbolada para uso común hacia el norte y un jardín al sur de carácter más privado. La forma del edificio sigue la lógica de la escultura, de perforar y recortar el monolito. El interior es confortable por la ventilación e iluminación naturales. Se buscó dar una sensación de naturalidad, que se refleja en los matices verdes de las jardineras distribuidas en la fachada y contrasta con los muros de concreto pigmentado, de color semejante al de la tierra de la región.

This 35-storey apartment tower is located on a deep, narrow lot in one of the most highly developed zones of the city of Querétaro. Its compact volumetric design is a strikingly vertical solution in a zone dominated by horizontality, as it seeks to incorporate open spaces and green areas. The building contains seven different residential typologies, with four apartments per level. Their arrangement lends dynamism to the façades, with a variety of window apertures and fine views over the city of Querétaro. The design incorporates public and recreational spaces, including a plaza, terraces, gardens, and other amenities. The construction is placed in the middle of the lot, making room for a tree-lined plaza for common use to the north and a more private garden to the south. The form of the building is in the logic of a sculpture: a monolithic structure with perforations and recesses. The interiors enjoy plenty of natural light and ventilation. The aim was to generate a sense of naturalness, reflected in the green tones of the planters distributed across the façade, which contrast with the walls of pigmented concrete, similar in color to the reddish or pinkish soil typical of the region.

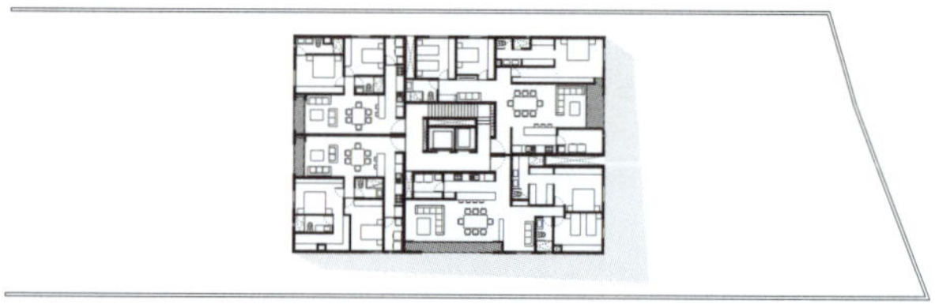

PLANTA NIVELES 2, 4, 7, 8 **LEVELS 2, 4, 7, 8 PLAN**

PLANTA NIVEL 1 **LEVEL 1 PLAN**

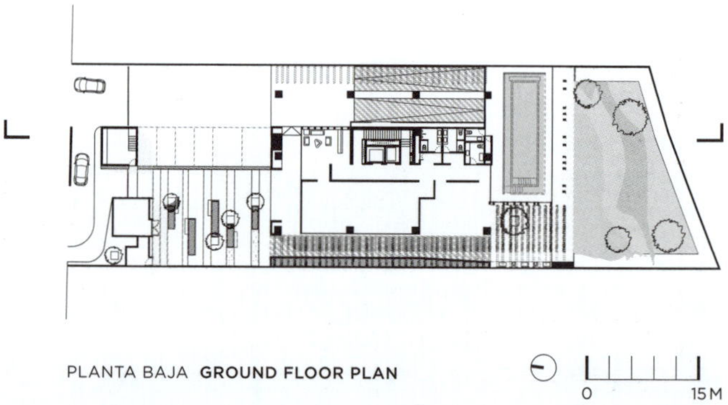

PLANTA BAJA **GROUND FLOOR PLAN**

ESCUELA BANCARIA Y COMERCIAL CAMPUS CIUDAD DE MÉXICO

SAYA+ARQUITECTOS

Proyecto arquitectónico **Architectural Design: SAYA+ARQUITECTOS | Gustavo López Padilla, Luis Sánchez Renero, Félix Sánchez Aguilar, Fernando Mota Fernández** Superficie construida **Constructed Surface Area: 11,689 m²** Fotografía **Photography: Gustavo López Padilla, Fernando Espinoza de los Monteros** Lugar **Location: Ciudad de México** Año **Year: 2018**

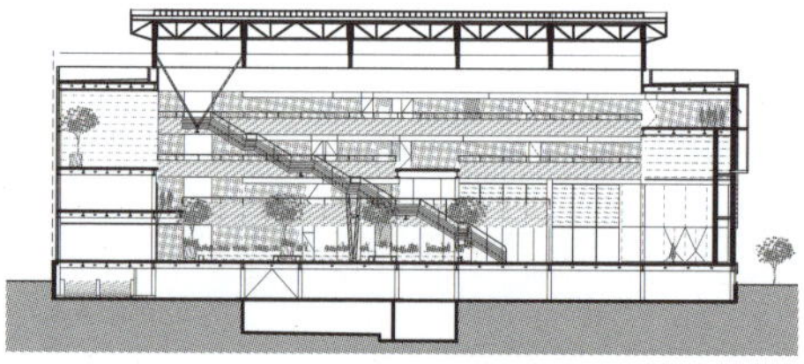

SECCIÓN TRANSVERSAL **TRANSVERSAL SECTION**

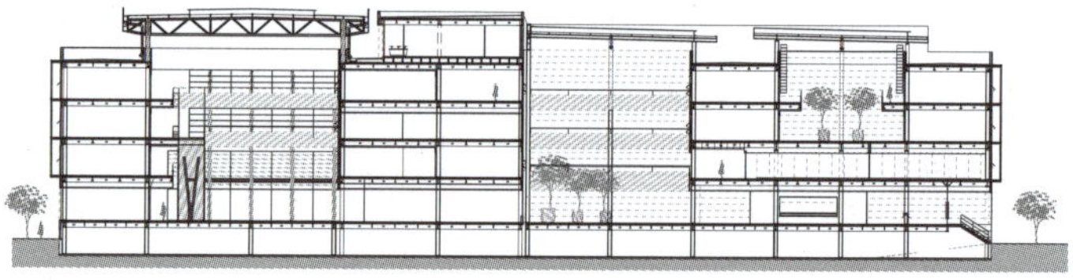

SECCIÓN LONGITUDINAL **LONGITUDINAL SECTION**

La propuesta plantea una relación natural con el entorno. El edificio tiene una escala amable, una densidad media de cuatro niveles y transparencia en sus fachadas. Se pone acento en la entrada principal en la esquina de las calles de Liverpool y Dinamarca, y se abre una calle peatonal que recorre la escuela hasta el otro acceso, en la calle de Marsella. Los patios distribuyen las actividades y propician encuentros, al mismo tiempo que proveen iluminación y ventilación naturales. Se instrumentaron criterios de diseño ambiental, como el aprovechamiento de la luz natural, la regulación de las incidencias del sol y sus ganancias de calor. Las fachadas dobles reducen al máximo el consumo de energía. Las aguas de lluvia y residuales se reutilizan y se regula la producción de basura. La edificación se resuelve con una estructura metálica atornillada, sistemas de entrepiso con losacero y muros reconfigurables de *block* de cristal y tablaroca. Las instalaciones y materiales aparentes representan ahorros en cuanto a construcción y mantenimiento.

The project proposes an organic relationship with its surroundings: a building designed on a friendly scale, with medium density over four storeys and transparent façades. The main entrance, at the corner of Liverpool and Dinamarca, is accentuated, and a pedestrian street runs through the school to the other entrance on Marsella. The patios distribute the school's activities and foster interaction and encounters, even as they provide plenty of light and ventilation. Various criteria of environmental design have been met, such as taking advantage of natural light, regulating the incidence of direct sunlight, and saving heat. The double façades reduce energy consumption to a minimum. Rainwater and residual water are reused, and the generation of trash carefully regulated. The bolted metallic structure has steel deck flooring and reconfigurable walls of glass blocks and sheetrock. The exposed materials and installations are relatively inexpensive and easy to maintain.

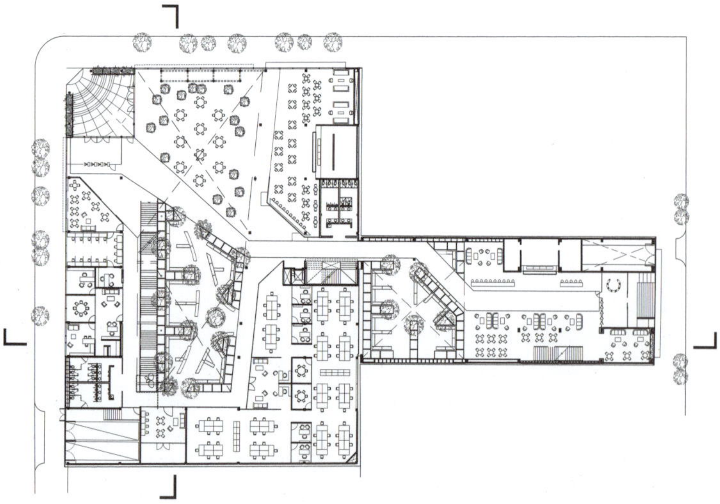

PLANTA BAJA **GROUND FLOOR PLAN**

0 20M

EDIFICIO DEL ARCHIVO HISTÓRICO DEL ESTADO DE OAXACA. CIUDAD DE LOS ARCHIVOS

MENDARO ARQUITECTOS S.L.

Proyecto arquitectónico **Architectural Design: MENDARO ARQUITECTOS S.L. | Ignacio Mendaro Corsini** Superficie construida **Constructed Surface Area: 11,815 m²** Fotografía **Photography: Fausto Nahum Pérez, Elena Marini, Alberto Pérez Cuevas** Lugar **Location: Santa Lucía del Camino, Oaxaca** Año **Year: 2017**

El edificio se localiza en el Parque Las Canteras, del que se extrajo la piedra para construir la ciudad de Oaxaca. Cuando dejó de extraerse el material, el predio se convirtió en un foco delincuencia. En 2013, el Gobierno del Estado y la Fundación Alfredo Harp Helú encargaron un plan maestro para recuperar el parque y la construcción del Archivo Histórico del Estado, cuya función principal es conservar y proteger el acervo documental de la entidad. Se accede por dos extremos que se adaptan a la topografía del parque. Un vestíbulo de 14 m conduce a la zona administrativa, la sala de exposiciones, la cafetería y el área de investigadores. El programa se distribuye en cuatro niveles. El primero está destinado a las actividades públicas —auditorio, aulas, bibliotecas juvenil e infantil, sala de exposiciones y cafetería— y el acceso a los documentos. En los pisos superiores se concentran las labores de organización y restauración del acervo. Los repositorios de documentos ocupan la mayor parte de la superficie. Los volúmenes de concreto aparente de color ocre respetan los árboles existentes y generan un conjunto de edificios conectados entre sí por patios y pasillos interiores.

The building is located in the Parque Las Canteras, a park containing the former quarries from which the stone used to build the town of Oaxaca was extracted. When the quarries fell into disuse, the whole zone became a focus for crime. In 2013, the state government and the Fundación Alfredo Harp Helú had a master plan devised to recover the park and to construct the State Historical Archive, whose principal mission is to preserve and protect the state's documentary heritage. The archive can be entered from either end, the entrances having been adapted to the topography of the park. A fourteen-meter-high lobby leads to the administrative area, exhibition hall, cafeteria, and research area. The program is distributed over four levels. The first level is devoted to public activities—with auditorium, classrooms, children's and young people's library, exhibition hall, and cafeteria—and to access to the documents. The work of organizing and restoring the documents is concentrated on the upper floors. The repositories of the documents occupy the greater part of the total surface area. The ocher-colored exposed-concrete volumes respect the preexisting vegetation and generate a complex of buildings interconnected by patios and interior corridors.

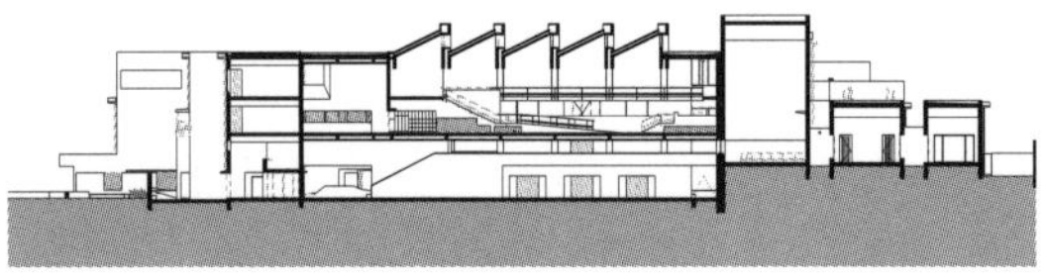

SECCIÓN LONGITUDINAL **LONGITUDINAL SECTION**

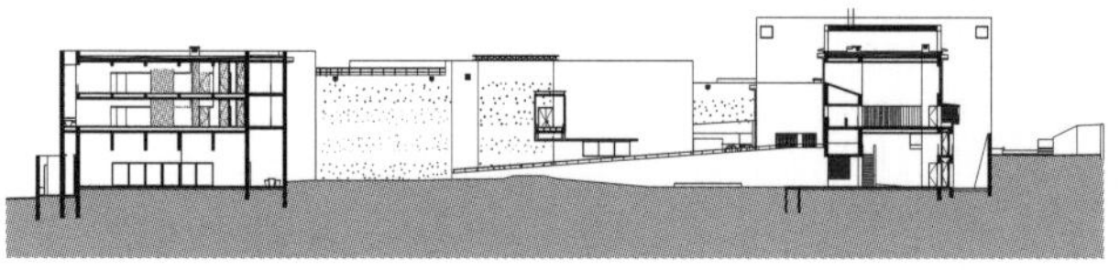

SECCIÓN TRANSVERSAL **TRANSVERSAL SECTION**

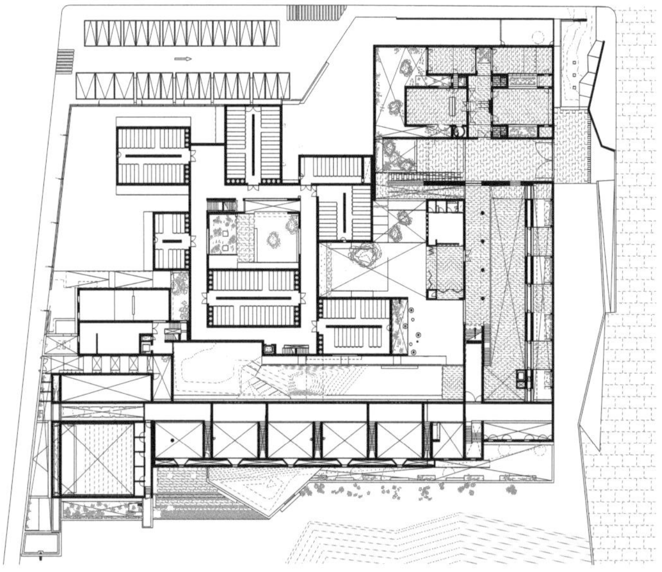

PLANTA DE ACCESO SUPERIOR **UPPER ACCESS LEVEL**

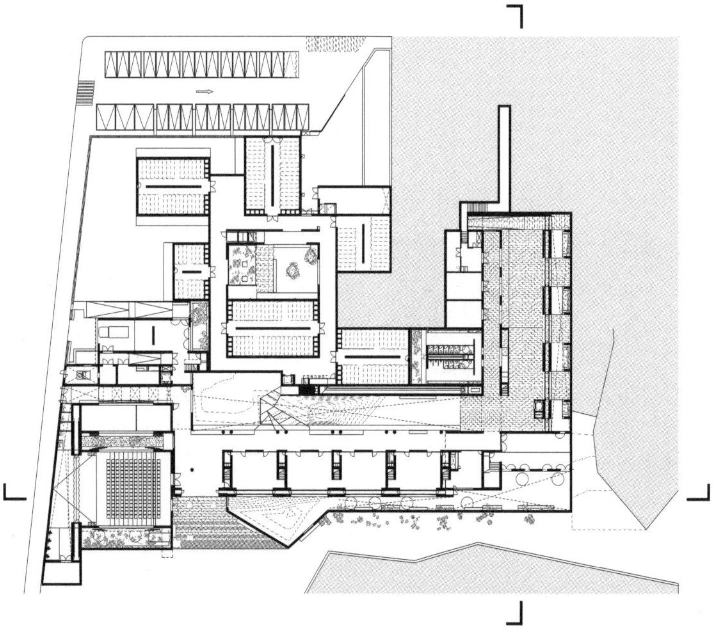

PLANTA DE ACCESO INFERIOR **LOWER ACCESS LEVEL**

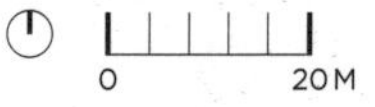

EDIFICIO SEDE DE LA FEDERACIÓN MEXICANA DE FÚTBOL

ARROYO SOLÍS AGRAZ

Proyecto arquitectónico **Architectural Design: ARROYO SOLÍS AGRAZ** Superficie construida **Constructed Surface Area: 15,534 m²** Fotografía **Photography: Jaime Navarro** Lugar **Location: Toluca, Estado de México** Año **Year: 2017**

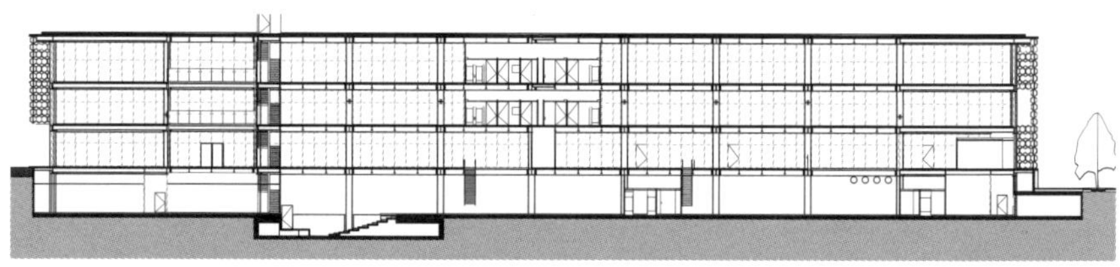

SECCIÓN **SECTION**

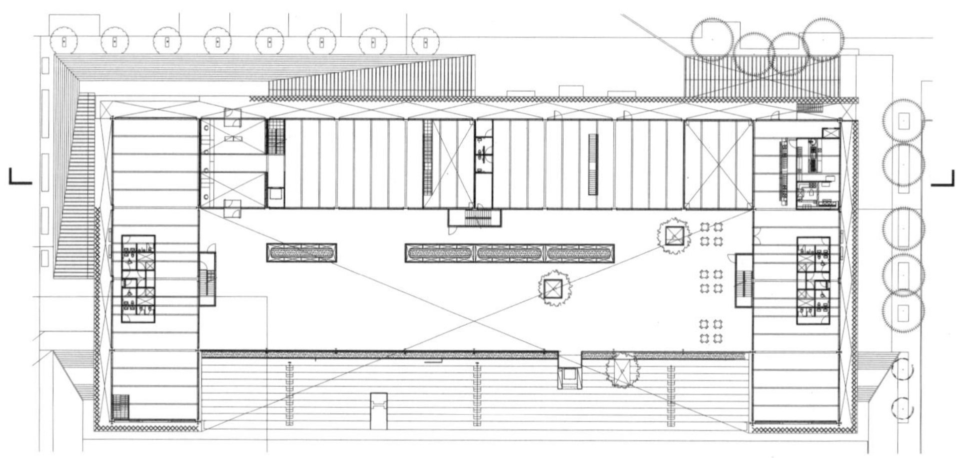

PLANTA BAJA **GROUND FLOOR PLAN**

0 10 M

Se desplanta en el centro de un terreno de 8 ha, está rodeado de canchas para tener contacto visual con el juego desde cualquier ángulo. El conjunto cuenta con cinco campos reglamentarios, dos de ellos de pasto natural. La cancha principal tiene una relación directa con el edificio. La construcción, de 16,000 m², tiene un patio central que funciona como vestíbulo y espacio de distribución hacia las áreas operativas. Los tres niveles se comunican por las escaleras ubicadas en tres costados del patio. En el cuarto, una apertura conecta la cancha principal con el volumen. Las gradas de la cancha se ubican en este lado. Un puente con las oficinas de los directivos y la sala de consejo hace las veces de techo al mismo tiempo que une los dos extremos el patio. El acceso al edificio es por un vestíbulo de triple altura. Las zonas más públicas —cafetería, gimnasio, auditorio, aulas de capacitación, salas de juntas, afiliación y registro— están en esta planta, que se eleva 2 m sobre el nivel del terreno. El patio está cubierto por paneles solares, que generan un tercio de la energía necesaria para el funcionamiento del edificio.

The building is located in the middle of an eight-hectare lot, surrounded by soccer fields, so that it can maintain visual contact with ongoing play from any angle. The complex has five regulation-size fields, two of them with natural grass. The main field has a direct relation with the building. The building itself, which measures 16,000 m², contains a central patio that functions as a lobby and distribution space leading to the operational areas. The three levels are communicated by stairways located along three sides of the patio. On the fourth side an opening connects the main field with volume. The grandstands are located on this side. A bridge with the executive offices and the board room serves as a roof and joins the two ends of the patio. The entrance to the building is by way of a triple-height lobby. The public zones —cafeteria, gymnasium, auditorium, training rooms, meeting rooms, registration area— are on the bottom floor, but two meters above ground level. The patio is covered with solar panels that generate a third of the energy necessary to keep the building functioning.

BIBLIO TEC

SASAKI ASSOCIATES

Proyecto arquitectónico **Sasaki Associates** Superficie construida **Constructed Surface Area: 17,300 m²** Fotografía **Photography: Adrián Laguno** Lugar **Location: Monterrey, Nuevo León** Año **Year: 2017**

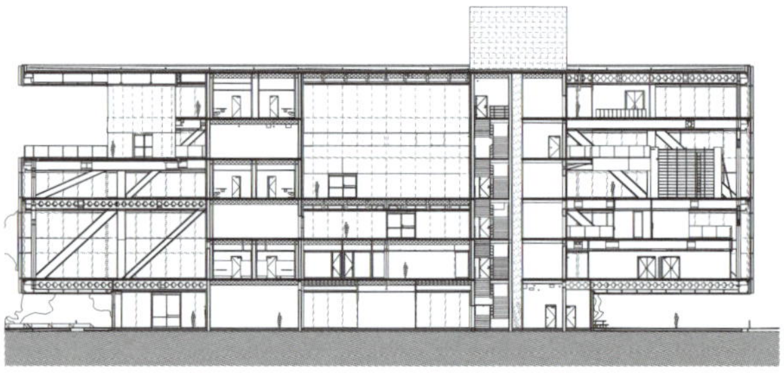

SECCIÓN **SECTION**

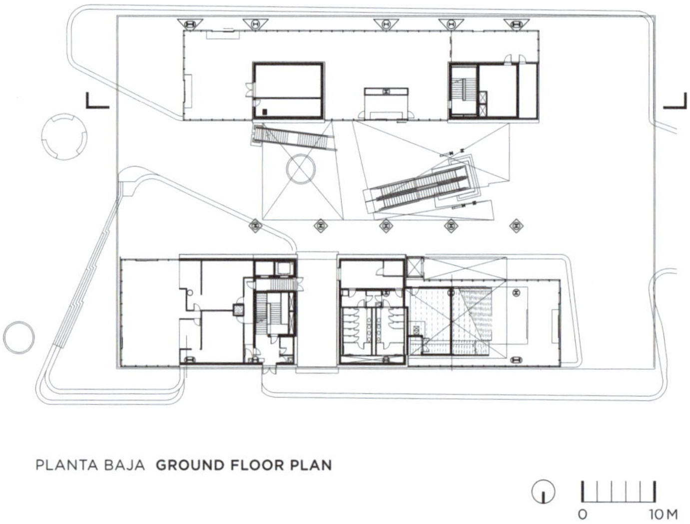

PLANTA BAJA **GROUND FLOOR PLAN**

La interacción entre el interior y el exterior es primordial en el diseño. Su fachada transparente y con un alto desempeño energético permite descubrir vistas inéditas desde el corazón del campus Monterrey. Su pasillo central redefine las posibilidades de conexión y traslado hacia varios puntos del conjunto. Sus seis pisos maximizan las alternativas de estudio, colaboración y aprendizaje con espacios que se adaptan a las necesidades de individuos, equipos y grupos grandes. Con volados espectaculares de 18 y 9 m que se extienden desde las columnas que sostienen el edificio, parasoles exteriores que distribuyen la entrada de luz solar y una construcción impecable que cumple con los estándares de calidad y sustentabilidad más estrictos y sofisticados, la Biblioteca es todo un logro de ingeniería. Su diseño arquitectónico replantea la función estratégica del recinto. Recorrerlo es una experiencia sorprendente para usuarios, visitantes y personal. Tiene capacidad para 2 500 usuarios, 350 000 libros en el acervo general, un auditorio para 140 personas, cuatro accesos, patio central y 17 300 m² de construcción.

The interaction of the interior with the exterior is at the forefront of the design. The energy-efficient transparent façade offers vistas not often seen from the very heart of the Monterrey campus, while the central corridor redefines the possibilities of connection and transit toward various points of interest on the campus. The six storeys maximize alternatives for study, learning, and collaboration, with flexible spaces that can meet the needs of individuals, small teams, or large groups. With its spectacular cantilevered elements of nine and eighteen meters extending from the columns that support the building and its exterior brise-soleils that filter in sunlight, the building is of impeccable construction, meeting the strictest and most sophisticated standards of quality and sustainability: the library is a tour de force of civil engineering. The architectural design reformulates the strategic function of the building. Walking down its a memorable experience for users, visitors, and staff alike. It has capacity for 2,500 users and for 350,000 books (the permanent collection), an auditorium with seating for 140 people, four entrances, a central patio, and 17,300 m² of constructed surface area.

CLEVIÁ GRAN HOTEL

LEGORRETA®

Proyecto arquitectónico **Architectural Design: LEGORRETA®** Superficie construida **Constructed Surface Area: 17,500 m²** Fotografía **Photography: Miguel Gómez Padilla (Cortesía Cleviá Grand Hotel)** Lugar **Location: León, Guanajuato** Año **Year: 2018**

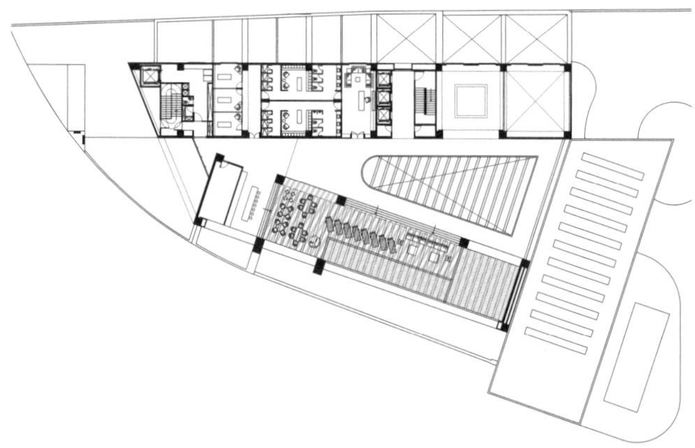

PLANTA NIVEL ALBERCA **PLAN OF SWIMMING POOL LEVEL**

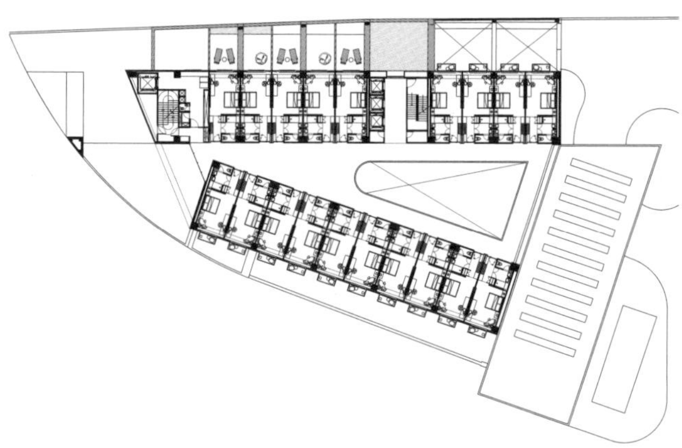

PLANTA NIVEL HABITACIONES **PLAN OF ROOMS LEVEL**

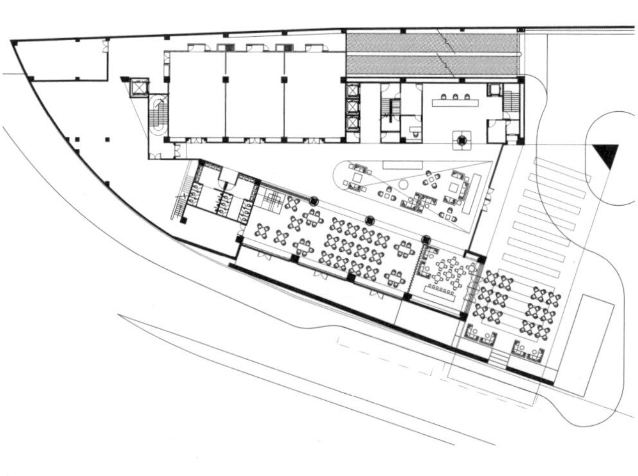

PLANTA BAJA **GROUND FLOOR PLAN**

0 15M

Es parte del proyecto Puerta Bajío, que empezó a construirse en 2013. Ubicado al noroeste de la ciudad de León, Guanajuato, el frente y acceso son por la avenida Paseo de los Insurgentes. El hotel cubre la necesidad de los viajeros de un hospedaje práctico con servicios de primer nivel y detalles de lujo. En una superficie de 20,658 m², se construyeron 15,700 m² en diez niveles, más un sótano de estacionamiento. El edificio se desplanta sobre un basamento de piedra. Dos naves principales se abren hacia el conjunto y se alinean con la morfología triangular del terreno. En las fachadas laterales se aprecian los vanos, enmarcados por los balcones que sobresalen y forman una textura de sombras, proyectadas en los precolados color terracota. Un atrio de nueve niveles remata con una pérgola que permite el paso de la luz natural. En el *lobby*, el mobiliario moderno contrasta con tejidos artesanales y elementos escultóricos de vidrio soplado y barro negro. Los espacios interiores se caracterizan por su diseño contemporáneo, con madera de parota y mármol arabescato como materiales protagonistas, complementados con detalles de placa metálica, ónix, cantera y cobre.

The hotel is part of the Puerto Bajío project, located to the northwest of the city of León, Guanajuato, which began to be developed in 2013. The main façade and entry are along Avenida Paseo de los Insurgentes. The hotel meets the needs of travelers for practical first-class accommodations with luxury details. Built on a lot measuring 20,658 m², there are ten levels of 15,700 m², plus underground parking. The building rises from a stone base, its two main bays opening up toward the rest of the complex and aligned with the triangular shape of the lot. The lateral façades are lined with windows, framed by projecting balconies that form a texture of shadows cast onto the terracotta-toned pre-poured cement. A nine-storey atrium is crowned by a pergola that allows the passage of natural light. In the lobby, the modern furnishings contrast with artisanal weavings and sculptural elements of blown glass and black ceramic. The interior spaces are characterized by their contemporary design, with parota wood and arabescato marble predominating, complemented by details of metallic plate, onyx, quarried stone, and copper.

CLEVIA

PARQUE COLINAS

FRANCISCO PARDO ARQUITECTO

Proyecto arquitectónico **Architectural Design: Francisco Pardo Arquitecto** Superficie construida **Constructed Surface Area: 18,200 m²** Fotografía **Photography: Jaime Navarro** Lugar **Location: Ciudad de México** Año **Year: 2018**

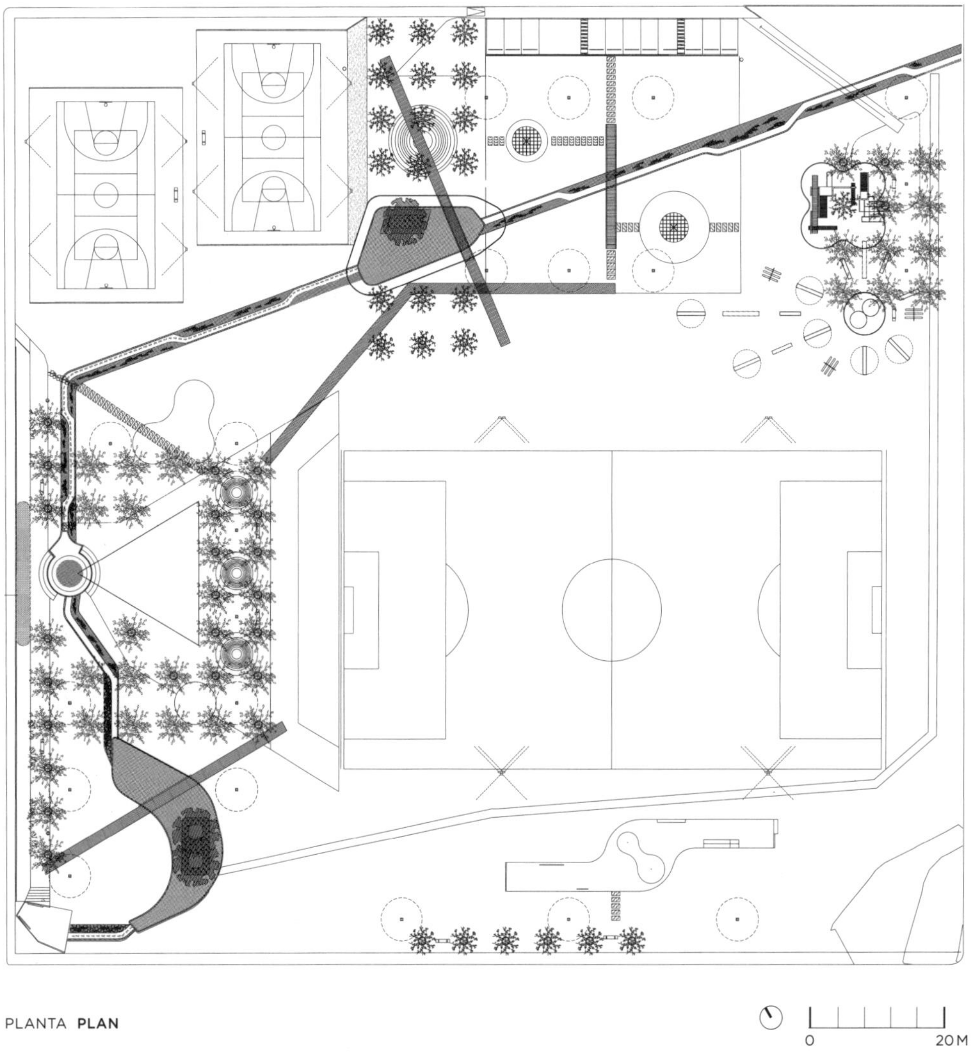

PLANTA **PLAN**

Para este proyecto de espacio público se rehabilitaron las plazas y parques de la Unidad Habitacional Colinas del Sol, en el municipio de Almoloya de Juárez, Estado de México. En lugar de abarcar por completo las 2 ha del terreno, el programa se adaptó a un presupuesto limitado que determinó una estrategia de intervención dividida por áreas, que fomentara la convivencia familiar y la integración de la comunidad. Se proyectaron zonas temáticas por actividad y edad de los usuarios: juegos tradicionales y muros de concreto con formas lúdicas estimulan la imaginación de los más pequeños, la plaza de patinetas y bicicletas es para jóvenes, un pabellón se destina a eventos cívicos, y otras áreas son de contemplación para admirar el paisaje. El predio tiene un río que articula todas las partes, diseñadas para frenar o acelerar el agua y crear una zona natural para nadar. Todos los materiales utilizados en la rehabilitación de los espacios públicos se eligieron por ser de bajo mantenimiento, una característica indispensable para garantizar su buen estado, sobre todo en comunidades con pocos recursos.

This public space project involved the rehabilitation of the plazas and parks of the Colinas del Sol Housing Unit in the municipality of Almoloya de Juárez in Estado de México. Rather than dealing fully with the entire two hectares of the lot, the aim was to use the limited budget to define an intervention strategy divided into sectors, in such a way that family interaction and community integration might be fostered. Thematic zones were designed in accordance with the ages and activities of the users: traditional games and concrete walls with playful shapes stimulate the imaginations of the youngest users; there are bicycles and a skateboard plaza for youngsters; and there is a pavilion for civic events, as well as places from which to admire the surrounding landscape. A river runs through the site, articulating all of its parts, which have been designed to either speed up or check the flow of the water, creating a natural swimming zone. All of the materials used in the rehabilitation of the public spaces were chosen for requiring little maintenance: an indispensable characteristic for ensuring they remain in good condition, especially in a community with limited resources, like this one.

DISTRITO SUR

SOA + JSa

Proyecto arquitectónico **Architectural Design: SOA + Jsa | Juan Soler, Alan Orozco + Javier Sánchez, Jesús Acosta** Superficie construida **Constructed Surface Area: 18,922 m²** Fotografía **Photography: César Béjar** Lugar **Location: Ciudad de México** Año **Year: 2017**

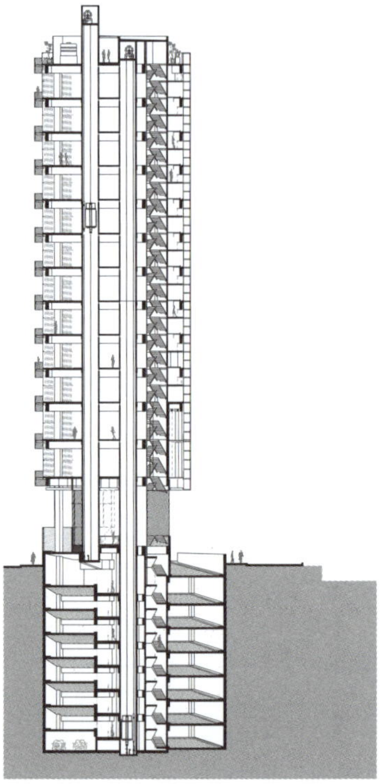

SECCIÓN **SECTION**

El edificio de oficinas, ubicado en el corredor corporativo de Periférico Sur, ocupa un predio triangular de 1,203 m². De sus 18,922 m² construidos, 9,473 m² son de superficie rentable y 1,310 m² son terrazas en niveles de oficinas. Tiene un *lobby* de triple altura en plata baja, 334 cajones de estacionamiento distribuidos en siete sótanos y un semisótano, 12 pisos para oficinas y una azotea verde con jardines. La fachada principal hacia el anillo vial se conforma por una serie de cartelas en acero corten a partir del primer nivel que protege el interior contra la luz directa del sol y funciona como filtro entre las oficinas y el tráfico del segundo piso de Periférico, lo que aumenta la calidad espacial y visual de las oficinas, y disminuye los costos de operación. El corporativo se caracteriza por tener balcones y terrazas en todos los niveles y una azotea verde, que aísla la temperatura del último nivel y permite la recolección, filtración y almacenamiento del agua pluvial que se destina a riego y sanitarios.

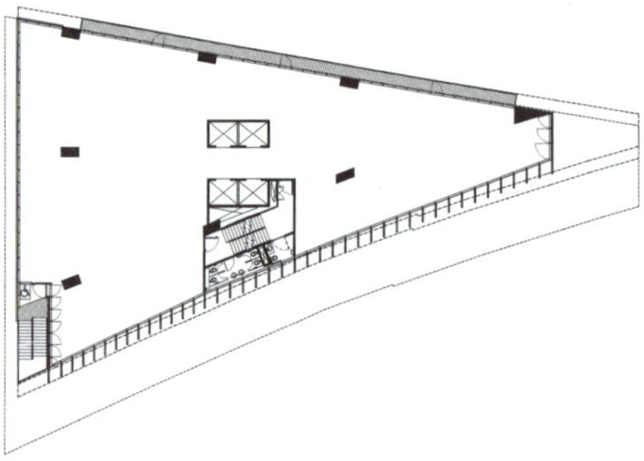

PLANTA TIPO **TYPICAL PLAN**

This office building is located along the corporate corridor of Periférico Sur, occupying a triangular lot of 1,203 m². Of the 18,922 m² of constructed surface area, 9,437 m² are rentable surface and 1,310 m² are terraces on office levels. The building has a ground-floor, triple-height lobby, 334 parking spaces distributed over seven underground and one semi-underground levels, twelve floors of offices, and a rooftop garden. The main façade looking toward the Periférico ring road is composed of a series of corten steel panels from the first level up, which protects the interior from direct sunlight and function as a buffer between the offices and noise of the traffic on the "second floor" of the Periférico. They also enhance the spatial and visual quality of the offices, while decreasing operating costs. The office building features balconies and terraces on all levels, as well as a green rooftop, which insulates the top storey from the high temperatures and allows for the collection, filtration, and storage of rainwater for use in the sprinkling and restroom installations.

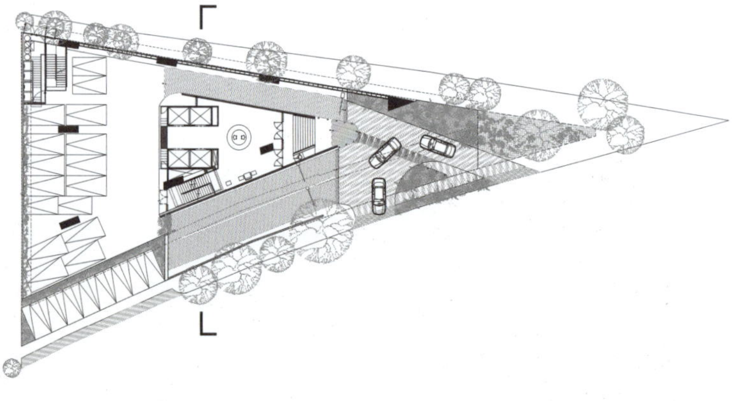

PLANTA BAJA **GROUND FLOOR PLAN**

80

BIO-ESFERA

SKIDMORE, OWINGS & MERRILL LLP

Proyecto arquitectónico **Architectural Design: Skidmore, Owings & Merrill LLP** Superficie construida **Constructed Surface Area: 39,950 m²** Fotografía **Photography: Rafael Gamo** Lugar **Location: Guadalajara, Jalisco** Año **Year: 2018**

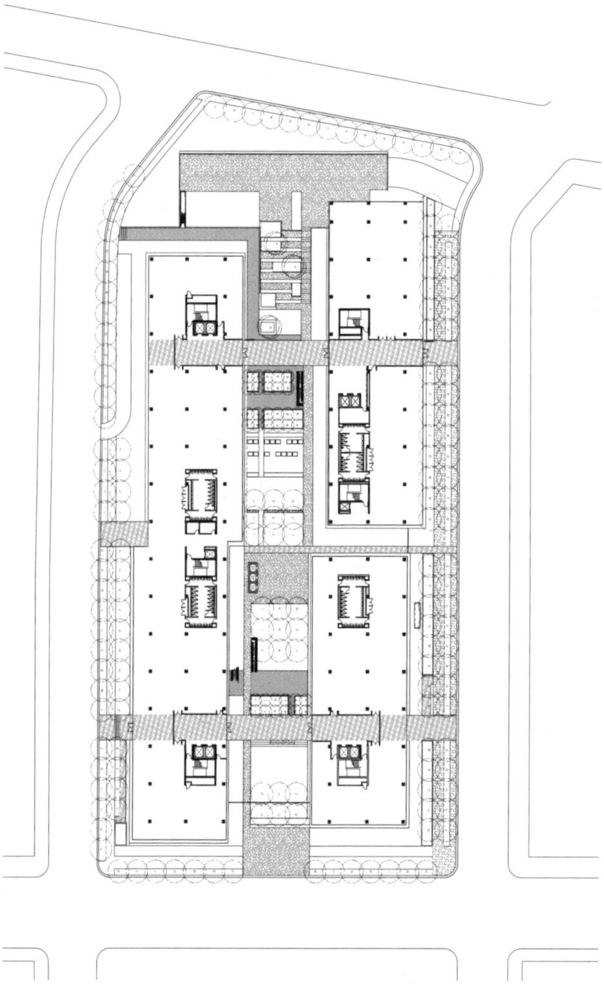

PLANTA BAJA **GROUND FLOOR PLAN**

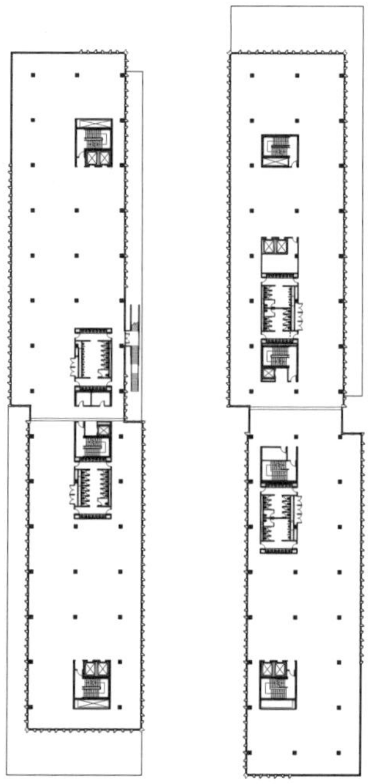

0 20M

PLANTA TIPO **TYPICAL FLOOR PLAN**

Complejo de oficinas moderno, primer proyecto completado del plan maestro del distrito La Perla, que transforma un sitio subutilizado en Guadalajara, México. Consta de dos bloques organizados alrededor de un patio central, que evoca las plazas públicas tradicionales. Incorpora espacios públicos abiertos que mejoran la experiencia de oficina y se conectan con la comunidad circundante. Las aletas de concreto de la fachada enmarcan ventanas de piso a techo y reducen el consumo de energía al filtrar la luz del día. Cada aleta fue construida a mano con materiales y técnicas locales. Los amplios jardines y terrazas están diseñados para capturar la abundante lluvia de verano para reutilizarla y minimizar la descarga de aguas pluviales. Una planta de servicios públicos centralizada facilita el movimiento del agua y garantiza el funcionamiento eficiente de los sistemas de construcción. El desarrollo futuro incluirá pozos de agua potable y una planta de tratamiento de aguas residuales para que el edificio sea independiente de la infraestructura de la ciudad. La remodelación gradual del sitio contempla cinco usos principales: oficinas, consultorios médicos, comercios, hoteles y viviendas.

This modern office complex is the first completed project of the master plan for a district to be called La Perla, which transforms an underused site in the city of Guadalajara. It consists of two blocks organized around a central patio, evoking traditional public squares in Mexico. It incorporates open public spaces that both enhance the office experience and connect with the surrounding neighborhood. The concrete fins on the façade frame floor-to-ceiling windows and reduce energy consumption by filtering the direct sunlight. Each fin has been hand-made with local materials and techniques. The spacious gardens and terraces are designed to capture the abundant summer rainfall so that it can be reused, reducing runoff. A centralized public service plant facilitates the movement of the water and guarantees the efficient functioning of the construction systems. Future development will include drinking water wells and a wastewater treatment plant, so that the building can be independent of the municipal infrastructure. The plans for the gradual rehabilitation of the site involve five main uses: offices, medical clinics, commercial spaces, hotels, and housing.

CORPORATIVO ANDARES

SORDO MADALENO ARQUITECTOS

Proyecto arquitectónico **Architectural Design: Sordo Madaleno Arquitectos** Superficie construida **Constructed Surface Area: 88,266 m²** Fotografía **Photography: Rafael Gamo** Lugar **Location: Zapopan, Jalisco** Año **Year: 2017**

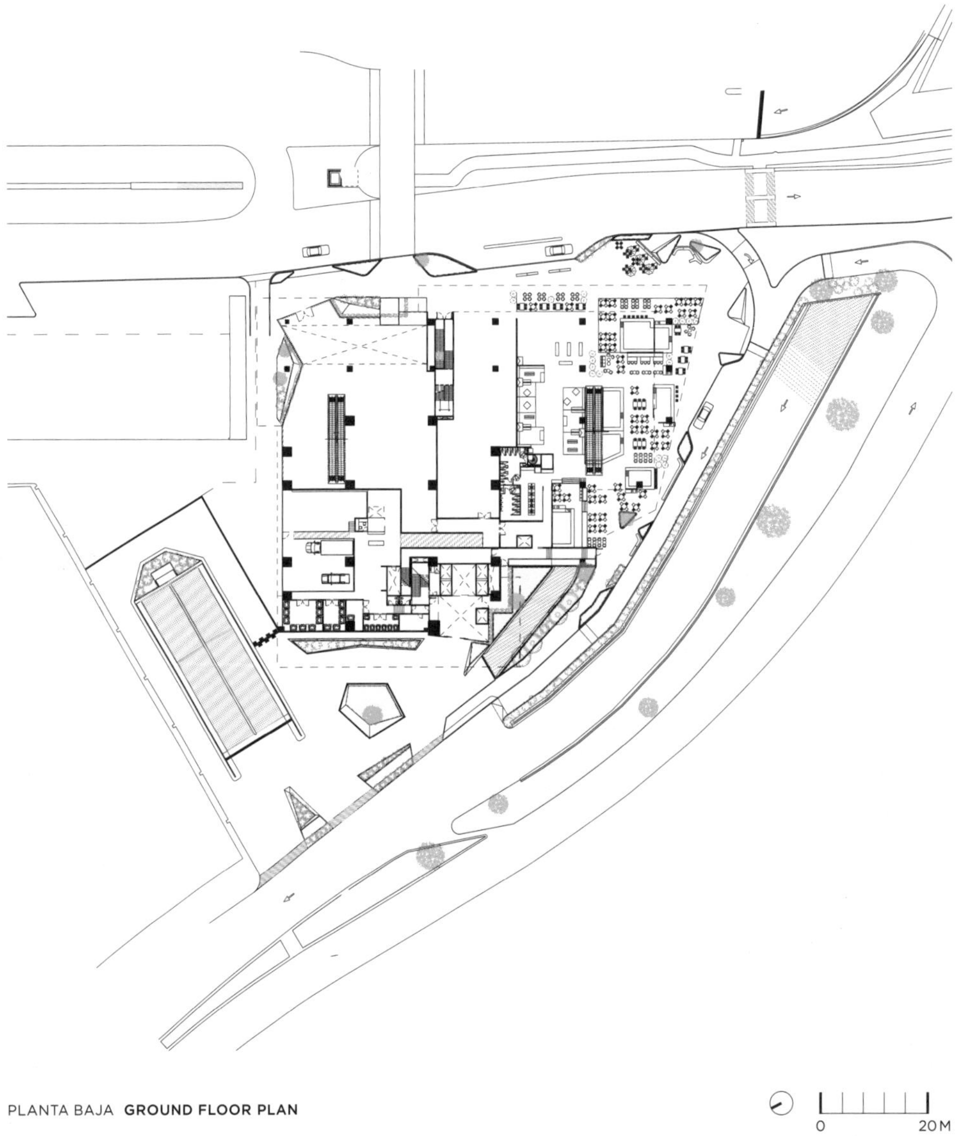

PLANTA BAJA **GROUND FLOOR PLAN**

Proyecto de usos mixtos de oficinas y comercio, con 23 niveles y 140 m de altura, que cambia el horizonte de la zona metropolitana de Guadalajara y se integra al centro comercial Andares. La torre corporativa se desplanta en el basamento comercial de tres niveles y crece en seis bloques de alturas irregulares separados por terrazas perimetrales. Un núcleo central para circulaciones verticales y servicios define la distribución interna, el resto es un área libre y flexible para configuraciones espaciales diversas con las mejores vistas. Cinco niveles tienen oficinas con área exterior privada. En la fachada, un sistema de parasoles refuerza el carácter de los volúmenes y controla el asoleamiento. En los niveles 3 y 4 se ubican las amenidades exclusivas del desarrollo, como comedor, cafetería, gimnasio, salones para eventos y usos múltiples, etc. Cuenta con cinco sótanos de estacionamiento conectados con el centro comercial, con accesos y salidas por todo el conjunto Andares. El proyecto se encuentra en proceso para obtener la certificación LEED® Gold.

This mixed-use office tower with commercial spaces (23 storeys and 140 meters high), integrated into the Andares shopping complex, has changed the skyline of the Guadalajara metropolitan zone. The office tower rises from a three-level commercial base volume in six blocks of different heights, separated by terraces running along the entire perimeter of the building. A central vertical circulation and service core determines the internal distribution, which consists otherwise of flexible free plans that offer a range of spatial configurations with optimal vistas. Five levels have offices with a private exterior area. On the façade, the system of brise-soleils reinforces the character of the block volumes while protecting them from direct sunlight. Levels 3 and 4 are occupied by the development's exclusive amenities, including dining room, cafeteria, gymnasium, reception hall, and multi-use hall. There are five levels of underground parking connected to the shopping center, with entrances and exits into and from the entire Andares complex. The project is in the process of obtaining LEED® Gold certification.

BOSQUE URBANO. PÁRQUE LINEAL FERROCARRIL DE CUERNVACA

GAETA-SPRINGALL ARQUITECTOS

Proyecto arquitectónico **Architectural Design: Gaeta-Springall Arquitectos | Julio Gaeta, Luby Springall** Superficie construida **Constructed Surface Area: 136,000 m²** Fotografía **Photography: Arturo Arrieta, David Cohen** Lugar **Location: Ciudad de México** Año **Year: 2018**

Como resultado de un concurso internacional, se crea este bosque urbano de 4.5 km a lo largo de una antigua vía de ferrocarril en la Ciudad de México. Atraviesa 22 colonias y beneficia de manera directa a más de 50 000 personas. El objetivo es establecer un lugar que intensifica la identidad y la memoria, sustentable, de bajo costo y que construya ciudad. El proyecto se basa en cinco principios: participación ciudadana activa, programa que activa el uso de espacios 24/7, el verde como elemento omnipresente, la celebración del agua y una línea roja, un gesto, un uso. El parque se percibe como un éxito social y espacial por haber recuperado y transformado una zona residual en un espacio democrático y seguro, que provoca una sensación de orgullo y pertenencia. Es importante destacar que es el único proyecto reciente de la ciudad que constituye un espacio público a gran escala en beneficio de los sectores de la población de clase media y baja.

As a result of an international competition, this 4.5-kilomter-long urban woodland has been laid out along a former railway line in Mexico City. It passes through 22 different *colonias*, or urban neighborhoods, and directly benefits more than 50,000 people. The aim is create a low-cost, sustainable space that enhances identity and memory and that "makes city." The project is based on five principles: active citizen participation; a program that activates the use of space 24/7; greenery as an omnipresent element; the celebration of water; and a red line, a gesture, a use. The park is perceived as both a social and a spatial success because it has salvaged a residual zone and transformed it into a safe, democratic space that fosters a sense of pride and belonging. It is important to underline the fact that this is the only recent large-scale public space project in the city designed for the benefit of middle- and lower-income sectors of the population.

Corona

TORRE MANACAR

TEODORO GONZÁLEZ DE LEÓN ARQUITECTOS S.C.

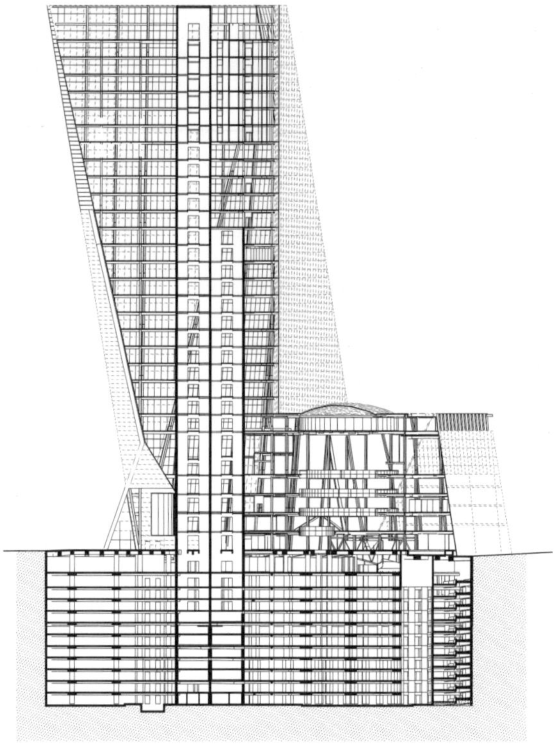

SECCIÓN **SECTION**

Proyecto arquitectónico **Architectural Design: Teodoro González de León Arquitectos S.C.** Iluminación **Lighting Design: artec3 Studio** Superficie construida **Constructed Surface Area: 180,000 m²** Fotografía **Photography: Frank Lynen** Lugar **Location: Ciudad de México** Año **Year: 2018**

Se levanta en el cruce de las avenidas Insurgentes y Río Mixcoac, conectadas por un pasaje en el centro del basamento de la torre. La geometría es resultado de la suma de las restricciones constructivas y el objetivo de alcanzar una altura de 147 m, que da lugar a siete niveles comerciales y 22 pisos de oficinas, además de 11 sótanos de estacionamiento. El edificio tiene nueve vértices inclinados y uno a plomo que se enfatizan en las fachadas por megacolumnas de acero. Un núcleo de concreto es la columna vertebral y agrupa todas las circulaciones verticales. Un domo de 600 m² llena de luz el área comercial. La piel del edificio es cristal inteligente. Las fachadas oriente y suroeste están protegidas por parteluces de aluminio blanco que le dan una textura con densidad cambiante. Estrías de concreto blanco cincelado marcan una crujía en la fachada central que se arroja hacia la glorieta y da sombra a la generosa plaza de acceso. El vestíbulo de oficinas está ligado a la plaza por un espejo de agua. Con una altura de 30 m, concibe el espacio perfecto para exhibir *Los danzantes*, telón del antiguo Cine Manacar, obra de Carlos Mérida.

The complex is located at the intersection of Insurgentes and Río Mixcoac, the two thoroughfares being connected by a passageway in the base volume of the tower. The geometry of the project is a result of constructive constraints, combined with the objective of reaching a height of 147 meters, with room for seven levels of commercial spaces and twenty-two floors of offices, in addition to eleven levels of underground parking. The building has nine slanting angles and one directly vertical line, all underlined on the façades by steel megacolumns. A concrete core constitutes the backbone of the structure, grouping together the vertical circulations. A dome measuring 600 square meters fills the commercial area with natural light. The skin of the building is of smart glass. The eastern and southeastern façades are protected by white aluminum brise-soleils that create a texture of changing densities. An element of white chiseled concrete, lined with grooves, marks a bay in the central façade, slanting over the roundabout and providing shade for the spacious entrance plaza. The lobby of the office tower is linked to the plaza by means of a reflecting pool. Thirty meters high, it is the perfect place to display *The Dancers*, the theater curtain of the former Cine Manacar, a work by Carlos Mérida.

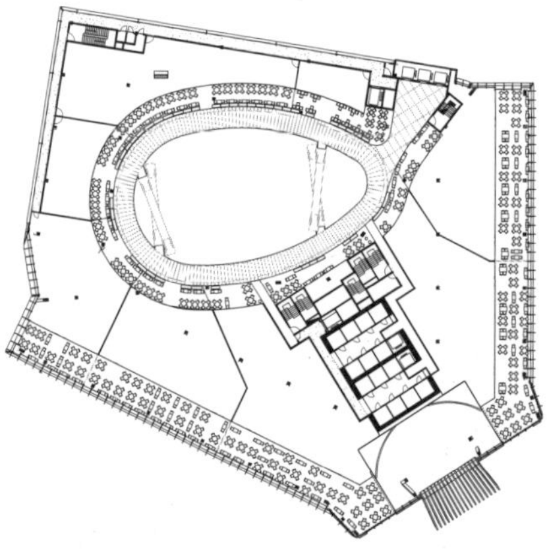

PLANTA NIVEL 1 **LEVEL 1 PLAN**

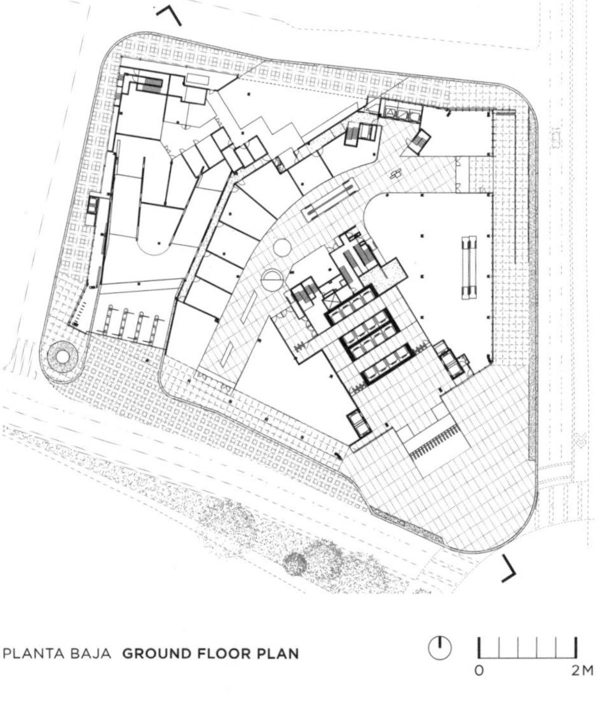

PLANTA BAJA **GROUND FLOOR PLAN**

GENTERA
MANACAR
BUS
SOLO
50
Eje 8 Sur

Arquitecturas mexicanas.
Lo mejor del siglo XXI (2017–2018)
Mexican Architectures.
The Best of the 21st Century (2017–2018)

Primera edición, 2019

Ámsterdam 163 A,
Colonia Hipódromo,
Ciudad de México, 06100
ISBN 978-607-9489-53-3

www.arquine.com

Comité de selección **Selection committee**
Miquel Adrià
Victor Alcérreca
Bernardo Gómez-Pimienta
Andrea Griborio
Alejandro Hernández Gálvez
Rozana Montiel
Francisco Pardo
Abel Perles
Félix Sánchez
Tania Tovar

Dirección editorial **Publishing director**
Brenda Soto

Coordinación editorial **Publishing coordinator**
Miguel Caballero

Edición de planos **Plan editing**
Valeria Fuentes Chávez

Coordinación comercial **Commercial coordination**
Alexis Nando, Ana Semadeni

Diseño **Design**
Gabriela Varela + David Kimura

Corrección de estilo **Copy editing**
Gwennhael Huesca

Traducción **Translation**
Gregory Dechant

Preprensa **Prepress**
Emilio Breton

Arquitecturas mexicanas. Lo mejor del siglo XXI (2017-2018) se terminó de imprimir en agosto de 2019 en México por Offset Santiago, con un tiraje de 3,000 ejemplares. Para la formación de textos se usaron fuentes de la familia tipográfica Gotham, diseñadas por Tobias Frere-Jones en 2000.

Mexican Architectures. The Best of the 21st Century (2017-2018) **was printed in August 2019 in Mexico by Offset Santiago, with a print run of 3,000 volumes. The texts were set in typefaces of the Gotham family, designed by Tobias Frere-Jones in 2000.**